U0923065

曾国藩传

梅寒 著

江苏凤凰文艺出版社
JIANGSU PHOENIX LITERATURE AND ART PUBLISHING, LTD

自序

中华五千年文明史，有多少英雄人物曾名满天下，在建功立业的背后，也常常伴随着毁誉参半的争议。

曾国藩，从风谲云诡的晚清王朝走来，从一个山村的小秀才一步步成为晚清的重臣。他十年七迁，连升十级，书写了大清官场上的神话。他只手创建湘军，被誉为“湘军之父”。他不擅领兵作战，却率领着湘军转战大江南北，力挽晚清将倾的大厦，还迎来晚清难得的几十年同治中兴时光。他也曾因为镇压农民起义军，被称为残酷的刽子手。在洋教案中与洋人谈判交涉，背负“吾祖民贼”的千古骂名……

在中国历史上，像曾国藩这样争议如此之大的人物并不多见。誉之者以为，他一生致力于读书，推崇儒家学说，讲求经世致用的实用主义，学问文章兼收并蓄，实现了儒家立功、立言、立德之“三不朽”的理想境界，可为孔孟之后的“亚圣”，甚至被称为“千古第一完人”；毁之者则将其视为扼杀农民运动的元凶，说他是汉奸卖国贼，恨不能人人得而诛之。

其实，这世间本无完人，圣贤身上也有瑕疵。历史上的曾国藩，既非千古完人，亦非千古恶人。众说纷纭中，我坚持将曾国藩置于人性的舞台上进行勾勒——在家里，他是孝子，孝亲悌兄，有着七情六欲，有着寻常男人的苦恼。在官场上，他有春风得意，也有步履维艰；有过常人不及的风光，也吃过常人不及的苦。在战场上，他作为湘军最高统帅，也有数次不堪忍受失败的打击意欲自杀的经历……

我终于逐渐认识了一个更为真实的曾国藩，他坚忍不拔，谨慎从事，对家国怀有强烈责任感，在失败和挫折面前也有犹豫与挣扎。他从一个乡下子弟成为大清国的勋高柱石一代名臣，靠的不是天赋，而是他的坚韧与努力。曾国藩一生跌宕起伏，可谓步步荆棘、行行血泪，无疑是一部传奇。

于纷繁芜杂的史料当中，我希望能找到一条通向曾国藩内心的路——尽量来写一个“普通人”曾国藩。但无论我如何努力，这个人物于我来说，都是前所未有的挑战。

毫无疑问，曾国藩所处的晚清王朝，是一个动荡不安的朝代，内扰外困，风雨飘摇。曾国藩身处其中，大清朝廷对他欲拒还迎，既给了他平步青云的机会，又曾将他推入进退维谷的绝望之境。行走官场几十年，曾国藩拥有一个庞大的幕府，他与同僚下属明争暗斗，彼此合作又相互算计。

这样一个集复杂与矛盾于一身的人物，若没有对其所处时代进行冷静地观察与思考，是很难写得客观而完整的。要从这张头绪众多的大网中，抽丝剥茧地理出关于曾国藩的种种脉络，又何其艰难。为了这本书的写作，除了读曾国藩的日记和家书之外，我还去读《清朝的皇帝》，读《太平天国十四年》，读《李鸿章传》，读《左宗棠传》，读《慈禧全传》……在这些书中，与曾国藩相关的也许只有那么几小节，但却可以更全面地帮助我了解那个朝代的面貌，聆听那个时代的声音。

有很多次，面对那些理不清的人物关系与繁复战况，我觉得自己坚持不下去了。一番狂躁的焦灼之后，又让自己慢慢冷静下来。从头再来，慢慢梳理。

一本书，从成书到完稿，再几经修改，终于有了自己渴望的样子。其间艰辛，不忍回视。其中收获，也唯自知。坐在书案前，眼泪忍不住就湿了眼眶，且想起一位朋友调侃的话："我不明白你，一个满怀小资情调的小女子，为何偏偏要写曾国藩？"

对于朋友的疑问，我也无从回答。只能说，这世间所有的走近，都是一种冥冥中的缘分吧。而所有的相遇，我从不悔。纤笔摹巨人，尽管满怀虔诚，总有力不从心之感。书中不尽如人意之处，总是在所难免，唯愿读者多多包容并指正。

梅寒

2018年1月1日于桂林

目录

第一章

少年时代

1. 巨蟒天降的传说

历朝历代的圣贤伟人和王公巨卿，因其卓越的功勋或影响，往往从出生那天起就被后世赋予各种传奇色彩。

据说，尧的母亲怀胎十四个月才生下他，商代祖先的母亲在野外洗澡时遇鸟下蛋拾而食之生子，周朝祖先的母亲因踩了巨人的脚印而受孕。

大明王朝有一郑氏女，在生子的前一天夜里，其婆母梦见一群仙人怀抱一婴儿，脚踏五彩祥云从天而降。这位婴儿就是后来创立心学的王阳明，他出生的小楼也因此被命名为“瑞云楼”，现在还在其家乡余姚接受着今人的膜拜与瞻仰。

历史的车轮滚滚向前，那些披着神秘之光降临人世的圣人已然走远，关于他们的种种传说却被后人代代相传。时光来到清朝嘉庆年间，让我们把目光聚焦在湖南省长沙府湘乡县一个名叫白杨坪的小山村。

这是南方一个极普通也极偏僻的小山村，村子坐落在湘乡、衡阳两县之间的高嵋山下，离湘乡县城一百二十里。这一带是丘陵山区，一年四季丰沛的雨水滋养得满山坡竹青林茂。竹林深处，清溪水畔，零零星星散落的几十户人家组成了白杨坪村。

白杨坪，像一颗被外界遗忘的小小明珠，掩映在这青山秀水之间。这里的人日出而作，日落而息，如东晋陶渊明笔下的桃花源人，自得其乐地活在自己的小圈子里，丝毫不去关心彼时的世界如何天翻地覆。

要讲曾国藩，还得从他的出生说起。同历代传奇伟人出生必带天象异兆一样，曾国藩的出生亦是如此。

嘉庆十六年（1811）十月十一日清晨，在白杨坪村一户普普通通的曾姓人家小院里，一位年近七旬的老人，早起后正坐在堂中合眼小憩。忽然，老人感觉到屋子里的桌椅板凳都剧烈地震动起来，一阵凉风随之扑面而来，急抬眼往外瞧时，竟看到屋后的一树苍藤化身为一条巨大的青蟒腾空而起，但见那条青蟒升空后，在空中盘飞腾跃，而后又从天而降，先在老人打坐休息的宅堂上空左右盘旋良久，随即又进入内庭环绕一番。之后，满庭的祥云烟雾慢慢散去，那条巨蟒也随之消失。

老人打了个激灵，一下子醒了过来。那个一路大呼小叫的家人也刚好在这时候飞跑进来："恭喜竟希公，今早喜添曾孙了。"

这个男孩就是曾国藩，做梦的老人竟希公是他的曾祖父。

巨蟒天降，曾孙降生，此乃祥兆。竟希公急急喊了儿孙近前，向他们描述方才梦境。最后，竟希公郑重言道："此子将来必成大器，光耀我曾氏门庭，一定要好好栽培看护。"

一家人闻听老爷子得此良梦，才想起跑到屋后去。

曾家老祖屋的后面，一株多年古树，为青藤所绕，树已枯，藤却日益枝繁茂密。那株苍藤，枝干遒劲，矫若虬龙，粗壮的藤盘曲伸向天空，绿油油的枝叶遮了大约一亩地。猛一打眼望去，可不就是一条盘旋而上的青蟒吗?

这一年，这棵苍藤抽枝散叶，似是要长疯了。原来是为了迎接那个尊贵的小生命。

曾国藩化身巨蟒降临人世，自是后世人附会的成分更多，姑且当作一个神话一听了事。但曾家祖屋后的苍藤随着曾国藩的荣辱升降而荣而枯，却是让人不可思议之事。

据说，在曾国藩出生的这一年，苍藤突然出现了前所未有的生机。尔后，每次曾国藩在官场上顺遂如意之时，苍藤亦生机盎然；曾国藩在外步履艰难时，苍藤亦无精打采。又因曾国藩一生为浑身的癣疾所困，人说那是巨蟒的鳞片。如此种种，巧合暗示，曾国藩前世为青蟒的传说也就越传越远、越传越神。

曾氏门庭喜添男丁，此男丁出生就踩着吉梦祥兆而来，喜得竟希公杀鸡宰羊大宴宾朋。

有个来路不明的和尚耳朵灵，赶在曾家大喜的日子前来化缘。

那日，竟希公被众亲朋的一片贺喜声醺得满面红光。竟希公瞅见那和尚，虽穿得破衣烂衫，蓬头乱须，也不烦，却把他视为一气度不凡的方外高人，笑吟吟上前，便把重孙的生辰八字报了过去："您这高人给算算，这孩子将来可是真的能大富大贵?"

和尚倒也不推辞，闭目沉吟，很快就给出几句让人摸不着头尾的谶语："恭喜曾门得贵子，二四秋举二七进，八六升迁六一人，三生有幸壮门庭。"

竟希公虽出身乡里，可他知书达理也算是个精明人。面对这四句谶语，他还是如坠五里云雾，拈着胡须半天没言语。欲再让那和尚给细说分明，和尚却早已敲着他的破钵扬长而去。

正可谓天机不可泄露，这短短的四句谶语，概括的是这个男孩的一生。和尚自然不会说。

野和尚的话，自然没人放在心上，疑惑一阵子也就忘了。

竟希公很快就给这个宝贝重孙取了乳名——宽一，幼小的曾宽一丝毫不明白，自己稚嫩的肩膀上已被赋予光耀门楣的重任。他还那么小，除了有力地吮吸母亲香甜的乳汁，便是紧闭着眼睛没日没夜地睡。

小宽一很乖，他不似一般婴儿那样动辄咧嘴大哭。长到三四岁了，户庭竟罕闻他的啼哭声。也许，曾国藩那种非凡的定力与韧性，自年幼时就已初显。

2. 望子成龙的乡间小财主

曾家祖籍原为湖南衡阳，清初才迁到湖南湘乡县荷叶塘乡大界里。那个最初带领家人迁到湘乡的先祖，被曾氏后人称为“始迁祖”。此人叫曾孟学。

曾孟学六世孙曾应贞（字元吉，族中称元吉公）生了六个儿子，其中第二个儿子曾辅臣便是曾国藩的高祖。

曾辅臣二十一岁得独子曾竟希，就是坐在堂中做那奇异之梦的竟希公——曾国藩的曾祖父。

曾竟希生有两子，他的第二个儿子曾玉屏（族中称星冈公），即为曾国藩的祖父。

嘉庆十三年（1808），曾竟希率全家十余口由荷叶塘乡大界里迁至湘乡县南百余里外的白杨坪村，在此定居下来。

曾家祖先世代务农，翻遍曾氏家谱，都不曾见到曾家有光耀门楣的读书人出现。曾氏迁于湘乡之初，家境还不富裕。直到曾国藩高祖曾应贞这一代，其家境才渐渐好转。

据曾国藩后来说，元吉公年轻时家中贫困，后来发起家来，慢慢积聚了价值数千金的产业，家里起了几处宅院，曾家子孙才算过上收租吃租的地主生活。

曾应贞年老，除留下衡阳境内的四十亩养老地和一处宅院，其余全部分给了他的子孙。但子孙与子孙不同，有勤俭持家将祖上基业发扬光大的，也有坐吃山空很快败落的。到曾国藩祖父曾玉屏这一代，曾应贞其他支派的子孙已大多衰落，唯独曾玉屏这一家日渐富裕，有屯田有余粮，成了据有百余亩田产的地主。当然，这充其量也就算个小地主，甚至只能算作富农。

曾国藩这一支的兴旺，当归功于一个人，就是曾国藩的祖父曾玉屏。说起曾玉屏，在当时的白杨坪村曾氏家族中，那也算得是一个响当当的人物。他勤劳肯干，又颇善经营，慢慢将曾家的产业发展壮大起来。

当然，曾玉屏也不是天生就这么擅长持家之道。相反，他年轻时是一个不折不扣的浪子。

“吾少耽游惰，往还湘潭市肆，与裘马少年相逐，或日高酣寝。长老有讥以浮薄，将覆其家者，余闻而立起自责，贷马徒行，自是终身未明而起。”原来，曾玉屏年轻时竟是一个十足的纨绔浪荡子，每日游手好闲，与一帮狐朋狗友出没于湘潭市肆之间。看得出，曾玉屏也是心性好强之人。不然，长辈的几句讥诮语也断不能那么轻而易举地就让这个浪子做了“金不换”。连自己的宝贝坐骑都卖了，徒步回家，回家之后还给自己定下天不明即早起的规矩。

曾家当时有一部分梯田，用时下话说是山高田薄，那些田垄峻如梯、小如瓦，耕种起来非常不方便。曾玉屏就带领家里长工开山凿壤，日夜苦干，终于修整得有了一定规模。之后，曾玉屏又亲力亲为，率领着家里的长工们种菜种粮、养鱼喂猪，一年到头不得空闲。曾家的产业，至此才慢慢丰足壮大起来。

曾玉屏生了三个儿子，长子曾麟书（字竹亭），二子生下不久就夭折，三子名为曾骥云。

曾家累世业农，偶尔出了个读书人，也仅仅是识文解字而已，与功名科举无缘。曾玉屏原本有读书的条件，可他年轻时放荡不羁，生生把大好的读书时光给浪费了。及至成年，娶妻生子，开始持家过日子了，才尝到没文化的苦。

那还是在曾麟书三岁时，曾家因宅基地的事，和湘乡的一位大乡绅闹起来，一直闹到官衙里去。自家没有文化人，只好请乡里的老秀才代写诉状。曾玉屏又不懂其间的规矩，没有如数给老秀才递交润笔费。揣着写好的状子，曾玉屏满怀信心地走进县衙，到了堂上才知道，原本占理的曾家被那老秀才给捉弄了，老秀才硬把有理写成了无理。自己呈上的诉状都不占理，何谈什么胜诉？不仅如此，还被那大乡绅狠狠戏弄了一番："哼，在湘乡还想跟我斗。我两个儿子可都是秀才。秀才是什么？是真金白银垒起来的。家里连个秀才都供不出还想跟我打官司……"

败了官司，输了宅基地，还赔了五十两银子。这对曾家来说元气大伤，只好把家里的长工又辞掉一个。

那一场输掉的官司让曾玉屏又羞又恼，甚是心疼，他大病一场，直到半年后才能下地。

也正是那场官司，笃定了曾玉屏要供儿子读书的决心。两年后，曾玉屏不顾家人反对，把家里最后一名长工也辞退了。然后，求人到长沙雇了一位老秀才来家。老秀才六十多岁了，专门教曾麟书读书习字。在白杨坪曾家小院上空，从此响起“子曰”“诗云”的琅琅读书声。

老秀才进曾家时，曾骥云尚小，曾家的私塾里其实只有曾麟书这一个学生。按理来说，这份工作对老秀才来说应当非常轻松。事实却远非如此，看上去乖巧懂事的曾麟书，一打开书本就头疼，一写八股文就犯晕。他倒不是不爱学习，据说他也非常热爱学习，只是为自己的愚钝懊恼不已。有很多次，他背不出书，也写不出漂亮的文章，气得拿脑袋直撞墙。

儿子的不争气，让曾玉屏又急又气，常常对儿子施以打骂。可纵使他再打再骂，纵是曾麟书再怎么拿脑袋撞墙，也没能把那颗不开窍的脑袋给撞聪明了。曾麟书一次又一次走进考场，次次都以失败告终。妻子来家，儿子曾国藩出生了，此时的曾麟书却仍然是个童生。

曾玉屏知道，这个儿子是指望不上了。所以，当他听父亲竟希公绘声绘色地讲述那个巨蟒天降的梦时，终于展露笑颜——他们曾家的希望之星终于降临。之后，曾玉屏就把所有的希望都寄托在这个长孙身上。

曾国藩六岁了，到了该入学的年龄，家里那位老秀才却以年老体衰而辞馆回了家。也许他更担心，六岁的曾国藩继承了他父亲的愚钝，索性辞职了事。

曾玉屏并没有灰心，老秀才前脚刚走，他后脚又派人去长沙物色老师。这次，他花了更高的价钱，把长沙极有名气的陈雁门请了回来。儿子曾麟书是没法指望了，这个陈雁门是专门请回来辅导孙子的。

这一年，陈雁门也已六十二岁，是名震三湘、育人有方的行家里手。

因为多次求取功名而不得，曾麟书在父亲及家人面前也觉得抬不起头来。曾麟书虽然还没进学，但毕竟也是读过书进过数次考场的人，遂在家里开起一个私塾，名曰“利见斋”，招了乡里的几名学生，就当起了先生。

曾麟书白天开馆授徒，晚上挑灯夜读，继续备考。他仍旧是年年进考场，年年大败而回，竟然一连参加了十六次考试。最后，连学政大人都看不下去了，在他第十七次走进考场时，学政大人给点了湘乡县县首，曾麟书总算进了县学，由童生转为秀才。

这一年，曾麟书已经四十三岁。

曾国藩六岁入学，师从陈雁门，八岁又入父亲所开的私塾学习。在科考路上伤透心的曾麟书，转而把希望全部寄托在儿子身上。晨夕指画，耳提面命，一次不达目标两次，两次不达三次，反复教反复训，不达目的不罢休。有时正走在路上，想起来也要把儿子提过来考一考。

曾麟书年年考年年败，依旧日夜坚持不懈地苦读赶考。这自然而然会影响到儿子，曾国藩自幼读书就有股子钻劲儿，长大成人做事亦是如此。这也许是那个四十三岁才考中秀才的男人一生最大的收获。

在父亲和祖父的双双督导之下，曾国藩的童年过得快乐而充实。于他来说，童年的天空就是白杨坪上空那一片片悠然的白云，那一行行从天空鸣叫着飞过的大雁，是家前竹林桃花树下的嬉戏玩耍，是祖屋后苍藤下祖父藏满胡子的故事，是父亲私塾里他与同龄人朗朗的读书声。

伴随着无忧无虑的读书嬉戏声，那个承载着光耀曾家门楣希望的男孩，一天天长大了。他沉浸在自己那个安乐祥和的小圈子里，自然无从知道外面的世界。彼时，他所处的大清王朝已是暗流涌动、危机四伏。而那个小小的山村，终究是圈不住他这条从天而降的巨蟒的。

3. 动荡的时代和闭塞的故乡

曾国藩所处的时代，是一个动荡不安的时代。这一份动荡却非一朝一夕的存在，而是由来已久。顺着历史滚过的车辙往回走，这要从大清的来处慢慢说起。

公元 1644 年，于中国大地来说可谓是天翻地覆的一年。

都说“天无二日，人无二主”，这一年，在中国大地上却出现了三个政权并立的短暂局面：其一，农民起义军李自成于这年正月初一在西安称帝，公开成立了自己的大顺政权；其二，大明的崇祯皇帝面对岌岌可危的大明政权，正做着垂死挣扎；其三，关外的大清政权对中原早已虎视眈眈，在这年入主中原。

三月十八日，李自成率领的农民起义军一路攻破北京，大明王朝皇帝崇祯在煤山自缢身亡。同年五月初一，清世祖福临率他的铁骑从关外一路进入北京，李自成退出北京。九月三十日，清定都北京，开始了满人取代汉人在中原统治的岁月。

这个从马背上兴起的民族，一路过关斩将直打到汉人的统治中心——北京，但彼时的大明王朝留给他们的却是一个千疮百孔的烂摊子。

从顺治元年（1644），直到康熙十九年（1680），这三十六年时间里，大清王朝就像颠簸于狂涛巨浪中的一艘航船，要面对各地层出不穷的农民起义，还要面对大明爱国人士的反抗。加之满人初入中原，水土不服，八旗兵内部也问题重重。大清国为了早日稳定政权、巩固人心，不得不南征北讨、东拼西杀。在那样战火纷飞的岁月，老百姓东躲西藏，生活在一片水深火热之中，何谈什么国力上升、人口增长？

好在那个强劲而有魄力的大清总舵手康熙，在此时走上了历史的前台。他年少亲政，整顿朝纲，平定三藩之乱，团结汉族士子，终让大清政权慢慢在中原立稳脚跟。有人说，康熙朝的文治武功，丝毫不亚于大唐盛世。

经过顺治、康熙、雍正三代的发展，大清国的国力在乾隆朝达到了鼎盛时期，出现了历史上著名的"康雍乾盛世"局面。这一盛世局面始于康熙二十年（1681），止于嘉庆元年（1796），跨越康熙、雍正、乾隆三个朝代，时间长达一百一十五年。

在这一百余年的时间里，人口急剧增长，刀枪入库，马放南山，可谓歌舞升平，到处都是一派祥和景象。

到乾隆朝后期，各方面的矛盾逐渐暴露出来。乾隆皇帝统治的中后期，开始穷兵黩武，极尽奢侈之能事，加之他又重用大贪官和珅，致使官场贪污成风，朝政渐趋紊乱。到嘉庆年间，尽管嘉庆将大贪官和珅处死，没收其高达九万万两白银的家产——约抵大清十年的国库收入，也惩办了一大批贪官污吏，但仍然无法扭转日趋衰败的时局。

中国的封建王朝如一棵千年老树，发展到大清，已从根本上开始腐朽，其败势非个人之力所能阻挡。

政治上的腐败带来的是军事与财政的恶化。乾隆中期，清朝每年的财政收支大体还能平衡，甚至还稍有节余。至嘉庆末年，国库已渐空虚，渐渐入不敷出。清朝开创之初，包括清军入关，八旗兵是主力，清军中的汉军绿营兵仅起辅助作用。及至平定三藩之乱后，八旗兵已渐腐败，其战斗力大大削弱。征战拼杀，主要靠绿营兵。只是这绿营兵也没好到哪儿去，到乾隆朝后期，绿营重蹈八旗兵覆辙，日渐沉溺于吃喝玩乐，战斗力已远不如前。

嘉庆执政之初，也曾斗志满怀，颇有扶衰起危之兆，但他没能扭转时局。在嘉庆统治时期，吏治败坏，军备废弛，民不聊生，各地农民起义的烽烟迭起。那时，滇、黔、湘、桂有苗疆之变，东南沿海有海疆之变，川、楚有白莲教之变，甚至在京畿重地天子脚下，也曾发生过天理教之变。

这些起义虽然规模并不甚大，但已够清廷伤透脑筋。尤其是于嘉庆元年（1796）首发于湖北荆襄地区的川、楚白莲教大起义，起义烽火迅速蔓延，很快就发展到四川、河南、陕西、甘肃地区。为了镇压这次大起义，清政府大举征调天下，耗银两亿两，历时九年才镇压下去。这次起义是大清由盛转衰的一个分水岭。从此之后，各地的起义、叛乱此消彼长，大清盛世的美丽面纱被彻底撕去。

这种情况一直延续到道光朝。道光帝曾自诩为中国最为“廉政”的皇帝。因为他曾目睹大清王朝在其父辈嘉庆年间的东征西讨、南巡北征，几乎把国库淘洗一空。他决定从自身做起，勤政廉洁，力挽狂澜。可他登基不久，龙椅还没坐热，就从西北边疆传来三道急奏——新疆张格尔发动叛乱……

这就是彼时危机四伏的大清朝。

大清国的皇帝却仍然沉浸在“天朝统驭万国”“天朝抚有四海”的自满中。他们闭关锁国，重农抑商，丝毫没有注意到西方国家已经热火朝天地走在革命兴国、科技强国的路上。这个曾经让全世界为之瞩目的东方文明古国，已如一个垂暮的老人，所拥有的财富与衰败，让那些朝气蓬勃的西方列强蠢蠢欲动。

自清嘉庆年间以来，西方世界正在发生着前所未有的变化。英国的工业革命进行得如火如荼；年轻的美利坚合众国已经成立，四年一次的总统全民选举，高高举起民主与自由的旗帜；法国资产阶级革命取得胜利，《人权与公民权宣言》发表，获得了整个欧洲的倾慕；就连同大清最近的邻居日本，虽然也同样处在闭关自守状态，但还是在国内掀起一股股向西方学习的热潮。

而这一切变化，嘉庆不知道，道光也不知道。他们更不知，这些正在不断发展壮大的西方列强正将贪婪的目光穿越半个地球，落到乱象迭起的大清国土上。他们正筹划着用坚船和利炮，用一种麻醉人的精神与意志、又摧毁人的肉体与健康的鸦片，打开大清国那扇闭关锁国的沉重大门。

曾国藩就是在这样的历史背景下出生的。

这样的风云暗涌，与曾国藩的生活没有多少关系。对年少的他来说，那是远在天边的事。

他出生的湖南，北被洞庭湖阻隔，境内又多山，交通落后，信息闭塞，就连与经济文化发达的江浙地区也少有联络。与其他地区的民众相比，湖南民众思想更为保守，外部新鲜的思想与文明很少能影响到他们。

开放与进步，愚昧与落后，恰如孪生，常常结伴而行。所谓穷山恶水出刁民，湖南的西部和南部分布着多个少数民族，又分别与川、黔、两广接壤，使得这里的社会矛盾极为错综复杂，每遇天灾人祸，就要发生民众起义或者骚乱。

自道光以来，湖南各地起义更加频繁。这种频繁的战乱与不安定的社会环境，造就了湖南地主阶级所特有的敏感，也为其积累了丰富的斗争经验。后来曾国藩以创办团练起家，继而建立了湘军，也许能从这里找到渊源。

“湖南的这种地理环境和社会历史状况，造成湖南学术界的两个显著特点：一是程朱理学一直居于统治地位，一是注重经世致用。”这就是曾国藩当时所面对的文化环境。

北宋初年创建的岳麓书院，是当时全国著名的四大书院之一，坐落在湖南省城长沙的岳麓山脚。南宋时，大理学家朱熹和张栻都曾在这里讲过学，弟子最多的时候可达千人。此后，湖南的学术思想界虽然经历过心学、实学、清代训诂、考据之学的更替变迁，但都没能改变程朱理学在这里的统治地位。

湖南文士多学理学，习汉学者少。

这种学术风气对曾国藩这一代士人影响极大，也可以说是曾国藩集团的思想基础。

在当时的湖南，除了岳麓书院，还有城南书院。城南书院位于长沙南门外妙高峰，张栻和朱熹也都曾在此讲学，后废为寺。清乾隆十年（1745），湖南巡抚在长沙天心阁下修建书院，名为城南书院。至道光二年（1822），新任湖南巡抚左辅认为，书院在天心阁下，环境太过嘈杂，不利于学子们静修，便将书院迁回六百年前的旧址妙高峰。

清代自乾隆、嘉庆以来，这两大书院的几代山长都讲习宋学，注重经世致用。后来曾国藩集团的骨干首脑人物，如曾国藩、胡林翼、左宗棠、罗泽南、郭嵩焘、刘蓉、刘长佑、曾国荃等都曾在这两所书院学习过。这是后话。

现在，我们把散漫的视线从历史的深处收回来，重新把目光投聚在白杨坪村曾国藩的身上。

彼时，他还是一名躲在书斋里日夜埋头苦读的少年，对身外大千世界的认知只来自那些泛黄的书页。他六岁入塾读书时，曾祖父竟希公去世。八岁开始入父亲的家塾，一直跟随父亲学习。他虽非天资过人，但勤奋好学，年纪很小就表现出非凡的坚韧性。他的学习进度极快，两年间居然就把五经学完了。

科举经仕，是家人早已为他安排好的路。他所有的勤学苦读，都在为此蓄势。

再接下来，曾国藩开始学习八股文。那才是帮他插上双翅飞出白杨坪村最为得力的工具。

4. 一波三折的科考路

“四书”“五经”,《史记》《文选》，在父亲曾麟书和祖父曾玉屏的严格督导下，曾国藩小小年纪就已有了相当大的阅读量。曾国藩虽未继承父亲的愚笨，可那份血液里的遗传因素，却不可避免地在他的身上呈现出来。

与那些天性聪颖的少年相比，曾国藩只能算一个智力中等的少年。读书一目十行、过目不忘、倒背如流这等好词，一辈子都与曾国藩无缘。

坊间有个传说，说曾国藩年少时夜里挑灯背书，恰逢小偷光顾他家，那小偷隐于梁上，想等小国藩背完书后好下手。哪知一篇文章，曾国藩反反复复背了很多遍，仍然磕磕绊绊背不下来。那小偷等得腿都麻了，心也焦了，实在等不下去，就生气地从梁上跳下来，将那篇文章当着曾国藩的面流利地背了一遍，然后扬长而去。

这个笑话也许信不得真，但从中可以看出曾国藩读书的那股韧劲。这一点，当然得益于父亲曾麟书对他的影响。

当然，这也注定了曾国藩在科举路上不会走得太过顺利。

曾麟书自己在科举路上无所建树，就把所有的希望都寄托在儿子身上。他是一位忠于封建礼教的教书先生，除了对儿子灌输科举赢得功名、光宗耀祖这些思想观念之外，在日常的学习生活中，更是对他进行严格的督导与训练。

祖父曾玉屏更是如此。他对儿子曾麟书动辄就大声呵斥责骂，丝毫不顾忌儿子也是做了父亲的人。可他对曾国藩却是倍加宠爱，因为在这个孙子身上，他才真正看到曾家的希望。在孙子初谙人事之际，他便常常向孙子灌输一些为人处世的大道理，那些道理如涓涓细流，滋养着曾国藩的成长之路。

曾国藩后来离开家乡，走入官场，还常拿祖父当年训导他的话来训导曾家子弟——“君子在下则排一方之难，在上则息万物之嚣。”“以懦弱无刚四字为大耻，故男儿自立，必须有倔强之气。”曾玉屏虽然没读过多少书，但多年的人生阅历与自身的威仪，却让曾国藩自少年时代起就对他充满了崇拜仰慕。

祖父为曾家产业的殚精竭虑，对曾家子孙以耕养读求功名的热望，甚至在家庭中的专横刚愎，都深深地影响了曾国藩，成为他后来发奋苦读的最大动力来源，也成了他后来在官场与戎马生涯中坚韧不拔、意志超强的思想渊源。在这些方面，祖父曾玉屏对他的影响显然远远超过其父亲对他的影响。

在曾国藩十四岁那年，他的生命中发生了两件于他来说极为重要的事。

头一宗，在这年，他被一个叫欧阳凝祉（号沧溟）的人一眼相中。

欧阳凝祉是曾国藩父亲曾麟书的好友。彼时，曾国藩已稍有才名，诗文作得相当不错了。父以子傲，难免不时有显摆之心，拿出儿子平日所作诗文，在老友面前“谦虚”一番——求老友为儿子斧正。谁料那欧阳老先生一读便爱上了这个沉稳少言的少年，大手一挥，就把自己的女儿许给了他——就是后来曾国藩的正妻欧阳氏。十四岁，曾国藩对婚娶之事还懵懂无知，两位父亲的决定让一对从未谋面的少男少女被一根红线牵到一起。

第二宗，在这一年，曾国藩第一次走出白杨坪，随父亲到省城长沙应童子试。

那次应试，父子二人双双落第。父亲曾麟书也无心带儿子去游玩一下繁华的省城，但这个十四岁少年的心窗还是豁然洞开，他知道了外面的世界如此之大，如此精彩。

从长沙回来后，曾国藩继续在父亲的督导之下，读《周礼》《仪礼》《史记》《文选》。他一直跟从父亲学习，直到道光十年（1830）。这一年，他二十岁。

曾麟书对曾国藩的督导并不能让曾玉屏满意，曾玉屏知道，凭儿子肚子里那点墨水与可怜的天赋，想要辅导孙子只会越来越吃力，他要想方设法让孙子飞得更高更远。曾麟书也觉得，自己所教再也满足不了儿子的需要了，应该送他到外县去求取更高的名师。

当时衡阳有一所唐氏家塾，也叫双桂书院，又称桂芳书屋、桂花轩，是金溪人唐翊庭创办的一所书院。双桂书院位于衡阳北，请了有名的汪觉庵先生在此执教。汪觉庵对八股试帖教授极有心得，他成了曾国藩走出白杨坪之后的第一任老师。

双桂书院以导进人才为目的，倡导经世之学。以研习儒家经典为主，间亦议论时政。汪觉庵常采用个人钻研、相互问答、集众讲解相结合的方法对学生进行教授。

这种新鲜而生动的讲授方式，让一直跟随父亲读书的曾国藩倍感兴奋。多年之后，对那段学习生活，曾国藩还充满眷恋。他升任翰林院侍讲后，还曾将两个弟弟曾国荃、曾国葆推荐到汪觉庵处学习，可见他对这位老师的欣赏与信任。

在双桂书院学习期间，曾国藩有了自己正式的名与字，取名子城，字居武。

双桂学院严谨而又不失宽松的学习氛围，让二十岁的曾国藩在这里不仅收获了学业上的巨大进步，对他思想的改变也影响极大。

在离双桂书院不远的地方，有一处名为石船山的清幽之地，是曾国藩常常光顾的地方。那里是明末清初大儒、启蒙思想家王夫之生前隐居地。王夫之（1619—1692），湖南衡阳人，字而农，人称船山先生，与顾炎武、黄宗羲并称明清之际三大思想家。曾国藩对船山学说分外崇拜，后来还曾筹资刊刻了王夫之的著作集《船山遗书》共三百二十卷，为传播王氏思想起了巨大的推动作用。大约在那时，在石船山一次次寻古探幽时，王氏思想的种子就已经深深种进青年曾国藩的心田里。

在衡阳双桂书院学习期间，曾国藩还同时师从于主讲莲湖书院的欧阳凝祉。彼时，他还是欧阳凝祉未过门的女婿。东床快婿加得意门生的双重身份，让欧阳凝祉恨不得倾囊相授。儒家经典，百家要旨，曾国藩从未来的岳父身上学到了不少学问。

曾国藩在双桂书院学习的时间并不太长，道光十年（1830）九月，他从双桂书院肄业，又回本县的涟滨书院学习。在涟滨书院，曾国藩改号涤生，取“涤其旧染之污，以后种种譬如今日生”之意。

道光十一年（1831）九月，曾国藩肄业于涟滨书院。

曾国藩在外求学读书的那段时间里，其父曾麟书也在一边教书一边发愤求取科举功名。到道光十二年（1832），曾麟书已经四十三岁，才补入县学。那是他第十七次参加考试，终于圆了他的秀才梦。

曾国藩只比父亲迟了一年，于道光十三年（1833）考中秀才。相较于那些科举路上顺风顺水的人，曾国藩的科举之路也算不太顺遂，从十四岁一直到二十二岁，连考七次，才成为一名秀才，与父亲同入县学。可见，曾家人的读书天分并不甚高。

在此期间，曾国藩除了储备自己的学业，还完成了自己人生中的第一件大事——道光十三年（1833）十二月，他结婚了，妻子就是欧阳凝祉的爱女欧阳氏。

说起欧阳氏，在曾国藩的家乡，一直流传着一个说法，说曾国藩之所以能够飞黄腾达，皆因为他娶了欧阳氏这个贤内助。

欧阳夫人比曾国藩小五岁，是欧阳凝祉的掌上明珠。她年纪很小就在家受父训，跟从父亲读《幼学》《论语》等。曾国藩在衡阳拜在欧阳凝祉门下读书时，她是曾国藩的伴读。青春做伴，红袖添香，想来那也是一段极为浪漫的时光吧。而欧阳夫人嫁入曾家之后，作为曾家长房长媳，放下所有大小姐的身段，勤俭持家，尽心尽责地打理家务，养育子女，成为曾国藩真正的贤内助。

婚后第二年，也就是道光十四年（1834），曾国藩辞别新婚不久的妻子，再次踏上去往长沙的路——他将前往湖南最高学府岳麓书院学习。

时隔八年，曾国藩再次来到商贾云集的省会长沙，心情与八年前已经完全不同。少了一份忐忑，却多了几份豪情壮志。碧绿的湘江水从长沙古城的西边缓缓流过，江中的水陆洲上，绿树成荫，橘树飘香，正可谓江山如画。

绿树环抱之中的书院上空，曾响起几代人的朗朗读书声。有多少像曾国藩一样的寒门士子，正是从这里起步。那些看似文弱的书生，从岳麓山下走出去，在疆场上纵横捭阖、挥斥八极，曾演绎了许多可歌可泣的历史。

在南宋和金的连年战争中，岳麓书院培养出的既是学生亦是抗金勇士。南宋末年，金大举南下进攻长沙，湖南安抚使李芾，率领军民抵死守卫长沙。岳麓书院的学生们，放下书本文墨，荷戈登城作战。那场惨烈的保卫战持续了半年之久，最后，长沙还是不幸被攻破，参加作战的学生全部遇难。

岳麓书院的书生们的那股侠义、果敢、敢想敢做的精神品格一代代流传下来。

那天，曾国藩经历一路风尘，终于来到岳麓书院。站在书院大门外，抬头看到书院两边的楹联，上书八个墨黑的大字：

惟楚有才

于斯为盛

此时，曾国藩的心里是说不出的百感交集。

曾国藩进入岳麓书院读书时，书院的山长是欧阳厚钧。欧阳厚钧是嘉庆四年（1799）进士，字福田，曾任郎中、御史等官，四十多岁时，因母亲年纪大而告归，开始主讲岳麓书院。欧阳厚钧学问渊博，是一位办学牛人，办学理念紧跟时代潮流。他不仅教学生们学习应试的八股文和诗赋，更提倡学生们按照他们的天分和性情自由发展。这对一个封建时代的老师来说相当不易。也正是这样先进的教育理念，才让岳麓书院培养出了曾国藩、左宗棠、郭嵩焘、江忠源等一大批湘军骨干人才。

欧阳厚钧在岳麓书院执教办学二十七年，其门下弟子云集，有名望者达三千多人。应该说，这也是曾国藩的幸运。正是在这里，曾国藩开始比较系统地接受正统的封建思想教育，也开始接受湖南理学之风的熏染与影响。

第二章
京官时代

1. 跻身士林，步入仕途

曾国藩在岳麓书院学习了一年多，到道光十四年（1834）秋，他从岳麓书院肄业，再次参加湖南乡试。这次，他很顺利地考中了举人。

这年十一月，曾国藩收拾好行囊由家乡启程，去京城参加会试。然而，幸运并没有持续光顾这个从湘乡走出来的年轻人。在接下来道光十五年（1835）的会试中，曾国藩名落孙山。这对他无疑是一次打击。但一封长长的载着父亲曾麟书鼓励与支持的家书抵达京城，又让他很快从失意中走了出来。

父亲十七次进考场才考中一个秀才，他这点失利又算什么？曾麟书无须说太多，他自己就是一本活生生的励志教材。曾麟书令儿子继续留在京城，发奋攻读。但在接下来道光十六年（1836）的恩科考试中，曾国藩仍旧没有考中。

曾国藩在会试正科、恩科中接连落榜，再等到下一次会试是在两年之后。彼时的曾家充其量也就是乡间的小财主，为供曾国藩外出读书，已经倾其所有，又加之此时曾国藩的弟弟曾国潢、曾国华、曾国荃、曾国葆都已相继到了入学年龄，家中用度开支逐年增大，曾麟书再无经济能力让长子继续待在京城。

曾国藩只得黯然回乡。

年轻是一个人最大的财富与资本，于一个风华正茂的年轻人来说，一两次的失败打击自然不算什么。曾国藩从京城踏上南下的归途，一边走一边欣赏着沿途的大好风光。山水迢遥，旅途漫漫，考场上的失利阴影渐行渐远。

到了金陵，这座有着千年历史的六朝古都，烟柳繁华之地，曾国藩被它牵绊住了脚步。他停下来，在这座古城的大街小巷间缓步徜徉。彼时，他自然还无法想到，多年以后，他的人生将与这座古城痴缠到一起。

《二十三史》是曾国藩心仪已久的一部书。在金陵一家书店里看到时，曾国藩的视线立马被它锁住。摸摸自己的口袋，口袋里除了仅剩的一点回家的盘缠，再没有多余的钱。

钱没有，书却一定要想办法得到。

恰好曾国藩有位同乡正在金陵做官，曾国藩走出书店就打听着向那位同乡的住处奔去。还好，同乡还算热情，借给曾国藩一笔钱。但那笔钱仍然不足以将那部《二十三史》收归己有。曾国藩只好再把自己身上的衣服卖掉一些，终于捧得宝贝归。

那该是曾国藩那趟京城之行的一份意外收获。

曾国藩从京城考场上失意归来，又于返家途中举债购买了《二十三史》，心中总是难免有几分忐忑。但父亲曾麟书的表现却大大出乎他的意料，对他的考场失利，父亲没有半句苛责，倒是鼓励他发奋再读，以期下一次再考。对于那本《二十三史》，父亲也没吐出半个“不”字，他只告诉儿子说：“你借钱买书我一定会想办法为你还上。但希望你能认真读这些书，方不负为父一片苦心。”

也许是那一段短暂的京城生活开阔了曾国藩的视野与胸襟，也许是父亲的殷切期待给了他无穷的力量。接下来的一年多时间里，曾国藩把自己关在书房里，不计晨昏地日夜苦读。

尽管此时的曾国藩仍然困守白杨坪，但那股不惧艰险的冲天之志，已经无日不萦绕在他的胸臆。

道光十八年（1838），曾国藩再次到京城参加会试。

此时的曾家更趋寒苦，连曾国藩进京的盘缠也难以凑齐。但曾麟书供子科考的韧劲丝毫不减，他日日奔波在亲朋好友之间，借钱也要让儿子进京。曾家亲戚们也多是贫寒之户，东拼西借，最后才凑足了二十二串钱。

曾国藩就是揣着那二十二串钱再次踏上了前往京城的漫漫长路。一路上省吃俭用，不敢有半点闪失。纵然如此，到达京城时，那二十二串钱也只剩下最后三串。

所幸，这一次曾国藩没有让家人失望，他得了三甲第四十二名，被赐同进士出身。

这一年，曾国藩已经二十七岁。

他改写了曾氏家族六百年没出一个进士的历史，让他的父辈们彻底扬眉吐气。

然而，曾国藩对这个结果却并不满意。

清朝科举分三甲，头甲三人，即状元、榜眼和探花，赐进士及第；二甲若干，赐进士出身；三甲人数最多，赐同进士出身。这里的“同”，实际上表示的是“不同”，不过是比落第稍好一点的待遇而已。按大清科举惯例，三甲进士多不能入翰林。

在清朝，士子们最看重的并不是进士，而是翰林出身。翰林院作为清朝中央政府养才储望之所，负责修书撰史，替内阁起草诏书、为皇室成员侍读、担任科举考官等。那里学术氛围浓厚，又近在天子脚下，有更多的升迁机会。一入翰林，人如涂金，被称为“天子门生”。

曾国藩三甲四十二名的成绩让他觉得自己离那个梦想越来越远了。而在京城的那段日子里，也让他深深体会到，若不得点翰林，仅在京城做一个无名的小穷京官也没什么意思。

据传他听到此消息后又羞又愤，当日就要备马折返回乡。好在这时有个叫劳崇光的翰林院编修，对曾国藩多方劝慰，强力挽留并答应为他帮忙，这才让曾国藩留下来参加了那年的朝考。

清代科举制度规定，凡新科进士引见前，由皇帝再考试一次，称朝考。朝考后授官，位于前列者为庶吉士，次者分别为主事、中书、知县等。说白了，也就是接受皇帝的面试。

曾国藩笔试成绩不佳，接下来的面试却让人刮目相看。在那次朝考中，曾国藩面对道光皇帝的提问，对答如流，条理清晰，又加上他朴素的衣着与不卑不亢的态度，竟然一下博得道光帝的赏识。道光帝龙颜大悦，朱笔一挥，给他点了一等二名，竟被破格钦点为翰林院庶吉士。

以同进士身份入翰林院，清朝开国以来仅曾国藩一人。这个来自湘乡县白杨坪村小乡绅家的青年，至此算是真正跻身京城士林，开始了他荣辱交迸的官场生涯。

据清人朱克敬撰《暝庵杂识》记载，曾国藩曾经对好友吴敏树和郭嵩焘说，自己死后的碑文由这两位执笔，但是要加上这样的话：“不信书，信运气。公之言，告万世。”

“不信书，信运气。”曾国藩一生都颇为迷信这一句。而他后来的种种经历也表明，每每行至人生关键处，他总是犹如天助神佑一般。这着实有些让人费解。

这年年底，曾国藩这位新翰林衣锦还乡。这是白杨坪村乃至整个湘乡县的大事。亲朋好友与四邻八舍都涌进了白杨坪曾家院子，来向曾家贺喜。

这一年，曾国藩的祖父曾玉屏已经六十五岁。

多年的夙愿终于达成，他是最激动欣喜的一个，但同时也是最清醒的一个。他知道，大孙子的万里长途不过才迈出第一步。面对一拨又一拨前来贺喜的亲朋，曾玉屏并未被那份喜悦所迷惑，他告诫自己的儿子曾麟书：“我们原本就是务农人家，历来以耕养读，如今即便宽一当了翰林，我们曾家也不当因富贵声名而忘本。让他安心去做他的大事，家中食用，千万不要累烦于他！”

老先生依旧日日早起，洒扫庭除，养鱼养猪，辛苦不辍，让还沉浸在功名喜悦中的曾国藩有一种深深的触动。

道光十九年（1839）十一月初二，于曾家来说可谓双喜临门。在这一天，曾国藩将要启程北上，开始去翰林院庶常馆深造。也是在这一天，曾家又一个小生命呱呱坠地了。他就是曾国藩和欧阳夫人的次子曾纪泽。

一面是光明的前程在遥遥招手，一面即将面对又一轮骨肉别离，还有对未来京城生活的一份忐忑。万千滋味在心头，竟然让曾国藩无从理起。离家之前，曾国藩去向祖父请训：“此次进京，求公教训。”

对于这个孙子，祖父太了解他了。他有才气、有志气，也有一身的傲骨傲气。若不能给他点出这些，日后官场上必定要为此大吃苦头。

祖父略作沉思，这样对他说："尔的官是做不尽的，尔的才是好的，但不可傲。满招损，谦受益，尔若不傲，更好全了。"

这些后来成为曾国藩一辈子信奉的人生信条。

2. 入不敷出的穷京官

道光十九年（1839）十一月初二，曾国藩离家北上京城，于腊月二十八日抵达。这年春节，曾国藩在京城过。

作为翰林院的一员，大年初一这天，他要参加黎明时在太和殿举行的朝贺大典。朝贺大典之后，要到各处去拜年。

朝贺大典不必赘言，例行公事，曾国藩跟在前辈后头学着就行了。

拜年这事却大有讲究。

初一拜老师，即自己中进士时的主考老师。曾国藩的座师是当时的大学士穆彰阿。曾国藩仍记得一年多前，自己在会试、殿试考中同进士时，第一次去拜谒老师的情形。

彼时，曾国藩还不叫曾国藩，而是曾子城。他想不到自己一个从穷乡僻壤中走来的小小举子，竟然得到当朝穆大学士的青睐，不但在考前考后都对自己给以眷顾，还鼓励自己大谈军政时政。

曾国藩第一次见穆彰阿竟丝毫不惧，当着他的面纵谈天下局势，直说得穆大学士对他频频点头称许。也是在那次拜访中，曾国藩才有了自己这个享誉后世的名字——曾国藩，这是穆彰阿亲自为他改的。穆彰阿觉得子城这个名字太小气，遂为其改名为国藩，取"做国家藩篱栋梁”之意。

众师长辈中，穆彰阿自然要放在首位。

穆彰阿（1782—1856），字子朴，满洲镶蓝旗人，出身于京城满族官僚家庭，嘉庆十年（1805）中进士。他甚得道光帝的信任，历任内务府大臣、步军统领、兵部尚书、吏部尚书、武英殿大学士、军机大臣等职，可谓权倾内外。鸦片战争时期，穆彰阿阻挠禁烟运动，诬陷林则徐等抵抗派，与英国侵略者谋求议和，与之订立不平等条约，是鸦片战争时期著名的投降派。

穆彰阿是历史上一个非常复杂的人物，其优点与缺点、成绩与罪过、后人的褒贬臧否都很突出。但不论怎样，对曾国藩来说，他的意义非同寻常。没有穆彰阿的发现与举荐，也许就没有历史上的曾国藩。

初二拜访湖南同乡。彼时，在京的湖南同乡同僚也有不少，但对于这些同乡同僚，曾国藩在与他们交往的过程中始终贯穿一个“谨”字，即与他们不远不近保持距离，不过分亲近，但又要尽同乡之谊。

后两天，拜访同年。这些人是与曾国藩在同一科考取的举人、进士，他们曾经在相同的考场上奋笔疾书，也曾经共同经历过希望与失望的煎熬。对于这些人，曾国藩总有一种特别的亲切感。他甚至认为，同学情谊是亲情之外最为深厚的情谊。对同学，他主张有求必应、尽力而为。

事实证明，这种恭敬有别、亲疏有度的交际法则，在曾国藩后来的人生路上帮了他大忙。座师穆彰阿对他的鼎力举荐，同乡们对他的大力支持，困窘中同学对他的热情相助，终让这个毫无政治背景的湘乡县农家子弟慢慢在京城站稳了脚跟。

道光二十年（1840）四月，庶吉士散馆。所谓散馆，类似于我们今天所说的毕业，是指翰林院庶吉士经过一段时间学习后（常例教习是一年或者三年），再经考试，以成绩高低分别任用。在这次考试中，曾国藩考了二等十九名。

这一年，一等十七人，二等二十六人，三等三人，四十六人中曾国藩排名第三十六名——很靠后的成绩了。

按以往的惯例，散馆只有第一等的少数人才能留在翰林院任职，其他的要么到中央部院任职，要么到地方从七品知县做起。但这一年很特殊，四十六人中只有两人到部院任职，三人到地方任职，其余的均留在了翰林院。

曾国藩授翰林院检讨，秩从七品。这对曾国藩来说无异于是天上掉馅饼的事，用他自己的话说，"可谓千载一遇"。

金榜题名，殿前高中，入选翰林，授翰林院检讨。这一路走来，曾国藩尽管走得并不是很顺利，可谓是波折重重，却也是惊喜丛生。

然而，那份喜悦却又如此短暂，曾国藩很快就被沉重的现实敲醒。

彼时的大清朝，京官不过听起来名声好点而已，从做官的收益来说，一个穷京官远没有地方官来得实惠。"三年清知府，十万雪花银"，说的是地方官，不是京官。

在大清，尤其到了道光年间，京官们的薪俸极低，消费却极高。没有公房和公车，要自己花钱租房、备轿，连官服都要自己去买。

天子脚下为官，总不能太寒酸。房子要像样点，轿子要体面点，身上的官服也总要有几套换，再加上各部门同僚之间彼此的来往应酬，朝廷发给的那点薪俸根本就是杯水车薪，所以多数京官都过得捉襟见肘。倒是那些地方官，个个肥得流油。

对于京官们的生存现状，曾国藩早有耳闻，也目睹过。所以他点了翰林衣锦还乡之后，特意在家乡逗留了近一年时间。在那近一年的时间里，他不断走亲访友。乡里村里县里，地方官、经商的小商小贩，但凡认识有点联系的，他都不辞辛苦跑到。

为何？就为多收敛一点到京城做官的礼金。

毕竟，在湘乡县，在白杨坪，曾国藩点翰林还是轰动一方的大喜事。大家都看好这个前途无量的新科翰林，给他封礼祝贺也就是极为寻常的事。

张宏杰在《曾国藩的正面与侧面》中，替曾国藩细细算过一笔账：从道光十八年（1838）底回乡到道光十九年（1839）十一月离家进京，他在家共待了二百九十六天。这期间，他有一百九十八天在应酬拜客，其拜客的足迹遍及湖南湘乡、宁乡、衡阳、清泉、永兴、新安、安化等十多个县州，多达两千家，共收入白银一千四百多两。

对于亲戚朋友们的贺礼，曾国藩有一本账目明细，且这本账目明细被保存了下来。曾国藩为官清廉，生活极为节俭，后世皆知，做京官之前的“拜访敛财”说来也是一种无奈之举吧！

也正是靠着乡里乡亲们的这份礼金资助，曾国藩来京城后才算小有资本，让他能够租屋买轿、置办官服。可乡亲们那里凑来的贺礼钱花一个少一个。又加之在京城安家后拖儿带女，曾国藩很快就尝到了穷日子的滋味。

曾国藩到京城落稳脚跟后，就把妻儿接到京城来，随妻儿而来的还有他的九弟曾国荃。彼时，曾国荃正是十五六岁的少年，为了让弟弟有一个更好的读书环境，曾国藩将其接到京城。一大家子人，自然不能再寓居在先前的居所内。再加上他朝廷命官的身份，经济再紧张，面子还得要。道光二十一年（1841）八月，曾国藩租下了绳匠胡同的一处房子，共十八间，每月房租十三两三钱。如此算下来，一年光房租就要一百六十两银子。

当时，曾国藩在翰林院的年俸是四十五两，例支双俸，一年就是九十两。此外还有四十五斛“禄米”，两项相加，折合成银两也不过一百二十四两多点——连房租都不够。何况还有一大家子的吃穿用度，以及他在官场上的种种应酬。

晚清官场实行官员低俸制，朝廷开给官员们的薪俸，根本不能满足他们的正常生活需求，这便给晚清的官场提供了滋生腐败的土壤——为了活下去、活得好，很多官员只能广辟财源，也才有了曾国藩在家书中所提到的炭资。

在晚清，炭敬、冰敬、别敬、年敬、节敬，名目繁多，是外官拉拢京官的常见方式。也正是因为这些灰色收入，京官们才能在收支严重失衡的情形下应付正常的生活。对此，朝廷也只能是睁一只眼闭一只眼，不闻不问。

曾国藩是新点的翰林，在京城没有名望资历，也没有什么关系网，这类“敬”自然也收到得极少。有一年年底，家里再也拿不出半两银子了，年关在即，一家老小数张嘴等着吃饭，曾国藩只得再厚着脸皮，找人借了五十两银子，算是勉强过了个年。

在京城，除了租房、吃穿用度、给老家寄钱这些日常开支，还有一项支出也让曾国藩颇为头疼，就是同僚之间的迎来送往。

晚清的京城官场上，应酬之风甚盛，且有愈刮愈烈之势。儿娶女嫁、孩子出生、小妾生日、老家来人……总之，日子里的任何一点风吹草动，都能让那些削尖脑袋找财路的京官们找个借口散发请帖。

曾国藩进京的头两年，几乎把时间与财力都浪费在这样的应酬上。后来，他痛下决心，定下课表，决定远离这样的欢宴场。可他毕竟是官场中人，这样的想法不过是一厢情愿，该来的不该来的帖子还是源源不断地涌来。

无奈之下，曾国藩只得拉下脸。他在门口贴了一张告示，告示云："曾国藩出身贫寒，长相不雅，箱内无银。虽任检讨一职，却是七品小官，俸禄有限，除衣食住行，已无盈余。即日始，凡京官上宪、同僚座席陪酒应酬之事，概不参加，请帖亦不收存。见谅。"

这是曾国藩任七品检讨时期发生的一件小事，却足见他当时的窘迫之状。但凡能想到一点门路，曾国藩也不至于如此公然地与同僚们翻脸。

这样做的后果当然很严重，他激起众怒。有人很快就鼓动御史上折参他，理由随便找一个就是了："办事糊涂，办差敷衍，奏请将其革职。"

曾国藩果真被革除实职，由翰林院检讨变成了修补。

他依旧日日到翰林院去点卯，每天按时上班下班，却被雪藏起来——翰林院不给他实际差事。曾国藩也很快就体会到何为世态炎凉，见他被革职，很多以前同他要好的同乡、同年、同僚，都刻意疏远了他。

官微人穷，借钱度日是生活常态，曾国藩借债最多的年份竟然借了高达一千多两银子。由穷而引起的是他在官场中人际关系的恶化。做官需要交际资本，可曾国藩却穷得只剩下一身硬骨头。

一心巴望着跃龙门、登高枝，进了京城才知什么叫京官难做，什么是窘迫艰难，一颗充满热情与理想的心也慢慢灰下去。在此期间，曾国藩甚至多次产生退隐回乡的想法。这些想法自然都被父亲严词拒绝。

3. 十年七迁

如果说曾国藩在京城的经济生活只有一个“窘”字，那么他这一时期在官场上的升迁则可用一个“顺”字来概括。

在翰林院时期，曾国藩人微官轻，走得不是很顺遂。从道光二十三年（1843）起，他时来运转。道光二十七年（1847），即超擢内阁学士兼礼部侍郎衔。道光二十九年（1849），又升授礼部右侍郎。此后四年，兼遍兵、工、刑、吏各部侍郎。

十年七迁，连跃七级，这在当时是极为少见的。

上天如此垂爱曾国藩，究其原因也不外乎两个方面：内因是曾国藩本身的勤奋与努力，外因是他深得老师穆彰阿的欣赏与大力举荐。

道光十八年（1838）的殿试中，穆彰阿是曾国藩的座师。在众同年中，曾国藩的成绩虽然不甚出色，却因他谦恭有度、朴素无华而得到了穆彰阿的欣赏。穆彰阿不但对他大加眷顾，还亲自为他改名国藩。但穆彰阿后来成为曾国藩在京城的根基后台，恐怕还要从鸦片战争说起。

道光二十年（1840）五月，英军入侵广东，第一次鸦片战争爆发。在鸦片战争中，因穆彰阿的投降做派，他在京城士林中颇引争议。众人对穆彰阿一片异议之时，独曾国藩对穆彰阿的投降主义政策大加赞赏。穆彰阿自此将曾国藩引为知音，越发对这个来自湖南湘乡县的门生高看一眼，对他寄予厚望。

道光二十三年（1843）三月，曾国藩迎来人生中又一次大的机遇与挑战。这年三月初六，曾国藩接到皇上谕旨，三月初十在圆明园正大光明殿大考翰詹（翰詹即为翰林院詹事）。

这是清代翰林士子一种非常重要的考试——考上翰詹，就等于拿到加官晋爵的通行证，用不了几年，不是总督、巡抚，便是尚书、侍郎。反之，一旦大考失败，则可能沦为一个终身前途渺茫的穷翰林。

乍听到这个消息，曾国藩一下子就着了慌。因为他已好久不作赋，字也生疏了——通常的大考都是六年一次，这一次却整整提前了两年。

三月初十，曾国藩随众多同年一起步入考场。如他所料，那场考试进行得很不顺利。走出考场之后，曾国藩与人对诗赋，发现自己的卷中有一处明显的错误，心中顿时又充满了忐忑与懊悔。

接下来的几天，是漫长的等待。曾国藩几乎是度日如年，食不知味。

那次参加考试的翰林共有一百二十四人。十四日，成绩出来，让曾国藩大感意外的是，他竟然取在二等第一名，总成绩第六名。并有幸蒙皇上召见，以翰林院侍讲升用。

幸运之神再次光顾了曾国藩！

事实上，他的幸运之神或许就是他的老师穆彰阿。那次的大考中，穆彰阿为总考官。据说，曾国藩交卷后，穆彰阿便向曾国藩索取应试诗赋，曾国藩随即回住处认真誊写，并于当天亲自送到老师家中。此举深意，不言自明。穆彰阿到底有没有在那次考试中为曾国藩暗中出力，自是无法说清的事。

道光皇帝对曾国藩的欣赏却是有目共睹的事实。

大清到道光皇帝时，国库库银已不足千万，接近不续的边缘。

道光皇帝一登基，便严禁侈靡之风，将节俭作为治国第一要义。在众多讲究衣食住行的京官中，曾国藩因受家风影响，也确因手头紧张，平日里一向极为节俭。这正合了道光之心意。

但凡事都有度，过度了就不妥。有次道光皇帝接见曾国藩，发现他的官服上都打着补丁，遂大怒——认为曾国藩有作秀之嫌。曾国藩条分缕析地把自己的收入状况和想法向道光皇帝汇报一番后，倒把这位皇帝哄得开心了——若大清官员都像曾国藩一样奉行节俭，大清何愁不能中兴？

总之，那次大考翰詹，是曾国藩仕途中的重要转折点。自此之后，他一改往日的磕磕绊绊，官途顺遂得连他自己都吃惊。

从道光二十年（1840）四月授从七品翰林院检讨，一直到道光二十三年（1843）三月升翰林院从五品侍讲，三年中升了四级，速度不可谓不快。然而，那只是他飞黄腾达的起点，接下来好运频频光顾。

这年六月，道光皇帝又钦点曾国藩充任四川省乡试正主考，副主考则由官拜翰林院侍读学士的赵楫充任。这道圣旨一下，即在翰林院掀起一场波澜。

一般乡试主考都由两榜出身的翰林公、四品以上官员充任。曾国藩一个从五品官做乡试正主考，这在大清国尚属首例。而赵楫以从四品的官位，却屈居从五品的曾国藩之下，做了副主考，这也是清朝开国以来没有的事。但天子一言，谁敢违背？

曾国藩自然更没想到这样的好事会落到自己头上。

那时的乡试主考是肥差，多少人都眼巴巴地盯着。被钦命为主考的官员，可以从户部领取不菲的程仪——类似现今的差旅费。正主考一般是两千两，副主考则为一千两。

乡试主考官，朱笔一批就定了多少寒窗学子的前途，在地方谁人不上紧着巴结？所以每次乡试结束后，地方官又会以种种名义给主考官们塞些“辛苦费”。那笔看不到的收入，少则几百两，多则上千两。当时有民谣唱“一任主考官，百姓吃十年”“京官不外放，穷到能卖炕”，多少京官终生也盼不来这样一次机会。

圣旨下来几天后，两千两银子的程仪就送到了曾国藩的手中。面对那两千两银子，曾国藩忍不住心潮起伏。想起自己的祖父与父母双亲，为送他走出白杨坪，辛苦大半生，甚至不惜债台高筑。他在京的这几年，也是一路磕磕绊绊，穷得叮当作响，何曾一下子见过这样一笔巨款？

那笔钱他只留下四百两，作为自己入川办差的费用，余下的一千六百两，他让回乡省亲的长沙籍翰林院检讨张继元全部带回去，让家中报答借钱帮助他们的亲戚，再拿一部分修缮供奉宗祠，其余留作家用。

对于道光皇帝的浩荡皇恩，曾国藩自然是要不遗余力地回报。

在那次四川乡试中，曾国藩做了两件让四川学子们不胜感激的事：

其一，与其他高高在上的主考官不同，曾国藩在大考前亲自前往视察考棚。一旦发现考棚搭建存在安全隐患，立即派人加固整修——他要给考生们一个安全放心的考试环境。

其二，四川乡试在秋季举行，考试那天炎热无比，很多考生一走进考棚就开始汗流不止，为防止考生们中暑，曾国藩急令人速向各考棚放置冰水消暑，并准予考生们在考试过程中可以用凉水洗脸、擦身。曾国藩还特别交代，如需银两，可先从他那里拿出五十两急用。

当装着冰水的大桶运进各大考棚，学子们被这位主考官感动了。这不仅在四川考场上少见，自有科举以来，又有几位主考官能如此为考生服务？事实上，那笔钱是曾国藩自己掏腰包垫付的。

那场乡试，进行得顺利圆满，中途无一人因天热中暑而导致考试中断。

那次乡试中，共取举人六十二名，副榜十二名。

多少年以后，提及那次乡试，提及曾国藩为蜀中士子们的所作所为，蜀中士子们仍感动不已。他们称那次乡试是大清开国以来，四川举行的最公正、圣恩最大、也是录取寒士最多的一次乡试。

那是曾国藩第一次身负皇命重任出门办差，他终不辱使命，完美交差。

道光二十三年（1843）十一月二十日，他从四川回到京城。

因为在那次乡试中的出色表现，道光皇帝又命曾国藩充任文渊阁校理。

曾国藩坐上了升迁的直升机，青云直上。

道光二十五年（1845）九月，曾国藩升翰林院从四品的侍讲学士。

道光二十七年（1847）六月，曾国藩再次被破格提拔，升授内阁学士兼礼部侍郎，为正二品。

这一年，曾国藩三十七岁。

五年之内，由从七品一跃而为大清的二品大员，其升迁之快，着实让人刮目相看。平步青云，扶摇直上，多少士子可望而不可即的梦，却让曾国藩既喜且惧。他一向信命运、信风水，在道光二十七年（1847）六月十八日写给诸弟的家信中写道：

“六月初二，蒙皇上天恩及祖父德泽，予得超升内阁学士。顾影扪心，实深惭悚。湖南三十七岁至二品者，本朝尚无一人。予之德薄才劣，何以堪此！近来中进士十年得阁学者，唯壬辰季仙九师、乙未张小浦及予三人。而予之才地，实不及彼二人远——以是尤深愧仄。”

彼时，曾国藩的祖母已经去世，曾国藩的祖父大病初愈，他又得升迁。曾国藩认为，这一切的顺遂，定是祖母埋葬之地风水好：“祖母大人葬后，家中诸事顺遂。祖父之病已好，予之癣疾亦愈，且骤升至二品，则风水之好可知，万万不可改葬。若再改葬，则谓之不祥，且大不孝矣。”

曾家风水到底对曾国藩的仕途影响有多大不得而知，但曾国藩对此却深信不疑。每一次升降荣辱，他都会与自家风水的好坏联系到一起。

但他的恩师穆彰阿对他仕途的影响却不容置疑。后来穆彰阿被罢斥、病逝，穆家家道败落，曾国藩每过穆宅，总是不胜感慨唏嘘。多年以后，曾国藩赴任直隶总督前往京城陛见，还专程前往穆家看望。彼时，穆家光景已经全然败落，其家人生活十分困窘。对于穆彰阿这个褒贬不一的人物，曾国藩倒是终生不忘他的提携之恩，也算是让穆彰阿欣慰之事吧！

4. 不同流俗的谏言者

谈及曾国藩在京城官场的升迁，张宏杰曾戏称他是坐着直升机飞起来的湖南土包子，这话虽有失恭敬，倒也合乎实际。

十年七迁，当时的京城官场人，对曾国藩即羡慕又妒忌。木秀于林，风必摧之，亘古不变。曾国藩一生谨慎，那份谨慎除却他所受的理学思想的影响，也来自他在官场上的不断碰壁。所谓“吃一堑，长一智”，不经历摔打，如何见坚强？

纵览曾国藩在做京官时的书信、日记、诗文，除了他偶尔在文中表现出的因升迁而带来的得意之情，更多记录的则是他的失望、不满和颓丧之语。哪怕在他飞黄腾达之时，这样的沮丧情绪也随处可见。

穷，依旧是他生活的主旋律。官场上顺遂的升迁，并没有改变他作为穷京官的现实。在那期间，他的身体也大不如前。从道光二十五年（1845）四月开始，曾国藩患上皮肤癣疾，为治此病，曾国藩可谓绞尽脑汁，外敷、内服、药水洗抹，此病竟顽固不化，跟随他终生。也可能正因为如此，才有人杜撰出那个巨蟒天降的神话故事来。说他身上的牛皮癣似巨蟒浑身的鳞片。

从曾国藩的家书中可读出，道光二十五年、二十六年两年间，他的身体状况非常不好，癣疾是其一，困扰他后半生的眼疾也开始露出端倪，随之而来的是在经济上的越发窘迫。

道光二十六年（1846），曾国藩的祖母去世，作为曾家长孙，曾国藩理应回家奔丧，可他竟然因没有路费而搁浅，望家乡路远山长，想亲人泪水涟涟，此时的曾国藩只能徒留一声长叹。

以曾国藩彼时的心胸识见，个人家庭的恩怨得失虽然也会不时干扰他，但让他郁闷塞怀的，自然不仅那些。好男儿志在四方，齐家治国平天下，这样的宏大抱负，很早就已在曾国藩的头脑中扎根。

可彼时的大清国又是什么样子？

尽管道光皇帝自称要做最勤俭勤政的天子，要彻底对大清王国来一番革新，但历史的滚滚巨轮从来就不是哪一个人可以操控的。尤其是经历了鸦片战争后，大清王朝的衰颓之势已不可阻挡。

外部，有西方列强对大清垂涎已久，想尽办法要继续打开中国的大门。

内部，大清帝国的腐败已浸透到它的每一寸肌肤血液。

一批觉醒的中国人，已在鸦片战争的隆隆炮声中醒来，他们的目光开始超越大清的疆界，关注世界的发展大势，也开始考虑中华民族的前途和命运。

外抵列强欺侮，内反清朝腐朽统治。各种形式的起义、反抗斗争纷纷爆发。其中，尤以湖南和两广地区的起义活动为烈。这些地区远离京城，又是各族杂处的地区，社会矛盾错综复杂，本就是大清统治链条上最薄弱的地方。

鸦片战争后，中国的外贸中心由广州渐次移往上海，广州贸易量减少，大批的水手、驮夫等失业。加之鸦片战争中临时招募的大批勇丁战后被骤然裁撤，这些人都成了当时社会不稳定的因素。

大清王朝内扰外困，已是摇摇欲坠。朝中一些有志有识之士，已经明显嗅到了空气中紧张的味道，可那个因循守旧的道光皇帝，仍在一批昏官庸吏的阿谀奉承中无限膨胀着自信心。那些庸臣俗吏们谨遵道光皇帝“修修抹抹”、敷衍度日的政治方针，贪污侈靡，混天熬日，谁也不去想大清的明天会是什么样子。

此时，曾国藩却坐不住了。

他深受皇家之恩，也深刻地洞悉当时社会存在的危机与问题。对彼时的大清朝，他是既爱又恨。他由一个乡间小地主的儿子，十年七迁，一步步走向飞黄腾达，那是大清王朝给他的机会。从这一点上，他没有理由不对大清忠心耿耿。

但大清日趋腐朽的政治现状，又让他焦灼失望。身居翰林之时，他官小位卑，对国家大政没有发言权。等他位列朝中要位，该为国家尽心出力之时，却屡次发现大清官场的腐败与黑暗盘根错节，牵一发而动全身，哪怕他使出浑身解数，也只是撞个头破血流，徒然遭人嘲笑讥讽而已。

从皇上到臣子，彼时的大清朝，从上到下都被污浊混沌的空气笼罩，让他时时有一种透不过气的感觉。

他不愿与大多数同僚同流合污，也因为如此，好不容易在京城官场上建立起来的人脉关系，又被一点点丢掉。好在彼时还有他的恩师穆彰阿罩着他，又有道光皇帝的欣赏，曾国藩在京中官场上还算好过。

道光三十年（1850），是曾国藩生命中很重要的一道分水岭。

这年正月，道光皇帝驾崩，血气方刚、年方二十岁的咸丰皇帝即位。

与道光帝的畏首畏尾不同，初登大宝的咸丰帝一腔热血，决意要大刀阔斧地整治大清朝的顽疾。他重新起用主战派林则徐等人，并将主张投降议和的穆彰阿等人革职，永不叙用。

曾国藩作为穆彰阿的得意门生，虽未受到直接的牵连，却从此失去了后台。自此之后，他只能独自在京城的宦海风波中闯荡。

咸丰帝上台做的第二件事，就是大张旗鼓地向臣子们“求言”，要大臣们知无不言，言无不尽，直陈时政，建言献策。

这似乎又让曾国藩等人看到了大清复兴的希望。曾国藩深思熟虑之后，向咸丰帝上了一道《应诏陈言疏》，对当下京城的官风痛加斥责。

此言一出，哪个京官不把曾国藩恨得牙根痒痒？

曾国藩也自有他的底气，他这个京官做得确实与众不同。在连年升迁之后，他曾训诫弟弟们说：“予自三十岁以来，即以做官发财为可耻，以宦囊积金遗子孙为可羞可恨，故私心立誓，总不靠做官发财以遗后人……”

就拿坐轿为例，曾国藩升为二品大员却仍然坚持出行坐蓝呢轿，就曾传为官场佳话。

清朝官员共分九品十九级，在服饰及轿饰方面有着严格的等级划分，绝不可越级享用，若一旦发现有越，就要受处分，严重的可能还要受到革职、充军等惩处。但有些官员爱面子，偷偷乘坐与自己身份不符的轿子并不少见。

曾国藩也坐着与自己身份不相符的轿子。但他不是显摆，而是低调。

升任二品大员之后，按规定他可以坐八人抬的绿呢大轿。曾国藩却不为所动，每次出行依旧坐先前的四人抬蓝呢轿，也因此弄出一些让人啼笑皆非的闹剧来。

那些抬八人绿呢大轿的随从轿夫，因主人身份的尊贵，走出来都觉得高人一等。话说某日曾国藩又坐着他那顶破旧的蓝呢轿出门，后面一顶绿呢大轿威风八面地冲上来。轿夫们骂骂咧咧：“前面的轿子赶紧闪开，没长眼睛吗？”曾国藩的轿夫不敢怠慢，乖乖在路边停下让路。这才把轿里的曾国藩给惊动了，他缓缓揭开轿帘从轿子里走出来，一句“怎么回事”，不怒自威。就见后面的轿主一下子从轿子里跌了出来：“真是有眼无珠啊！竟然是内阁学士曾大人。”

有了那样的经历后，京城中凡是三品以上的官员（三品以上官员可坐八人抬绿呢大轿）出行，临行前都不忘给自己的轿夫与随从交代一句：“长点眼睛，内阁学士曾大人坐的可是蓝呢轿。”

曾国藩身为二品大员，仍坐蓝呢轿出行，当然不仅是因为他的穷，再穷也不至于穷到坐不起官轿。“水满则溢，人满则忌。”曾国藩太明白这个道理了。也正是因为他的这份谨慎，他才有如此底气给咸丰帝进言吧。

咸丰帝对曾国藩递上来的奏折大为欣赏：“礼部侍郎曾国藩奏陈用人三策，朕详加披览，剀切明辨，切中情事，深堪嘉纳。”

这给了曾国藩极大的鼓励，接下来的一年多时间里，他怀着一颗赤诚忠心，为大清这位年轻的皇帝建言献策，先后上了多道奏疏，从政治、经济到军事，直陈现实中存在的种种弊端，并大力呼吁咸丰皇帝对这些弊政加以改革。

历史上的曾国藩向来以有识人之明而闻名于世，但天威难测，对于这位新登基不久的大清皇帝，曾国藩还是看错了他。

也许，是他在上第一道奏折时咸丰帝给了他错误的提示，以致他误以为咸丰帝会是一位有魄力和胸襟的皇帝。事实上，咸丰帝不仅气质平庸，心胸也远没有道光帝宽广，更谈不上有什么雄才大略。对曾国藩苦心拟就送上来的一道道折子，他并未认真去看，就扔到一边弃之不顾，至于采纳建议去付诸行动就更不可能了。

这样的结果让曾国藩失望至极。

咸丰元年（1851），中国南方大地上风起云涌，这里正在酝酿着一场几乎将大清朝覆灭的大乱，那就是以洪秀全为首的太平天国起义。

对这场有备而来的起义，曾国藩早在几年前就隐隐预感到了。

可惜直到太平天国起义的大旗在广西高高飘起，咸丰帝对此还一片混沌麻木。这让曾国藩陷入了焦灼与恐惧中，他觉得对这个还在昏睡中的糊涂皇帝，一定要敲猛钟才能让他警醒。

5. 结束京宦生涯

封建时代的科举制度，为国家选拔了一大批士子人才。譬如曾国藩，如果没有搭乘上科举这艘航船，他充其量也就是湖南湘乡县的一个小乡绅。有了科举，他如插双翼，扶摇直上。然而，不是所有那个时代的士子都如他那样幸运，有多少人寒窗苦读熬白了头发，到老也没博得半点功名。

就在曾国藩在京城中为大清的前途安危呕心沥血写着上疏时，在广西，另一位小乡绅的儿子，正在筹谋策划着一场轰轰烈烈的革命运动——他要把曾国藩拼命维护的大清王朝一举推翻。

此人就是比曾国藩仅小两岁的洪秀全。

生于嘉庆十八年（1813）十二月初十的洪秀全，是广东花县官禄铺一位保正的儿子，家里略有薄产，社会地位和经济条件在当地应该都算是好的。作为家中小儿子的洪秀全，因为天性聪慧而备受宠爱。他是洪家唯一一个被父母送去读书求功名的孩子。

洪秀全七岁入私塾读书，十三岁即考上童生。十六岁开始去广州参加府试，落榜后，回家继续读书。十八岁时，受聘在乡里坐馆，成为一名私塾先生。二十四岁时，洪秀全第二次去广州参加府试，不幸再次落榜。

也就是那次失意落榜之后，在广州街头随意闲逛的洪秀全开始接触西方基督教——一位英国传教士与一个中国基督教徒送给他一本《劝世良言》，那本小册子被洪秀全带回了家乡。

第二年，洪秀全第三次去广州参加府试，再度落榜。这次落榜对他的打击巨大，回家后，他大病一场，病了四十多天。据说他病得最厉害的几天，竟至昏迷不醒，醒来后“俱讲天话”。

那时候，洪秀全对大清王朝和科举制度已心怀不满，但他仍未放弃科举求功名的最后一线希望。道光二十三年（1843），已经三十一岁的洪秀全再次去广州参加府试，结果仍然是名落孙山。

四次参试，却连一个秀才也没得中，这让洪秀全从此断了科举入仕的念头。他加入了天地会，并从此开始使用洪秀全的名号（原名洪火秀）。回花县后，洪秀全把孔孟的儒家经典一把火烧光，把他授馆私塾中的孔子牌位换成上帝的牌位，逢人说教，索性彻底与中国的孔孟之道决裂。

不久之后，洪秀全与冯云山等人组织了拜上帝会，他被人称为拜上帝会的教主，开始广泛在广西一些地区传教。为了积极准备造反，拜上帝会以“自卫御盗”为口号，买武器，制军装，开始有组织、有规模地操练。

道光三十年（1850）十二月初十，也就是公元1851年1月11日，这一天是洪秀全三十八岁生日，拜上帝会在广西桂平金田村举起了起义大旗，太平天国宣告成立，洪秀全为太平王，其管辖的军队称为太平军。

一场蔓延中国大江南北，战火几乎烧遍大半个中国的太平天国运动，从此拉开了序幕。

也就是在这一年，道光皇帝驾崩，咸丰皇帝即位。

广西太平军起义进行得如火如荼，远在京城的咸丰帝对此却漠然视之。他对南方的注意力，更多地集中在彼时遍地蜂起的天地会上。直到太平军一路向北杀来，清军与太平军交战连吃败仗，清政府这才慌了神，开始集中兵力对太平军进行围追堵截。

太平军起义的消息传到北京，在京城的官员中虽引起一阵骚动，却并未引起足够的重视。彼时的清政府，尽管已经意识到太平军绝非一般的会党群众造反，却远没有认识到其危害性与严重性，更没有意识到清军在战场上连连挫败，是因为此时的清朝军队已经腐朽不堪，根本没有战斗力。又加之当时大清财政拮据，想要打赢这场战争实在是困难重重。

这一切，早就在曾国藩的深思熟虑之中。

作为封建统治阶级的既得利益者，他比谁都更愿意站出来积极地维护封建制度，将这场农民起义镇压下去。然而让曾国藩焦灼的是，清朝的当政者对这一切还混沌未知。尤其是咸丰帝，虽然登基不久就下令征言，可事实证明那只是收拢人心的一场作秀而已。大臣们苦心孤诣交上去的谏言，多数他连看都没看。

为了引起当朝者的足够重视，咸丰元年（1851）三月，曾国藩再次上疏，提出裁兵、节饷、加强军事训练三项措施。在曾国藩看来，当时的大清朝主要面临两大难题：一是国用不足，二是兵伍不精。他提出的这三项措施正是针对这两大问题。

可曾国藩的谏言，换回的仍是咸丰帝的漠然。

彼时的太平军越战越勇，队伍不断壮大。而清军内部却是矛盾重重，将帅不和，各级官员互相推诿掣肘。

面对危局，曾国藩不肯退避。咸丰元年（1851）四月，曾国藩做出一惊人之举，他将批评的矛头直接对准了咸丰帝，上了一道《敬呈圣德三端预防流弊疏》，疏中直陈咸丰帝的三个缺点：

一曰“防琐碎之风”，批评咸丰帝苛于小节却疏于大计，发往广西的官员不当。二曰“杜文饰之风”，批评咸丰帝“徒尚文饰”，不求实际。向大家征求了那么多意见，最终却皆用“无庸议”三字了之。三曰去“骄矜之气”，批评咸丰帝出尔反尔、自食其言、刚愎自用、饰非拒谏。所说的听取大家意见，最终被“朕自持之”“岂容臣下更参末议”而代替。

曾国藩以谨慎来严格约束自己，这样的一封奏折会产生怎样的后果，他不可能没有预测，其风险与虎口拔牙无异。

曾国藩想通过自己的举动，让皇上兢兢业业，从而断绝自以为是的思想萌芽，也趁此改变当时官场上阿谀一片的风气，希望所有的官员都能正直有骨气，遇事不退避。说白了，曾国藩就是试图以自己的勇敢，唤醒沉睡的大多数。

事实上，咸丰帝拿到奏折还没看完，就将折子怒掷于地，并立即要将曾国藩拿下。幸好朝中还有季芝昌等人，见咸丰帝大怒，遂为曾国藩苦苦求情，曾国藩最后才免遭一难。

这样的信息反馈到曾国藩的耳朵里，他如何不会感到后怕？此后，曾国藩再无以前的憨直之言。而咸丰帝虽然表面没有对他如何，甚至依旧让他兼署刑部左侍郎和吏部左侍郎，但曾国藩却越发感到宦海莫测，心情也越来越沉重。他知道，自己哪怕再有一腔赤胆忠心，面对这样的皇帝也是无能为力了。

在京城官场上，让曾国藩难堪痛苦的不仅是与咸丰帝的关系。穆彰阿倒台，曾国藩也失去了极为有力的后台。加上他当时的耿直敢谏，又得罪了大批京中权贵。尤其是在会审琦善一案之后，曾国藩在京城的人际关系更是跌至冰点。

琦善，满洲正黄旗人。在鸦片战争中，他同穆彰阿一样，属投降派。道光二十年(1840)，在直隶总督任上的琦善上奏道光帝，诬蔑林则徐在禁烟一事上的措施失当，并力主妥协投降。

林则徐被遣戍新疆，琦善作为钦差大臣，前往广东与英军议和。在与英军谈判的过程中，琦善一让再让，竟然瞒着道光皇帝，与英军签订了《穿鼻草约》，并私许割让香港、开放广州、赔偿烟价六百万银圆，给大清造成的巨大损失无法估量。

道光帝一气之下将琦善“革职锁拿，查抄家产”，但两年之后，琦善又靠着贿赂穆彰阿，重新被朝廷起用，任陕甘总督。

咸丰帝即位后，有人参奏琦善在陕甘总督任内“妄加诛戮”，咸丰帝遂将其革职，交刑部审讯。当时接手这个案子的，正是曾国藩。

琦善虽然两度获罪，但他在京中故旧颇多。此案一出，出来为他求情、到处拉关系的自然大有人在。但曾国藩不畏强权，最后定琦善革职，发往吉林效力赎罪。

这等于是与京中广大与琦善有交往的官员们公然为敌。

因为琦善案的审理，曾国藩在京城越发陷于孤立。权贵们见了他要么视而不见，要么转身回避，甚至不愿意与他同席而坐。

回首自己的来时路，一步一步，从湖南偏僻的小山村走出来，最初也不过是想着读书求功名光宗耀祖。随着官位的升高，曾国藩的思想境界也在不断提升，当他决心舍小家而顾大家，为大清国奉献自己的热血与生命时，却发现一个二品大员的身份，竟是如此不堪一击。那满腔的热情慢慢就冷了下去，他又怀念起自己的湘乡县和白杨坪。

“补天倘无术，不如且荷锄。”这就是十二年京官生活最终留给曾国藩的一声叹息！

咸丰二年（1852）六月，曾国藩得江西乡试正主考官的外差。这正好给了曾国藩逃离京城的机会，他被允准事毕回乡探家。

曾国藩接到谕旨，几乎马不停蹄地启程南下。

谁料天有不测风云，就在曾国藩感觉逃离樊笼，终于可以透一口气时，却平地起了一声霹雳惊雷——他抵达安徽太湖县境内的小池驿，忽然接到母亲江氏去世的讣闻。

江西主考官做不成了，曾国藩由九江乘船西上，急急回籍奔丧去了。

第三章

创建湘军

1. 凶险莫测的千里奔丧路

从道光十九年（1839）十一月离家北上，到咸丰二年（1852）六月奉旨离京去江西，十二余年的光阴已过。这十二年里，曾国藩只能用一封又一封的家书抒写自己对家乡和亲人的思念，用自己的谨小慎微和加官晋升来抚慰父母双亲的心。

在此期间，曾国藩的家中发生了太多的事情。祖母于道光二十六年（1846）病故，曾国藩原本可以回家省亲，却因手中拮据而放弃归乡。第二年，祖父曾玉屏身患重病，他想回去探视，又被祖父阻止。道光二十九年（1849），父亲六十大寿，未得归。不久之后，祖父去世，闻讣告后，曾国藩大恸，可他还是没能回家，只请假两月，在京中寓所为祖父戴孝。

人在官场，世人看到的只是他官衔之上的风光，个中酸楚，谁又能体会到？

这次得江西考差，曾国藩获准事毕回家探亲。相别十二年的骨肉终得机会团聚，谁料竟是子欲养而亲不待。

咸丰二年（1852）八月初八，曾国藩正走水路，在舟中。

一叶小舟，颠簸在波涛起伏的江面，曾国藩的心亦如波涛汹涌。在摇晃不定的舟中，他给儿子曾纪泽写了一封长信。由于接到母亲讣讯太过突然，曾国藩一边要写信回京中让儿子料理家事，一边还要向京城方面呈报。自己则恨不得腋下生翼，朝夕之间飞回白杨坪。

曾国藩哪里知道，就在他归心似箭一路日奔夜行赶往老家时，洪秀全率领的太平天国起义大军正势如破竹，一路向北扑杀而来。

曾国藩归家的旅程，也将因此而变得困难重重，凶险莫测。

自道光三十年十二月初十（1851 年 1 月 11 日）洪秀全在广西桂平金田村举起义旗，仅一两年时间，这支“蓄发易服，头包红巾”的起义队伍就飞速地壮大起来。

这一年，适逢道光皇帝驾崩，咸丰帝登基。

咸丰皇帝先是对这支队伍不以为然，等接到不断从前方传来的奏报，方着慌起来。遂下旨，派林则徐为钦差大臣，向荣为广西提督，迅速赴广西剿办。

也许是大清的气数使然，也许是林则徐命不该沦为剿杀农民起义的刽子手。林则徐接到咸丰帝的圣旨时，已是病疴沉沉。他在次子林聪彝与幕客刘存仁的陪侍下，带病由福州赴广西，却不幸出师未捷身先亡。行至广东潮州，林则徐的病情就迅速恶化，不久就病逝于潮州普宁县的行馆里。一代英豪，抱憾长逝。

这一年，林则徐六十六岁。

人生没有预览，历史也不可假设。若林则徐顺利抵达广西剿办太平军，太平天国的命运如何，洪秀全的命运如何，曾国藩的命运如何，也许一切又会是另一个样子。

林则徐去了，放眼朝中再也没有第二个如林则徐一样有胆识、有魄力的人。之后，清廷又派李星沅当钦差大臣，前去接替林则徐。

李星沅是湘阴人，曾先后任江苏、陕西巡抚和陕甘、云贵总督。当年曾国藩去四川任主考官时，途中患病，多亏时任陕西巡抚的李星沅护持救助。

李星沅到广西后，深知洪秀全率领的起义军非等闲之辈，遂上书咸丰帝，要求派大将军出征统帅，集中优势兵力，聚而歼之。但却遭到咸丰帝的严厉训斥，李星沅忧惧交加，到广西不久竟然也病逝军中。

接连折损了两名钦差大臣，咸丰帝再不敢小觑太平军。他又派赛尚阿任钦差大臣，前往广西督办军务。赛尚阿赶到广西之后，清军内部不和的问题仍然无法解决，而太平军却是越战越勇。

咸丰元年（1851）九月，太平军攻占永安，在永安封王建制，颁布了封王令。洪秀全自封为天王，封杨秀清为东王、萧朝贵为西王、冯云山为南王、韦昌辉为北王、石达开为翼王、洪大全为天德王。

这个消息传到京城，咸丰帝彻底慌了，急令人征调各路兵马对永安进行围剿。

咸丰二年（1852）二月，继任的首席军机大臣赛尚阿，调集清军三万余人包围永安。因指挥始终不能统一，行动难以一致，终致洪秀全率军从永安突围，直扑桂林。

洪秀全大军攻桂林一月余不下，转向北边的兴安。占领兴安后，继续北上攻占全州。

在攻击全州城的战斗中，太平天国的重要领导人南王冯云山中炮身亡。这对太平天国和洪秀全来说是一次重大的创伤与打击。但这也给了太平军力量，他们强忍悲痛一举攻破全州。洪秀全却不愿在全州多做停留，两天后，太平军便放弃全州，向湖南方向大举前进。

同年七月，太平军由湘南顺着湘江东岸一路向北，由郴州而永兴，由永兴而安仁、攸县、醴陵，一路攻占杀伐，其赤如焰火的汹汹来势，常常让清军守将望风而逃。

七月底，太平军的西王萧朝贵率领士兵一千余人，由醴陵直逼湖南的省会长沙，展开猛烈的进攻。

彼时，新任湖广总督、钦差大臣徐广缙，已从广西梧州出发一个多月，正缓缓行进在去往长沙的路上。而长沙城内外，虽已集有三个巡抚、两个提督、十个总兵，却是个个官大，谁也不服谁，谁也指挥不了谁。整个指挥与行动混乱无序。

这三个巡抚是何人？说起来都是大清朝响当当的人物，后来也都曾与曾国藩发生过“剪不断，理还乱”的牵连。一个是骆秉章，一个是张亮基，另一个是潘铎（张亮基先继骆秉章任湖南巡抚，后奉旨升署湖广总督，巡抚职遂由潘铎署理）。

骆秉章（1793—1867），字吁门，广东花县人，道光十二年（1832）进士，选庶吉士，授翰林院编修，曾深得道光帝的欣赏。道光三十年（1850）任湖南巡抚，因为得罪了赛尚阿，被赛尚阿在咸丰帝面前参了一本，说他“吏治废弛”，咸丰帝遂免了骆秉章的职，让他进京。

张亮基（1809—1871），江苏铜山县人，虽是举人出身，却是林则徐属吏，曾深得林则徐的赏识。因为林则徐的密荐，不到两年四次升迁，也属官场宠儿。道光三十年（1850）任云南巡抚。咸丰元年（1851）一月，兼署云贵总督。咸丰二年（1852）五月，张亮基作为新任湖南巡抚，自云南抵长沙城接替骆秉章。

旧任还未离开，新任喘息未定，太平起义军便直杀向长沙城。咸丰帝接到消息，急忙又下一道圣旨，让骆秉章暂不入京，而是留在长沙协助守城。

如此一来，就形成一尴尬局面——两个巡抚，到底应该谁指挥谁？

两个提督又是哪两个？一个是湖南提督鲍起豹，另一个是广西提督向荣。

当时，太平军由桂林解围北上，清政府命向荣跟追。因为对赛尚阿的弹劾不满，向荣消极怠战，拒不从命。咸丰帝愤而将其革职留用，仍然无济于事。直到后来赛尚阿被弹劾革职，向荣这才奉旨到长沙助守危城。

长沙，是太平军北上以来所进攻的第一座省会城市，无论从鼓舞士气，还是从太平军的整个战略意义，攻下长沙对太平军来说都意义非常。率军前来攻城的，是太平天国的西王萧朝贵。他出身贫苦，作战向以骁勇善战而著名。他是太平天国的主要将领之一，一路攻城略地中却能身先士卒，一直担任先锋之职。

萧朝贵亲率大军攻打长沙，使得长沙的守卫之战形势更加严峻。

曾国藩回家奔母丧那一年，大清的基本局势就是如此。

再回看曾国藩，自接到母亲讣闻后，他水陆交替行进，终于咸丰二年（1852）八月十二日，抵达湖北省城武昌。曾国藩前往会晤湖北巡抚常大淳，才得知长沙被太平军围困，已成一座困危之城。

去长沙，已是道路梗阻，行旅不便。常大淳劝曾国藩不要再冒险回去。

对曾国藩来说，那是一道极为痛苦的选择题——继续前行，危险重重生死难料；留下来，眼看着就要回到家乡，实在心有不甘。

曾国藩十三日在武昌逗留一天，左思右想，还是决定回去见父亲。

曾国藩八月十四日从湖北省城启程，十八日即抵达岳州，又由湘阴、宁乡绕道，终于在八月二十三日这天平安抵家，比他预计的快了四五天。

回到阔别十二年的故乡，故乡院中的老屋及屋后的苍藤依旧，屋下首的那片竹林越发茂密青葱，却再也找不到慈爱的母亲和祖母，还有他素来充满威仪的祖父星冈公了。外界的风云变幻，官场上的尔虞我诈，暂且都抛诸脑后，曾国藩沉浸在与亲人们离别与重聚的悲喜之中，开始了为期四个月的乡居生活。

而彼时的长沙城外，正烽烟四起，一场攻守血战正进行得如火如荼……

2. 左宗棠解长沙之围

在《三国演义》中，诸葛亮是个绝对的主角。他羽扇纶巾，舌战群儒，智激孙权和周瑜；他神机妙算，巧借东风，草船借箭，定计火攻……而同样风流倜傥智慧超群的周瑜，却只在小说里做诸葛亮的陪衬，他的种种计谋均被诸葛亮识破，最后竟然生生被诸葛亮气死。临死之际，仰天长叹："既生瑜，何生亮？"

诸葛亮与周瑜这两个历史人物，从此也被以一种固定的形象流传下来——诸葛亮是智慧与力量的化身，战无不胜；周瑜却成了心胸和气量窄小的倒霉鬼。事实上，历史上的诸葛亮远没有小说中那么神通广大，历史上的周瑜心胸宽广，深受孙权及文武百官乃至后世英雄的敬重与怀念。

在曾国藩的人生旅程上，也曾有这样一个人发出类似的感慨。

他自比诸葛亮，自号今亮，一生与曾国藩恩怨相交，既互相扶持，彼此有恩于对方，又曾数次交恶，数年不通音信，不相往来。但从骨子里，这个人对曾国藩颇不以为然。这个人就是同样被称为晚清中兴名臣的左宗棠。

曾国藩在白杨坪为母亲守制时，长沙城里正在进行着激烈的攻守战，而最终解长沙围城之困的正是左宗棠。

清嘉庆十七年（1812）十月初七，左宗棠在湖南湘阴县左家塅村出生。与曾家一样，左宗棠家里也是累世以耕读为主，但左家似乎更接近一个书香门第。他们知道学而优则仕的道理，一直鼓励子孙求取功名。到左宗棠时，上已有七代秀才传世。左宗棠的父亲左观澜，是一位每月可从县里领六斗廪米的县学秀才，一生以教书为业。

左家的家底原本也还算可以，算不上富裕却也自给有余。但到了左宗棠父亲左观澜这一代，境况已大不如前。

左宗棠出生时，家中有祖父母、父母亲、三个姐姐，两个兄长，再加上他，共十余口人。全靠父亲在外教书得到的微薄收入糊口。再就是左母在家里打理的几亩薄田，种菜养猪，以做贴补。其日子的艰难可想而知。

据说左宗棠出生时，因为母亲奶水不足，又请不起奶妈，母亲只好嚼米为汁喂养他。米汁的营养很显然无法与奶水相比，幼小的左宗棠吃不饱，日夜啼哭不止，时间一长，就把肚子给鼓大了，肚脐给突出来了。左宗棠长大后腹大脐浅，大概就是这个原因。

尽管如此，这个小儿子的出生还是给左家带来了无比的欢乐。

同曾国藩一样，左宗棠的出生也伴随着一个极神奇的梦。据传其母生他之前，连续两夜都做了同样的一个梦，她梦见自家院子里开满了海棠花，在满院盛开的海棠花间，一位金甲神人自天飘然而降，大声对她说：“牵牛星将要降临你家。”

左宗棠因此被祖父赐名宗棠，因在家中男孩子中排行老三，取字季高。

左家累世耕读，家中有着浓厚的治学读书风气。左宗棠的曾祖父、祖父、父亲均是秀才，只是都在此止步，但左宗棠却从小就表现出过人的读书天赋与刻苦勤奋来。这让父亲很吃惊，他料定这个小儿长大后必不是凡俗之辈，对他的培育自然也更为上心。

随着年龄的增长，左宗棠身上的一些优秀品质也体现得越来越明显。他小小年纪便能忍饥挨饿，躬承庭训。他学文，习书法，均一丝不苟。八岁开始学习八股文，为将来的应试做准备。十四岁开始应童试，考卷大获考官的赞赏。十五岁，应府试，一举中得第二名（原本应为第一名，后把第一名位置让给另一位多次参加考试的老先生）。

至此，在功名求取之路上，左宗棠可谓一帆风顺。再接下来，参加院试，中秀才，若继续一路向前，左宗棠的人生路也许就会是另一番样子。

与曾国藩年少时的读书经历截然不同，左宗棠是个天才少年。

然而，正如孟子所言：“天将降大任于斯人也，必先苦其心志。”就在左宗棠要参加院试时，一封家信彻底把他的秀才梦给击碎了——母亲病重，左宗棠只得速速打道回府。

此后，他在母亲病榻前捧汤奉药，日夜服侍，却还是没能挽留住病重的母亲。那年，母亲才五十二岁。左宗棠很长一段时间都陷于丧母之痛中，其科举之路只得暂时中断。

然而，福无双至，祸不单行。母亲的去世，对那个家已是一个沉重的打击，就在左宗棠十九岁那年，五十三岁的左观澜也去世了。

随着父亲的去世，左宗棠的家庭也在无形中走向瓦解。祖父母、母亲都已过世，三个姐姐都出嫁了，年轻的长兄在二十五岁时也死了。家里只剩下他和二哥，还有大哥抛在世上的寡妇嫂嫂以及一个年幼的侄子。

家道艰难，功名路也变得不顺遂。左宗棠于道光十三年（1833）开始赴京参加会试，直到道光十八年（1838）第三次参试，均名落孙山。在给妻子的家信中他写道："榜发，又名落孙山。从此款段出都，不复再踏软红，与群儿争道旁苦李矣！"其酸涩滋味溢于言表。

也就是在那一年的同一次会试中，曾国藩却以第三十八名贡士的身份取中，接下来的殿试中又以三甲四十二名中进士。

两个原本奔赴在同一条功名路上的湖南学子，从此走上了完全不同的人生之路。曾国藩跻身京城士林，开始苦乐交织的仕宦生涯。左宗棠却彻底灰了科举求功名的心，转而留意农桑，以遍读群书、钻研地理兵法为乐。

是金子到哪里都会发光，有鸿鹄之志怎会甘心做檐下之雀？左宗棠科举频频受挫，他一气之下就把自己的身份定格为一位举人，再不肯前去应试。他躲在湘阴老家的青山绿水间，一边劳作一边不辍地读书，从来没有放弃对时事的关注。

当时，走上仕途的曾国藩在京城官场上一路扶摇直上，三十七岁即做到二品大员；身为湘阴县一名小举人的左宗棠，其声名竟丝毫不亚于曾国藩，在某种程度上还远胜于他。左宗棠在那时就已惊动了数位大人物。

道光十年（1830），江苏布政使贺长龄丁忧回湘。那年，十八岁的左宗棠还是乡里一名不见经传的普通农村青年。左宗棠与贺长龄的侄子是同窗，常到贺家拜访。贺长龄一见他就为他的谈吐与才气所惊讶，竟“以国士相待”，与他谈诗论文好不欢喜。

贺家藏书甚丰，高高的书架须架上梯子才能爬到顶层。谈到兴浓处，贺长龄竟然亲自爬上爬下，从书架上取书给左宗棠看。第二年，左宗棠在贺长龄的介绍下进长沙城南书院学习，师从贺长龄的弟弟贺熙龄。

道光十八年（1838），左宗棠第三次会试落榜后，心中颇多对时事的怨愤不满，遂上书痛陈时事。其陈奏中言辞颇为激烈，很多内容触怒了道光帝。道光帝一气之下革去左宗棠举人，命顺天府五城逮捕治罪。左宗棠从同乡那里得知消息，趁圣旨未下便逃离京城。南归途中，左宗棠绕道江宁，去拜见时为两江总督的陶澍，在陶署中逗留十余天。

陶澍与左宗棠也是一见如故：“汝言论志趣，我已尽知。他日功名，必在老夫上。”

那年，左宗棠二十七岁，陶澍已六十岁。

陶澍身为两江总督，而左宗棠仅是一位得罪了皇帝、连举人都已丢掉的布衣，可陶澍硬是把自己的小女儿许配给了左宗棠的儿子，二人竟成儿女亲家。

道光二十九年（1849），时任云贵总督的林则徐，回家途中路过湖南，也因为久闻左宗棠大名，特意邀左到湘江边一叙，“一见倾倒，诧为绝世奇才，宴谈达曙乃别”。

这些大清的栋梁之材，都曾在官场上阅人无数，可谓洞若观火，他们一致对左宗棠赞赏如此，左宗棠的才气可想而知。

长沙城被太平军围困，张亮基和骆秉章共守危城。张亮基听朋友胡林翼（亦为左宗棠和曾国藩好友）推荐，三顾茅庐，派郭嵩焘等人前往左宗棠住处请他出山，费了好大周折，才得以说服这位以今亮自称的湘阴县大名士。

当时，长沙城被太平军围得铁桶一般，左宗棠却能冒着太平军的重重炮火，缒城而入，这让张亮基喜出望外。他对左宗棠欣赏有加，以兵事任之。左宗棠便替张亮基策划守备，从此迈出他一生功名事业的第一步。

书生胸藏百万兵，多年来历览群书，再加上左宗棠天生气度非凡，敢想敢为，他很快就拟订了一个将太平军全歼在长沙的作战计划。可惜最终还是因为张亮基的谨小慎微而未得实施。

对于太平军与清军双方来说，长沙攻守战都进行得异常艰苦。

尤其是左宗棠抵达长沙后，太平军一次次的攻势都被他破解抵挡。

无奈之下，洪秀全只得让太平军挖地道、埋炸药、轰城。

面对被轰塌的城墙，左宗棠临危不乱。他指挥将士们堵缺口、塞地道，誓死不退。八十天苦战，太平军不但没有攻下长沙，还损失了又一位猛将——西王萧朝贵。加之军中给养已严重不足，洪秀全只得放弃攻城。

这年十月十九日夜，风雨大作，太平军全军趁机撤出长沙，暗渡湘江，窜回龙潭，继续挥师北上。

长沙之围被解，左宗棠功不可没。

长沙保卫战结束，太平军挥师北上了，长沙城内的官员与百姓们暂时松了一口气。然而，整个大清时局依然让人担忧，太平军的战火并没有被扑灭，倒有越燃越烈之势。

而曾国藩还在白杨坪老家丁母忧。按大清惯例，官员亲人去世要在家守制满三年（实为二十七个月），可时局如此错综迷离，曾国藩不知道，此时有一个人正在力荐，让他墨绖出山，协助帮办团练，以镇压太平军。

此人就是曾国藩已久闻大名却还未曾谋面的左宗棠。

3. 墨绖出山

太平军围攻长沙城，城内有一大学士、两总督、三巡抚、三提督，还有总兵十员，清政府从各地派来的清军足有六七万人——也算是很强大的阵容了。

如果指挥统一、行动一致，将太平军在长沙一举剿灭也极有可能。然而此时的大清朝廷与军队皆腐败无能，各部互相制掣，又互相观望。虽有左宗棠这样的军事奇才坐镇指挥，最终还是因张亮基的优柔寡断，让洪秀全率领着太平军，神不知鬼不觉地撤离，向北而去。

太平军撤出长沙后，走宁乡，破益阳，在益阳夺得几千只民船，沿资江顺流而下，出湘阴，渡洞庭，直达岳州，一路上竟如入无人之境。到岳州，满城的文武官员闻风而逃，把城内无尽的物资及武库一座，拱手让给了太平军。在江口，太平军又得商船五千余艘，洪秀全率部众驾船东下，队伍更加壮大。

对于清军绿营兵与八旗兵的软弱与涣散，咸丰帝早有所料，但他还是没有想到，他们竟是如此不堪一击。眼看局势越来越严峻，咸丰帝忧心如焚。面对此情此景，哪个有志之士又能坐以待毙?

张亮基的奏折就在这个时候抵达咸丰帝的手上，他举荐在乡丁母忧的曾国藩墨绖出山，在湖南帮办团练，招募乡勇，与清军共同对付太平军。

张亮基的这道奏折，是左宗棠亲自拟定，请曾国藩出山也是左宗棠的建议。

原来在太平军攻打长沙时，左宗棠就已听说曾国藩回湘乡的消息。

谈起长沙守卫战的成功，左宗棠认为并非官员们的力量，而是得益于军民联手，特别是江忠源所率领的楚勇，在长沙守卫战中起到了非常关键的作用。

江忠源（1812—1854），字岷樵，湖南新宁举人，虽只是一个举人出身，却极为关心时局，尤尚气节。道光二十四年（1844）八月，郭嵩焘引荐江忠源与曾国藩相见。二人虽是首次见面，江忠源竟毫无拘谨之感，比曾国藩小一岁的他当着曾国藩的面放言高论，大谈天下时事。曾国藩对他颇为赏识。等江忠源转身离去时，曾国藩竟然盯着他的背影叹道："平生未见此人。"随后又说，"是人必立功名于天下，然当以节义死。"

曾国藩素有相人识人之术，江忠源最终以死殉国。这是后话。

道光二十七年（1847），江忠源的家乡新宁县爆发雷再浩起义，江忠源在家乡办团练，活捉了雷再浩，由此名声大振，被授为浙江秀水县知县。咸丰元年（1851），江忠源丁忧回家。

咸丰元年（1851）六月，赛尚阿充任钦差大臣，署理广西军务，江忠源随营差遣，去了广西，留在乌兰泰幕中参谋军事。江忠源还令其弟募勇五百名，带往广西随营作战，号称楚勇。在广西，江忠源和他的五百名楚勇，因作战勇猛而深得乌兰泰的赏识。

咸丰元年（1851）底，江忠源从永安城外回家养病，闻太平军攻桂林，又招募一批楚勇，急往桂林来驰援乌兰泰。只可惜等江忠源到广西时，乌兰泰已阵亡，江忠源便伏兵在全州北边的蓑衣渡，打了一个漂亮的大胜仗。

后来，太平军围攻长沙，江忠源又率楚勇赶赴长沙，与太平军战于南门。

江忠源对友忠信，战斗中身先士卒。他和他率领的楚勇成了长沙保卫战中的重要力量。这让左宗棠看到，要想打败太平军，仅依靠清八旗兵的绿营兵根本不可能，要组织起更多像江忠源这样的楚勇团练才行。

其实，靠募勇办团练来镇压农民起义，在嘉庆初年，清廷镇压白莲教起义时就已尝试过。鉴于这些历史经验，清政府也极为推崇这种做法。而湖南的地主阶级在镇压农民反抗方面经验尤丰，江忠源的楚勇就是一个极好的例证。

彼时，左宗棠与曾国藩尚未谋面，但左宗棠对曾国藩的声名早有耳闻。他知道，以曾国藩在朝中的地位，以及他在湖南乡绅间的声望，还有他出众的才华，他若能出山办团练，其号召力与影响力肯定非同寻常。

于是，左宗棠便向张亮基大力举荐，这才有了张亮基上奏咸丰帝的奏折。

咸丰帝正为太平军战火愈燃愈烈而忧心如焚，张亮基的那道奏折可算是一场及时雨。

咸丰二年（1852）十一月末，张亮基收到咸丰帝上谕："……丁忧侍郎曾国藩，籍隶湘乡。于湖南地方人情，自必熟悉。着该抚传旨令其帮同办理本省团练，搜查土匪事宜，伊必尽心，不负委任……"

咸丰帝的上谕于同年十二月十三日抵达白杨坪曾国藩手中。那时，曾国藩刚在两月前将母亲江氏的棺柩置于居室之后，还没来得及安葬。突然接到这样的圣旨，曾国藩左右为难。

他曾不止一次地告诫自己，也教育他的弟弟们，为人臣子，国大于家，“忠”字须放第一位。如今太平军虽已离开湖南，可湖南的形势并不容乐观。各地会党受太平军的影响，也纷纷起事，活动频繁。助朝廷一臂之力平息这些动乱，是他为人臣子义不容辞的责任。

其实，曾国藩在丁忧期间，虽希望能避开一切世事纷扰，安心陪伴亲人，却终究是做不到。在此期间，他还亲自编写了《保守太平歌》，动员地方士绅组织起来对抗农民起义。

如今一展身手的机会来了，可曾国藩又为难了：一来，他正在为母亲守制，此时出山恐亲人不悦，更怕外人讥笑；二来，他虽身居二品，在朝中素有声望，但这次是在家乡办理事务，家乡士绅们是否会买他的账，他也不敢保证。倘若好心办不成好事，到最后劳而无功，反授人以柄，倒不如借着守孝的名义不出山的好。

曾国藩很快拟疏力辞，陈请终制，准备由张亮基代呈皇上。

可他的奏折还没发出去，张亮基的又一封加急信就到了。信中言，太平军已于十二月初四攻克湖北省城武昌。

太平军从长沙脱走，挥师北上，一举攻下汉阳，占领了汉口，随后又攻进武昌城，对武昌城展开大肆抢掠，资粮军火财帛，尽入太平军的囊中。

消息传到京城，举国为之震动，张亮基更是如坐针毡。

武昌是太平军出征以来攻下的第一座省城。武汉三镇的失陷，撼动了大清东南的半壁江山。

那封信让曾国藩也坐不住了。如果太平军攻占武昌，后又乘胜折返湖南，那么他的家乡亦可能不保，到时他还能安心守在母亲的灵柩旁为她老人家守孝吗？国家危难之秋，他又如何能安心隐居山林？

可真正要迈出那一步，又谈何容易。

思前想后，几天又过去了，曾国藩没有给张亮基任何回音。

张亮基这次铁了心要把曾国藩请出山。那一日，有一个人大踏步走进曾家大院，亲自来请曾国藩出山了。这个人就是曾国藩的同乡好友郭嵩焘。

郭嵩焘（1818—1891），字伯琛，湖南湘阴人，十九岁中举，到道光二十七年（1847）才中进士，点翰林。曾任两淮盐运使，署理广东巡抚，后任总理衙门大臣，相继出任驻英、法公使。他曾自夸曰："自南宋以来，控御狄夷之道，绝于天下者，七百余年，老朽不才，直欲目空古人，非直当世之不足与议而已。"

道光十七年（1837），经刘蓉介绍，曾国藩与郭嵩焘相识，他是一个相当有才华的人，且非常有主张，思想也极为开放。二人遂成终生好友，后来还结为儿女亲家。郭嵩焘也是左宗棠的朋友，同时也是亲家。也正因为这重关系，曾左之间每每出现罅隙，郭嵩焘都要出来充当和事佬。

郭嵩焘深知曾国藩的雄心壮志与雄才大略。曾国藩在京城时，二人就常常书信往来，交换对天下时事的看法。但郭嵩焘也深谙曾国藩的谨小慎微，虑事之周全。如果不能从国家长远大计，不能以"忠孝"的名义来劝说曾国藩，此次要劝动他，恐怕很难。

这一次，郭嵩焘把曾国藩想错了——他把事情想得过于简单了。

来湘乡前，他向张亮基立下军令状，一定要把曾国藩请出山。

那两天，他与曾国藩左右不离，朝夕相伴。可他坐在曾国藩面前讲尽了那些大道理，口水都说干了，面前的茶喝了一道又一道，曾国藩还是拈须稳坐太师椅，默然不为所动。

他的理由，只有一个——家母尸骨未寒，家父年老体衰，此时出山恐令父亲不悦。

郭嵩焘只好再去找曾国藩的父亲曾麟书，让他来说服这个固执的儿子。

曾麟书原本就是一个深受传统儒家思想影响的封建士子，郭嵩焘把老人的心思把握得极透，先给他戴上一顶“忠君爱国，教子有方”的高帽，又在他面前将天下大势清晰透彻地剖析了一遍。

爱子情切，十二年骨肉离别，平心而论，曾麟书也不太愿意儿子此时再度离家。可此时若待在家里守制，即为对国不忠；对国不忠，即为对亲人的不孝。身为父亲的他怎能让儿子背上这不忠不孝的骂名？

听父亲如此一说，曾国藩再也没有不应下来的理由了。

郭嵩焘高兴地回去给张亮基交差去了。

可几天过去，仍未见曾国藩有任何要动身的迹象，郭嵩焘只好和弟弟郭昆焘再次一同前往曾家。

曾国藩到底在考虑什么？其实他是在为自己出山办团练找筹码。

湖南的阶级形势如此复杂，他一个在籍侍郎夺情出来办团练，没有得力的助手哪行？他要求郭嵩焘先答应，让郭氏兄弟入幕参事，方才出山。郭嵩焘没有不答应之理，此后，他果真在曾国藩幕府待了四年，为曾国藩的湘军创立出谋划策。这是后话。

此时，在长沙的张亮基是急红了眼也盼红了眼。不等郭嵩焘回去复命，他的又一封亲笔信已飘到了曾国藩的手上，恳请曾国藩为桑梓父老着想，为国家大局而想，与他共济时艰。

信的末尾，张亮基写道：“亮基不才，承乏贵乡，实不堪此重任。大人乃三湘英才，国之栋梁，皇上倚重，百姓信赖，亟望能移驾长沙，主办团练，肃匪盗而靖地方，安黎民而慰宸虑。亮基也好朝夕听命，共济时艰。”

读罢张亮基这封信，曾国藩知道，他再也不能推辞了。

曾国藩不是天才。在才具方面，他比腹有千卷奇书自信指点江山的左宗棠差很远。要讲在官场上的圆融，他不如张亮基，张亮基为请左宗棠出山曾三顾茅庐，如今请曾国藩出山又如此大费周折。就连亲自上门来请他的郭嵩焘，他也是深为佩服，不然不会煞费苦心先邀二人入幕。

但曾国藩有一个优点足以弥补他自身的所有不足——擅识人，擅择友交友。每每在人生的关键时刻，他的身边都会有良师益友出现，或指点迷津，或陪他一起渡过难关，或把一个新的机会带到他面前。

咸丰二年（1852）十二月十七日，曾国藩接受咸丰帝的诏令，带着父亲的教诲和好友们的期待，跪别亲人，和郭嵩焘一起前往长沙，出任帮办湖南团练大臣。

途中，曾国藩经过湘乡县城时，又特意会见了朱孙诒、罗泽南、刘蓉、王鑫等人。这些人也刚接到湖南巡抚张亮基征调湘乡练勇一千人赴省城守卫的公文，便与曾国藩等人一起启程上路。他们也就成为曾国藩办理团练、筹建湘军的最初班底，后来都成为湘军的主要领导人。

十二月二十一日傍晚，抵达长沙馆舍的曾国藩来不及休息，就与前来迎接的张亮基及其幕友左宗棠展开长谈。在这里，他第一次见到左宗棠，还有张亮基和江忠源。

几人之中，张亮基是湖南巡抚、一省之长，曾国藩是在籍侍郎二品大员，江忠源也是战场上红极一时的将领，唯有左宗棠是一名举人身份的师爷。可左宗棠却给曾国藩留下了极为深刻的印象，丝毫没有陌生畏惧之感。谈起当前时局，谈起长沙城的防务及下一步的筹划安排，头头是道，滔滔不绝。那份自信与从容，连张亮基这个一省巡抚也有所不及。

那次，座中与张亮基、左宗棠、江忠源的纵情交谈，让曾国藩颇为兴奋。

当然，左宗棠也在悄悄地观察曾国藩。虽是自己力荐曾国藩墨绖出山，但当他真正面对这位三十七岁就升为二品大员的官场宠儿时，左宗棠的感觉却是极为复杂的。

“曾涤生侍郎来此帮办团防。其人正派而肯任事，但才具稍欠开展。与仆甚相得，惜其来之迟也。”左宗棠后来在给朋友的信中这样描绘他初见曾国藩时的印象。

一位二品大员，却衣着如此简朴，神态如此谦逊，坐在众人中间认真聆听，看上去倒像一位乡间普普通通的儒生。可曾国藩一开口，谈时局及他的想法，那份担当意识就让左宗棠不得不刮目相看。

但左宗棠仍然还是觉得他“才具稍欠开展”。

这并非左宗棠的狂傲所致。对这样的评价，曾国藩心服口服，他甚至在多种场合也说过自己资质平平。曾国藩从来没有承认过自己有过人的天禀。这一点，也许是曾国藩与左宗棠最大的不同。人群中，左宗棠总是有能力在最短的时间里吸引众人的注意力，像一颗光芒四射的璀璨星辰，其谈吐举止散发着无法抵挡的魅力。而曾国藩却似一颗含蓄内敛的千年珍珠，光而不耀，却自有另一种让人无法逃避的强大气场。

左宗棠虽心下认为曾国藩的才具稍欠，却还是大有与他相见恨晚之意。

长沙一见，就算拉开曾、左二人一生恩怨交织的大幕，也开启了曾国藩的戎马生涯。

一介儒生，虽胸藏万卷，也曾在京城官场上摸爬滚打十二载，但真正要他走向更错综复杂的地方官场，曾国藩能应对得来吗？他到底是传说的老谋深算，还是另有实情？

4. 长沙官场上的“曾剃头”

曾国藩初到长沙时，长沙的太平军虽然已经北上武昌，但长沙乃至整个湖南的形势仍不容乐观。

一是随着太平军的北上，湖南的原有驻军也跟随向荣一起尾追而去，这样势必就造成了湖南的兵力空虚。太平军攻占武昌后气势正盛，如若又挥师南下，湖南已没有兵力应对，必将处于极其危险的境地。

二是受太平军革命的影响，彼时的湖南就像一锅将要达到沸点的水，尤其衡阳、永州、郴州、桂阳等地，会党活动频繁，皆欲效仿太平军。如果不能及时将这些苗头掐灭，难保不会兴起第二支太平军。更危险的是，若折杀回来的太平军与这些地方会党联手，那么湖南必失，整个大清国的形势也将难以预料。

好在，此时曾国藩的身边还有张亮基、左宗棠、江忠源等人能与他共商大计，从各方面给予他大力支持，曾国藩才得以将他的想法付诸实践。

在曾国藩看来，针对目前湖南的两大问题，必有相应的强力措施来应对：一是加强本省防卫省城的军事力量，太平军一旦回来反攻，要有兵力可防可守；二是要迅速把各地的会党活动镇压下去，切断太平军与他们的联系，防患于未然，以免湖南整个社会秩序被扰乱。

这两件事都必须在太平军杀回长沙之前完成。

这样的思路看起来合理又清晰，但要付诸行动却是困难重重，其阻力之大，连曾国藩本人也未曾预料到。

首先，要拥有一支足以与强大的太平军相抗衡的军队来保卫湖南。若太平军不来，亦可出省协助作战。军队的来源无非两个途径——从外省调拨或自己募勇训练。从外省调拨其实基本不可能，那时各省忙着防卫，没有余力可支援湖南。如此，只有靠自己募勇训练。

曾国藩抵长沙的第二日，在征得张亮基同意后，发出了他早已拟好的奏折。

奏折中，他分析了目前湖南的严峻形势，奏请从各县练勇中择其健壮而朴实者招募一大团，参照前明戚继光、近人傅鼐成法，对他们进行操练，以守卫省城和镇压各地会党活动。这其实就是曾国藩募勇成军的最初设想。

曾国藩的想法与张亮基的不谋而合。

就在曾国藩等人率领一千湘乡练勇抵达长沙时，奉张亮基之命，新宁县、辰州府、宝庆府、浏阳县、泸溪县等各县、州的练勇也陆续抵达长沙。张亮基采纳了曾国藩的建议，将这些团练武装改为官勇，由湖南巡抚和团练大臣负责指挥并发粮饷。

嘉庆初年，清廷依靠团练镇压了白莲教起义，在办团练方面累积了一定经验。但此时的募勇已经与彼时情况完全不同。那时清廷国库尚充实，团练经费出自国库。现在清政府国库空虚，财政入不敷出，要募勇办团练，须巡抚与团练大臣自行筹集兵饷粮饷，这就要牵扯到那些地主和一些地方官员的利益。要从他们的身上割肉，自然就要得罪一部分人。

何况曾国藩此时的身份本就有些尴尬。他虽身为“团练大臣”，却并没有实权。咸丰帝命他“帮同办理本省团练乡民，搜查土匪诸事务”，并没有让他募勇练兵，建立军队。他更无权去指挥那些地方官员。一个二品大员，在京城里尚不能呼风唤雨，何况他现在还只是一个在籍侍郎。

曾国藩并不担心，既来之则安之。再加上有张亮基等人的支持，起初的招募倒也还算顺利，但这种良好的局面并未维持多久。

咸丰二年（1852）十二月二十六日，张亮基由湖南巡抚升为湖广总督。把除湘勇外的其他各县县勇几乎全部带走。只留下辰勇和宝勇由塔齐布训练，留给曾国藩的则只有他招募的湘勇。

张亮基走后不久，左宗棠也随之北上。

曾国藩在湖南失去了两个最有力的靠山，他的团练大臣生涯也由此变得困难重重，举步维艰。

张亮基走后，原湖南布政使潘铎接任张亮基的巡抚之职，原云南布政使徐有壬调任湖南布政使，按察使则由刚从衡永郴桂道提升不久的陶恩培担任。这三个人不似张亮基，他们对曾国藩的种种举措颇不以为然，不但不配合，有时还故意对着干。尤其是徐有壬、陶恩培二人，与曾国藩的关系搞得极僵。

咸丰三年（1853）二月初十，攻克了武昌的太平军沿江东下，一举攻克江宁府城，改名天京，定为太平天国的首都。这使得形势越发变得扑朔迷离。

两日之后的二月十二日，曾国藩向上奏明，在团练大臣行辕设审案局，镇压会党及其他反叛活动。

这位向以儒家仁孝礼仪来严格要求自己的理学家，很快就显露出他性格中的另一面——果敢狠辣、敢想敢干、雷厉风行。他信奉“乱世当用重典”。

对于那些已经组织起来的而州县又无力对付的大股会党起义，曾国藩令当地官员和团练头领布下眼线收集情报，一旦发现情报属实，立即派勇练前往镇压，绝不心慈手软。

而对于那些小股会党和个别乡农的反叛活动，曾国藩采取的政策是“就地正法”——令各地团练头子直接捕杀，捆送形迹可疑、眉眼不顺之人。这些人或由各县就地处决，或交省城由他来法办。

如此一来，虽可以把一些会党叛乱及民众起义及时镇压下去，但也造成了一些冤假错案，难免会滥杀无辜。因为没有律例的约束，又加之那些肯出面办理团练的土豪劣绅中，有一些平时就横行武断、鱼肉百姓，现在握有曾国藩赋予他们的生杀特权，便趁火打劫，公报私仇者大有人在。当时长沙的知府叫仓景恬，他写了一份回忆录，里面就曾记载曾国藩的审案局，仅因一个案子就错杀了至少四个人。

短短几个月内，曾国藩就下令杀了两百多人，其中不知有多少冤魂。

一时间，弄得人心惶惶，民众怨声载道。曾国藩也因此在湖南民众中落下一些骂名，比如“曾剃头”“曾屠户”等等。对于这些，曾国藩并不在乎。眼下他极力要做的是把长沙乃至整个湖南的治安搞好，不再让会党叛众有任何可乘之机。

曾国藩赋予审案局随意抓人杀人的权力，得罪的可不仅是湖南民众，这对湖南的提刑按察使司来说，无异于一种公然的蔑视与僭越，他们早已怀恨在心。

在加强对各地会党群众管制的同时，对湖南绿营兵内部的腐败散漫，曾国藩也着手整治，他令绿营兵与练勇一起会操。

按大清律例，各省绿营兵由总督管辖，连巡抚都无权过问，除非巡抚还兼有提督衔，否则均不能干预抚标营以外营兵操练事务。曾国藩以在籍侍郎帮办团练事务的身份，自然更无权干涉。

可曾国藩却毫不避讳地公然向湖南的绿营兵伸手。他要求绿营兵要与湘勇一起会操、一起训练，并以对湘勇的要求来严格要求他们。

这不仅得罪了提督，也惹怒了绿营兵。

这支早已彻底从里至外腐败不堪的大清部队，他们拿着微薄的兵饷，连养家糊口都成问题，何谈为国杀敌效力？

而曾国藩招募的湘勇则不一样。一来，这些人都是曾国藩从家乡带来的，知根知底，他们对曾国藩忠心耿耿。二来，湘勇的兵饷是由曾国藩自筹的，虽筹集不易，但相比绿营兵来说要高得多。

拿着不一样的兵饷，进行着同样的训练，绿营兵自然不乐意。

曾国藩在京城官场上待了十余年，对如何与同僚和上下级打交道，自然深谙于心，可他却为何要在湖南频频为自己树敌，处处招人嫌弃，以致最后弄得自己寸步难行？

当时整个湖南官场，官员们只图自保，得过且过，才最终导致了湖南各地会党活动蜂起。也许，曾国藩正是想通过自己这种螳臂挡车似的勇气，来一改湖南官场的积弊恶习。

可仅凭他一人之力，如何改变得了蔓延已久的社会积习？曾国藩的倔劲来了，他固执地不愿与地方官员妥协。那么留给他的命运只有一个——把自己弄得遍体鳞伤，寸步难行。

咸丰三年（1853）三月，湖南巡抚潘铎因病请假，骆秉章重任巡抚一职。相比较而言，骆秉章算是支持曾国藩的一位地方官吏，可他对曾国藩那两年在湖南的做法也颇为不解。

他的重新上任，并没有给曾国藩带来什么转机。二人之间虽然没有正面的冲突，但那层冷漠的关系还是为众人所知。这也越发加重了湖南官吏对曾国藩的敌意，他们甚至公然与曾国藩作对。

彼时，在湖南官场，曾国藩就像处在风口上的一棵孤零零的树，尽管这棵树有咸丰皇帝为他撑腰。但俗话说得好，“县官不如现管”。离开了湖南各级地方官吏的支持，曾国藩想在湖南立稳脚跟，实在比登天还难。

绿营兵与练勇的矛盾日渐加剧，两个阵营的兵士们摩擦不断。他们就像两个暴露在烈日下的火药桶，一触即发。

曾国藩坐在那两个巨大的火药桶上，对此危险却浑然无知。他依旧试图用自己练勇的理念与方法，将这支腐败不堪的队伍，打造成保家卫国的军队。

5. 无奈离开长沙

军队是护国之长城，国欲强，军须壮。早在咸丰初年做京官时期，曾国藩就已经意识到大清军队的腐朽不堪，为此，他曾给咸丰帝上了一道《议汰兵疏》，要求对军队痛加裁汰和训练，优胜劣汰，精简兵额，提高战斗力，减轻百姓负担。

彼时，适逢广西的太平天国起义，朝廷用兵之际，征兵都来不及，何来裁撤之说？曾国藩的那道奏折也就不了了之。但对大清军队的忧虑，曾国藩却从来就没有放下过。

从历史上看，清朝统治者用来镇压人民反抗、维护国家政权稳定的武装力量，主要由三部分组成：

第一部分是兵，包括八旗兵和绿营兵。八旗兵是满人入关前的武装力量，绿营则是满人入关之后陆续收编的汉族地主武装，以执绿旗而得名。这两部分兵有兵籍，弁兵父子相承，世代为业。属国家正规军队，经费出自国库。

第二部分是勇，是国家遇事因兵不足而临时招募的官勇，事过之后即解散。官勇经费也出自国库。

第三部分是团练，这部分人是散布乡镇的地主乡团武装，基本不脱离生产，属于民兵性质。自咸丰初年之后，团练经费基本上由民间筹集，乡绅经营。

曾国藩认为，八旗兵与绿营兵不可用，团练武装又缺乏统一的组织训练，难以得心应手，而官勇则介于营兵与团练之间，带有半官半民的性质，所以他到长沙后就与张亮基等人商定，选择了官勇形式。

为支持曾国藩练勇，左宗棠向他推荐了一名旗人营官训练官勇，说其人剽悍骁健，能征善战，无一般旗人和绿营官兵的习气，颇堪担此重任。此人就是后来一直跟随曾国藩东征西战的塔齐布。

塔齐布（1817—1855），满洲镶黄旗人，姓陶佳氏。曾国藩初到长沙时，塔齐布不过是一名普通的营官，后被推荐同曾国藩一起练勇，极得曾国藩的赏识。由于曾国藩一再为他保奏，塔齐布很快由都司升为游击，再升为参将。

因为这重关系，塔齐布对曾国藩亦可谓忠心耿耿，两人的关系日渐亲密，塔齐布渐成曾国藩练勇的得力助手。

对于练勇，曾国藩认为，其难度在于训练，而不在于招募，所以对训练尤其重视。曾国藩把训练的内容分为两部分：一为“训”，二为“练”。顾名思义，“训”即为训话，侧重于政治与思想方面；“练”则为练习，侧重于军事与技艺方面。

一支能打仗的军队，铁的纪律是保证。当时的官勇中，有些纪律极为松散，所到之处，轻则抢掠，重则奸淫，常有扰民事件发生，甚至有流传说兵勇不如贼匪安静。

对此现状，曾国藩深为痛恶和担忧。民心如长城，一旦倒塌，再扶起挽回就难了。为此，他决意要练成一支劲旅，对民众秋毫无犯以挽民心。这就要求对兵勇进行足够的思想教育。

在长沙练勇的日子，曾国藩每天天不亮就起床，巡视营区，训导兵勇，制订调整训练计划，亲力亲为。除每日进行军事训练外，曾国藩还规定每月的三日、八日为政治训话时间。这两天里，由曾国藩亲自对兵勇们进行训话教导，教授兵勇们遵规守纪和一些为人处世的道理。

作为封建统治的忠实卫道士，为维护封建名教，曾国藩将“以礼自治，以礼治人”的信条作为治军的原则，形成了独特的治军思想。曾国藩的这一治军思想，被后人称为“以礼治军”。这一治军思想助他取得了军事与政治上的成功，也挽救了大清的江山社稷。

万丈高楼，起于平地。“以礼治军”当然不是纸上谈兵，而是被他点滴落实在日常的训练之中。诚如他自己所言，为改变军队的纪律作风，他如杜鹃啼血，只盼“精诚所至，金石为开”。

从咸丰三年（1853）四月起，曾国藩又通过塔齐布传令绿营兵会操，并要与官勇一起听训话。

自曾国藩创办团练以来，绿营官兵便与官勇矛盾重重。对文官出身的曾国藩，绿营兵们更是不屑。他们认为由一个从没有上过战场的文官来给他们训话，简直是一种耻辱。加上他们平时的种种恶习被曾国藩强行纠正，心里对曾国藩及官勇就更加憎恨。

有些人，开始公开与曾国藩作对，其中长沙协副将德清的反对最为强烈。他经常带头不参加会操与训话，曾国藩对他自然也极为不满。

六月的长沙城，烈日当空如下火，操练场的地面被晒得滚烫，曾国藩却丝毫没有放松对将士们的要求——准时参加会操与训话。

那些官勇能吃得下这份苦，绿营兵们却不肯了，竟公然不参加会操，还对训练他们的塔齐布极尽挑衅与责骂。挑头者就是德清。他平时会操从不到场也就罢了，还四处鼓动各军不要受曾国藩的摆弄。

曾国藩决心收拾一下这位目中无人的协副将，遂以“平时惰于操练、战时临阵退避”为由向咸丰皇帝参了德清一本（太平军进攻湖南时，德清曾临阵脱逃），并在奏折中猛烈抨击湖南驻军。

咸丰帝接到奏折，遂下旨将德清革职查办。

德清不肯屈服，遂到湖南提督鲍起豹处诉冤，并反咬一口——曾国藩不顾兵士死活，六月烈日下操练训话，实是虐待兵士，又控诉塔齐布谄媚曾国藩、破坏营制。

曾国藩越权练勇，将手伸到绿营，早让提督鲍起豹心下不爽，现有德清的反控正好给了他报复的机会。鲍起豹遂公开向绿营兵扬言道：“盛夏操兵乃虐待军士，敢有违令会操者军棍从事！”

鲍起豹此言一出，绿营兵欢呼一片。他们索性再不前往会操场，对官勇将士更是肆无忌惮。

这是曾国藩到长沙后，与湖南官场的第一次正面冲突。那场冲突中，表面看来曾国藩似是占了上风——把德清革职拿办，事实上，却埋下了更大的隐患——湖南官员对曾国藩从此更是恨之入骨。

不久之后，这种隐患便爆发了，双方的矛盾彻底激化。

有一日，鲍起豹的提标兵（又称永顺兵）与塔齐布统带的辰勇因赌博发生矛盾，提标兵仗着绿营气势，鸣号列队，气势汹汹开进辰勇兵营，要找塔齐布算账，要给辰勇一点颜色看看。他们用手里的枪托、刀背，对着辰字营官兵一通狂砍乱杀，两个阵营的官兵遂厮杀在一起。

这种赤裸裸的挑衅，终于把曾国藩惹火了。绿营兵这种怯于战阵却勇于私斗的风气，如果不狠狠刹住，任其蔓延将会后患无穷。他欲杀一儆百，遂火速移咨提督，指名要将那天带头闹事的士卒拘捕。

前番参劾德清的事，鲍起豹还怀揣一口恶气，现在曾国藩又公然要捆绑他的提标兵，鲍起豹哪还咽得下这口气，他要借这次机会，把事情闹得满城风雨。鲍起豹真就把那几名闹事者给绑了，送到了曾国藩的团练大臣公馆。同时，又在绿营兵中肆意放出消息说曾国藩伸手太长，要严惩那几名绿营兵兄弟。

鲍起豹此举等于把一颗火星丢进了炸药桶，提标兵兵营一下子炸了。闻听消息后，兵士们群情沸腾，提刀夹棒，冲出兵营，浩浩荡荡涌到长沙街道上游行——要求曾国藩释放那几名绿营兵。

可叹整个长沙城的湖南官员们，此刻不但没有人出来过问，还都在等着看曾国藩的笑话。绿营兵越发胆大包天，他们很快就将一场游行演变成武力围攻。

先去围攻塔齐布，将塔齐布的住处砸了个稀巴烂。

塔齐布见事不好，跳墙躲到院后的草丛里，这才免于一难。

没有找到塔齐布，愤怒的兵士们又在这天晚间时分冲进了曾国藩的公馆。

彼时，曾国藩正在发审局的签押房里伏案办公。听到外面的吵嚷声，曾国藩并未慌张——来人再怎么大胆，也不能把他这个二品大员怎么样吧？遂令身边亲兵出去探问情况。孰料还没容亲兵出门，外面的兵士们已经冲进院子来了。手起棍落，曾国藩的亲兵已经被撂倒，几名兵士又向曾国藩扑来……

纵然胸有千万兵，可曾国藩到底还是一介手无缚鸡之力的书生，他被眼前阵势吓傻了。好在当时有名老差官，怕营兵伤着曾国藩，便护送曾国藩赶紧从后门逃走，自己迎了上去，很快就被打倒了……

曾国藩躲在屋后围墙外的一处垃圾堆里，听着前面气势汹汹的厮杀声，又气又怕，牙齿咬得咯咯作响。曾国藩的团练大臣公馆就设在湖南巡抚衙门的射圃内，与骆秉章的衙门只有一墙之隔。骆秉章不会听不到，他这是故意不来。

好汉不吃眼前亏，明知骆秉章不待见自己，等着看自己笑话，曾国藩还得亲自去向他求助。

听到曾国藩急促来叫门，骆秉章这才打开门来，一脸惊讶状："曾大人何故如此？"听曾国藩说明来意，骆秉章一面安抚曾国藩，一边承诺一定会把事情查个水落石出。

曾国藩那会儿衣冠不整，满脸狼狈，惊魂未定，他真心希望骆秉章出来替他主持公道。可接下来骆秉章的所作所为，却差点没把他气死。骆秉章见了被捆缚到跟前的肇事者，竟然大踏步向前，弯腰就去给肇事者松绑，并连声向对方赔礼道歉："抱歉，让兄弟们受惊辛苦了……"对站在一边的曾国藩，竟至视而不见。

一个堂堂朝廷二品大员，站在一群人中间，活像个落魄的小丑。

事后，骆秉章并未对鲍起豹和起事的提标兵有任何惩戒措施，此事就这样不了了之。

一省巡抚，是全省官员的旗帜。骆秉章对提标兵闹事一事采取的态度，给各级地方官一个明显的暗示——在湖南，曾国藩是不受他巡抚待见的。

接下来，曾国藩在长沙的日子变得越发艰难。长沙城中流言四起，遮天蔽日。湖南巡抚及司、道官员纷纷站出来，把矛头直指曾国藩，言他不应干预兵事，提标兵事件纯属自取其辱。

放眼四望，在长沙的曾国藩成了一座孤岛，四周茫茫，湖南各级官员对他的敌视与反抗，潮水一般将他围困在中央。若不离开，也许他这个在籍侍郎——暂时的团练大臣，终会被这一波又一波的敌对声浪所吞没。

审时度势，曾国藩觉得，他必须离开长沙了。

长沙，也如当时的京城一样，是一个让曾国藩爱恨交加的地方。它曾经张开热情的怀抱，那样迫切地欢迎他的到来，曾国藩欲在这里大展身手，为改革大清军队献力献智，可现实却给了他沉重一击。尤其是提标兵事件，更是深深地警醒了他。绿营兵已经腐败至极，大清要靠这样一支军队打败太平军是根本不可能的。这愈发坚定了曾国藩另起炉灶、重新建军的决心。

曾国藩更意识到，在长沙这个地方，他无兵无权，想实现自己的政治理想实在是困难重重，这里墨守成规的庸吏们官官相护，用盘根错节的关系网将他死死束缚，他根本无力与他们斗争。

不做无谓的斗争，也不做徒劳的辩解，“好汉打脱牙和血吞”，这正是曾国藩的高明之处。此处不留人，自有留人处。曾国藩把他的目光投向离长沙三百多公里的衡州（衡阳）。衡州是他祖籍之地，他的夫人也是衡州人，他少年求学亦曾在衡州，那里无异于他的第二故乡。去衡州另起炉灶，自立一军，行动自如，可由他一人掌控。

主意已定，走为上计。

咸丰三年（1853）八月，曾国藩以湘南形势不稳需亲自坐镇为借口，离开长沙，前往衡州。

6. 远赴衡州，创建湘军

衡州，位于南岳衡山南麓，是湖南仅次于长沙的第二大名城。衡州城处于蒸水和湘水的汇合处，又是两广门户，水陆地位都极为重要。这里自古以来物产丰饶，民风亦强悍，为历来兵家必争之地。

曾国藩带着他的一千多湘勇从长沙来到衡州，这些湘勇就成了创办湘军的最初班底。

在衡州城小西门外蒸水之畔，有一片废弃的演练场，是当年吴三桂在衡州称帝时开辟出来的，后来就成为历代驻军的操练场，当地百姓称之为演武坪。曾国藩的一千多号兵勇就在此驻扎下来，日日早起晚睡，辛苦操练。

有人建议给这支新军起一个新的称号。经过慎重考虑，曾国藩还是将原来“湖南审案局”的牌匾挂在他的指挥所大门口。

长沙提标兵事件虽然已经过去了，曾国藩也远离了长沙那块是非之地。作为一省巡抚的骆秉章，尽管在长沙时曾让曾国藩吃尽苦头，但二人表面上并没有撕破脸，曾国藩离开长沙时，骆秉章还大摆筵席为其饯行。何况，日后要创办湘军，总少不了与这位一省巡抚打交道。

来衡州安顿好之后，曾国藩立即给骆秉章写信，向他汇报团丁安置情况，并欢迎他随时来衡州视察。“湖南审案局”的牌匾，其实也是向骆秉章发出的一种友好信号——曾国藩虽然人离开了长沙，但依然在你骆秉章的统辖之下。

所谓滴水不成海，独木难成林。曾国藩能于百折千难中取得常人意想不到的成功，很重要的一点就是他善于笼络人才。曾国藩来衡州不久就给郭嵩焘、刘蓉、李元度、陈士杰等人去信，邀请他们来衡州共事。

刘蓉（1813—1873），字孟容，湖南湘乡人。道光十四年（1834）十一月，曾国藩自家启程赴京师会试，途中与刘蓉结识，二人遂成知己。曾国藩曾戏称刘蓉为“卧龙”。此次衡州练勇，岂可少了这个刘“卧龙”？

李元度（1821—1887），字次青，湖南平江县人，与曾国藩曾是岳麓书院的同窗。道光二十三年（1843），以举人官黔阳县教谕。这个矮小、瘦弱的书生，因才思敏捷而深得曾国藩的赏识。这次，曾国藩请他入幕主业帮办文书。

陈士杰（1825—1893），字隽丞，湖南桂阳州人。道光二十八年（1848），陈士杰以拔贡上京考小京官，曾国藩为其阅卷。他的策论，议论风发，条理分明，又言之有物，切中要害。曾国藩大为欣赏，大笔一挥就录取了他。自此之后，二人建立了师生之谊。

这些人接到信之后，不久都纷纷来到衡州，且都带着各自的“见面礼”。

曾国藩的这些朋友虽出身地位都不高，却个个才华了得，且多是侠义之人。他们最早进入曾国藩幕府，也是湘军的元老级人物。郭嵩焘从湘阴为曾国藩募集了一批近二十万银两的军饷，正好解了湘勇军饷无着的燃眉之急。李元度带来了五百名平江勇，他们要跟随曾国藩弃文从武，当营官，带兵打仗。

老友们的纷纷加盟与鼎力支持，让曾国藩大为兴奋。他又给骆秉章去信，向抚标中军借调塔齐布、杨载福、周凤山三人前来。不久，这三人也来到衡州。

最初冷冷清清的审案局，现在是文武齐全，可谓人才济济，一下子变得热闹起来。那些天，趁着大批勇丁尚未到齐，曾国藩与数位好友日日聚在一起商讨练勇之法。

来衡州安下营寨，又四处抛出橄榄枝招贤纳士，长沙时期的不快与阴影，渐渐被曾国藩抛诸脑后。现在，他面临的有两大难题：

一是他要扩大他的练勇规模。这支武装，现在还不能称为军队，只能称练勇。但很显然，这将是一支不同于其他所有练勇的武装，曾国藩要靠它与太平军打硬仗。

这不是个小难题。现在这一千多号人，已是数省团练中人数最多的大团，要再继续扩大规模，朝廷会不会同意？

第二个难题是经费问题。自从太平天国战事起，朝廷就疲于应付，国库日渐不支。伸手向朝廷要钱，希望渺茫。骆秉章更是指望不上，只有自己想办法筹集。好在有郭嵩焘从湘阴带来的二十万，解了燃眉之急。

说来也真是天降及时雨，就在曾国藩为眼前两个难题愁眉不展时，江忠源的信来了。彼时，已擢升为湖北按察使的江忠源，正带兵在江西前线与太平天国的西征军作战。他来信是向曾国藩求助的。信中，江忠源写道：长毛势力强大，能征善战，打仗不怕死，又会收拢人心，他带的楚勇恐怕很难对付太平军。希望曾国藩在湖南多募几千人马，练成精兵，赶赴江西支援他。

接到江忠源的信，曾国藩大喜，这正是他扩充湘勇的大好时机啊！他急急铺纸提笔，给江忠源回信，请他向皇上奏明，委托湖南帮办团练大臣在衡州招募五千勇丁，以援助他的楚勇。

江忠源的请奏传到京城，咸丰帝哪有不批之理？

如此一来，曾国藩在衡州就可以名正言顺地募勇扩招了。

一个月后，李续宾、曾国葆（曾国藩的季弟，后改名曾贞干）、金松龄从湘乡招募来两千五百勇丁，邹寿璋、储枚躬、江忠济从靖州、辰州、新宁、宝庆等地招募来一千勇丁，连同曾国藩从长沙带来的一千人，加之李元度的五百平江勇，合约五千余人，齐聚衡州。

曾国藩将这五千余人分为十个营，委任塔齐布、罗泽南、王鑫等人为营官，开始日日操练。

深谙清营兵内部的腐败现状，在这支新型军队建立之初，曾国藩就决定要制定严格的纪律，一方面加强对将士的军事训练，一方面加强对他们的思想教育。他的“以礼治军”的理念终于得以彻底贯彻执行。

曾国藩将军事训练主要归结为操、演、巡、点四个方面。操即上操，演即演习诸般武艺和阵法，巡即巡逻、放哨、站墙子，点即点名。湘军士兵每天早晚各上操一次，中午和熄灯前各点名一次，五更三点与掌灯前后各派三成队伍站墙子一次。关于武艺、阵法的演习，也有明确而详细的规定。

这些都是有别于八旗兵、绿营兵的新式管理方法。这些管理方法不仅提高了兵士的战斗力，而且也最大限度地减少了兵员流失。

为了做到与民众同心，不扰民，曾国藩对湘军的行军扎营都做了具体的规定。

曾国藩与营兵打交道，明白营兵人心涣散、战斗力低下的一个重要原因，是他们兵饷太少。湘军建立后，以厚饷留人，也是曾国藩所采取的一项重要措施。尽管这给他筹饷带来了不小的压力。

一切准备就绪，咸丰三年（1853）九月，曾国藩开始正式着手改革军制，拟定了详细的营制、营规、饷章等，决心一扫绿营积弊。

同月，江忠源升授安徽巡抚，这更让曾国藩信心大增。他与江忠源商定，将募练一支万人劲旅（陆师），由江忠源指挥，作为镇压太平天国的资本。这是创建湘军的正式开始。

事实上，这支万人劲旅的计划最终没能成行。这年秋天，曾国藩又奉创办水师之命，原定的一万陆师改为水军、陆军各五千人，营制亦改为每营五百人。这时，湘军陆师的人数实际上已远远超过五千。为此，曾国藩不得不对陆师进行了缩编。

咸丰三年（1853）秋天，曾国藩才开始着手筹建湘军水师。

在湘军水师筹建之前，清朝绿营亦有水师，分为外海水师和内江水师。外海水师驻广东、福建沿海，内江水师驻长江沿岸各要隘。至咸丰初年，外海水师尚存，内江水师已名存实亡，两湖三江几乎无炮无船，有也仅是装装样子，在民船上装炮根本不能作战。

咸丰二年（1852）十一月，太平军在益阳、岳州得民船万只，建立了太平军水师，自此千船百舸，在长江上如入无人之境，进退自如，将千里长江完全控制在手。

江忠源作战江西，南昌受困，郭嵩焘赴援，他看到太平军水师雄霸长江，深知要打败太平军，需有一只水上利军与之抗衡方可。江忠源对此也极为重视，马上上奏朝廷，请饬两湖、四川制造战船，兴建水师。清廷依议。

咸丰三年（1853）八月，清廷命令两湖、四川制造战船，并令广东购洋炮五百尊，交湖广、四川安置船上，顺长江而下，与下游水师夹击太平军。命令传到湖南，曾国藩便与骆秉章商定，在衡州创建水师。这就是湘军创建水师的缘起，也是曾国藩创建万人劲旅计划破产的原因。

创湘军陆师，尚有一定基础。创建水师，只能从零开始。一无资金，二无人才技术，甚至连造船的木材也找不到，但这依然阻挡不住曾国藩造船的热情。

咸丰三年（1853）十月，曾国藩在衡州白手起家，开始尝试造战舰。由于湖南没有人懂得炮船船式，找来的工匠也不懂造船技术，只能一次次从失败的尝试中摸索。

那段时间，曾国藩既当统帅，又当设计师。他先是试图用最简单的木排来充当战船，此举招来很多人的嘲笑，但也有塔齐布那样的忠心拥护者。费了很多劲，木排做成下水了，曾国藩亲自站上木排去试水。一下水，劣势就全然暴露出来，笨重不说，还不抵风浪，遇上逆水逆风，前进比登天还难。一个浪头打过来，莫说作战，木排自身立马不保。

此举失败，曾国藩并不气馁，他又想起家乡的龙舟。每年端午节，家乡有赛龙舟的风俗。那些被装饰得五彩夺目的龙舟，在运动健儿们的操控下，在水面上疾驰如飞。作为战船，龙舟太小了，如果把龙舟舟体加长加厚，是不是就可以出征作战？

从来没有学过机械设计的曾国藩，拿起一支笔，在纸上涂涂画画，就把家乡的龙舟改成了“龙舰”。“龙舰”下水了，果真比木排快好多，可比木排更经不起碰撞，一根木棒撞上去，就摇摇晃晃半天稳不下来。

又失败了，再试……

笨与慢，很多时候要给锲而不舍让步。

就在曾国藩一行人为造船绞尽脑汁之时，岳州水师守备成名标、广西同知褚汝航来到衡州，他们是江忠源为曾国藩介绍来的。这两个人也算不得专业人士，但相较于曾国藩等人来说，则算半个专家。从他们那里，曾国藩懂得了拖罟、快蟹、长龙诸种船式。

这时，从广西购置的大批木材运到了，曾国藩遂在衡州设总厂，在湘潭设分厂，由成名标和褚汝航担任技术指导与监督，召集了大批工匠，开始大量造船。

曾在江南办海防的黄冕，熟悉水战船式，曾国藩特意请他到船厂参观指导。在他的建议下，曾国藩又造了数十条舢板船。此船船身短小，轻巧灵活，适合于在河湾港汊行使，与体形庞大的快蟹、长龙正好可以优势互补。

这就是曾国藩在衡州创建水师之初的情形，可谓困难重重。

尽管如此，曾国藩在每一个细节上都决不马虎。花大价钱也要买最好的材质，不惜工本，唯求坚固耐用。船造好后，对船上装的炮质量要求也高。曾国藩不惜花重金从广东购进大批洋炮，并组织技术人员反复拆装研究，解决了一系列技术难题，终于把它们安装上船。

船造好了，人也招募好了，同陆师一样，五千人分为十营，其中四营募自湘潭，六营募自衡州。只是这招募水师及水师的营官，难度远比陆师大。大家多不熟悉水性，水师又是新生事物，民众多有畏难。曾国藩费尽心思与口舌，克服种种困难，终于建成了中国第一支技术先进的内河水师。

至此，湘军水陆师各五千人，加上水陆师的长夫、随丁、水手七千余人，共计一万七千余人的湘军终于建立起来了。曾国藩就是靠着这一万余人马，从咸丰四年（1854）二月直到同治三年（1864）六月，转战大江南北，整整拼杀了十年多，最终将洪秀全和他的太平天国“剿灭”。这是后话。

7. 羽翼未丰，却应召出征

曾国藩离开长沙移师衡州，自谓是“好汉打脱牙和血吞”。他没有向咸丰皇帝诉委屈，而是安营扎寨，在衡州办起湘军水陆师。这样一个宏大的计划，自然是瞒不住咸丰皇帝的。

咸丰皇帝大约也是被太平军闹得急红了眼，江忠源刚把曾国藩的万人练勇计划上奏，咸丰帝一道道征调谕旨就传了下来。

咸丰三年（1853）十月，太平军进至蕲、黄一带，武昌危急。清廷心急如焚，接连下旨，令曾国藩率炮船增援湖北。

彼时，湘军陆师虽已具规模，湘军水师却刚刚开始筹建，船厂刚在衡州设立，工匠们正日夜加紧造船。这样的征调谕旨真是没有道理。曾国藩不理会，咸丰帝也无话。

十一月中下旬，太平军大将胡以晃进攻庐州，清廷再次督令曾国藩率船炮兵勇赶赴安徽救援。曾国藩仍按兵不动，只派出刘长佑和江忠璿率领一千新勇，由陆路赴援。

十二月十六日，太平军攻克庐州，江忠源兵败投水自杀。正应了数年前曾国藩说他当以节义死的预言。庐州的消息传到衡州，曾国藩陷入悲痛之中。

江忠源是曾国藩极为欣赏的门生之一，他最早开始创办团练，作战有勇有谋，深得清廷的信任。曾国藩精心训练的一万余湘军，就是准备交给江忠源来统率的。可现在，出师未捷，壮士已逝，这等于砍去了曾国藩的臂膀。加之二人交情素深，江忠源的死，对曾国藩的打击可想而知。

曾国藩哪里知道，那才仅是一个开始，新的打击随后而至。

咸丰四年 (1854) 正月十五日，月圆灯红的元宵佳节，多少人家灯前月下欢度良宵。这一夜，太平军袭破清军黄州大营，清军再次惨败。清廷第三次向曾国藩下令，让他率船炮支援武昌。

所谓事不过三，曾国藩知道自己再次拒绝的后果，但他还是咬牙以四省合防为词，以“事势所在，关系至重，有不能草草一出者”为由，拒绝出省援助。

曾国藩终把咸丰帝惹恼了，在批复奏折时以讥讽的口吻道：“今观汝奏，直以数省军务一身克当，试问汝之才力能乎否乎？平日漫自矜诩，以为无出己之右者，及至临事，果能尽符其言甚好，若稍涉张皇，岂不贻笑于天下！……汝能自担重任，迥非畏葸者比，言既出诸汝口，必须尽如所言，办与朕看。”

皇上丝毫不顾及天子威严，说话夹风带雨，连激带哄，目的当然只有一个——你曾国藩给我赶紧赴援。

曾国藩的倔硬脾气也上来了，接到谕旨后，他依旧以船炮未备、兵勇不齐为由，拒绝出征。在回奏咸丰帝时，他竟慷慨陈词：“臣自维才智浅薄，唯有愚诚不敢避死而已，至于成败利钝，一无可恃。皇上若遽责臣以成效，则臣惶悚无地，与其将来毫无功绩受大言欺君之罪，不如此时据实陈明受畏葸不前之罪。……臣不娴武事，既不能在籍终制贻讥于士林，又复以大言偾事贻笑于天下，臣亦何颜自立于天地之间乎！中夜焦思，但有痛哭而已。伏乞圣慈垂鉴，怜臣之进退两难，诫臣以敬慎，不遽责臣以成效。臣当自当殚尽血诚，断不敢妄自矜诩，亦不敢稍涉退缩。”

咸丰帝看了曾国藩的奏折，为其一片血诚之心所感动，也对他的处境表示理解，没有再强令他出省作战。

有人曾将曾国藩的此番行为视为他的权谋之术，认为他三番五次找理由拒绝伸出援手，实乃保全自己、见死不救的私心所致。事实上，咸丰帝的每一次下旨，都让曾国藩陷于左右为难的境地。庐州危急，那里有他最为器重的门生江忠源。武昌危急，那里的吴文镕是他的老师，又是湖广总督，吴文镕也是曾国藩立足衡州办湘军的强有力后台。于情于理，对于这两个人，他都没有见死不救之理。

曾国藩之所以按兵不动，也是事出有因——他曾吃过贸然出兵的苦头。

咸丰三年 (1853) 六月，身为湖北按察使的江忠源，奉命帮办江南军务，由湖北广济前往江南大营赴任。行至九江，得闻太平军欲攻打南昌的消息，江忠源遂急往南昌城中助援。由于所带兵勇人少力单，江忠源又奏请增援。曾国藩同骆秉章商定，派楚勇两千、湘勇一千、镇篁兵六百共计三千六百人，由郭嵩焘、罗泽南等人率领，分三批前往南昌。结果书生带兵眼高手低，才进南昌城就遭遇太平军伏击，损失骨干六七人、兵勇七八十人。

那是曾国藩训练的湖南官勇第一次出省作战，就遭受如此大的损失，让曾国藩过后痛悔不迭，痛失数员爱将，悔不该如此仓促出征。

曾国藩最终没有去武昌支援他的恩师吴文镕，尽管在此期间有咸丰帝的天威强压，也有吴文镕数次致函求救，曾国藩终是按兵不动，只反复讲不能出兵的道理。吴文镕被他这个固执的门生说服，最后他已料定自己必死无疑，仍令曾国藩勿草草出兵。

黄州大营最终被太平军攻破，吴文镕投水自杀。

江忠源和吴文镕这两个人的自杀，对曾国藩未来的路影响到底有多大，已经无法求证，但后来曾国藩走得步步艰难——湖南官场上，再没有一个可以庇护支持他的有力后台。而失了江忠源这样一个忠勇的武将，一个从未带兵也不擅带兵的文弱书生，自此也不得不亲自披挂，走向生死未卜的战场。

咸丰四年 (1854) 正月二十六日，衡州船厂完工，共造成拖罟、快蟹、长龙、舢板等大小船只二百四十余条，用钓钩船改造而成的战船一百二十条。

正月二十八日，曾国藩让罗泽南驻守衡州，他则率领大军出发东下。

这是曾国藩湘军水陆师建成之后第一次出征。尽管此时的水师未经训练，船上洋炮尚未配齐，从广西右江道募来的水勇也还未到。可此时的太平军已连克汉阳、汉口，进围武昌，前锋已直逼湖南北大门岳州。曾国藩再没有不出征的理由。

曾国藩花费无尽的心血与巨大财力打造的湘军水陆师，共计一万七千余人，浩浩荡荡向岳州开进。

第四章
坐困江西

1. 靖港战败，投水欲死

咸丰四年（1854）一月二十八日，曾国藩率军从衡州出发，顺水而下，准备经湘潭先到长沙，衡州则交给罗泽南驻守。

罗泽南（1807—1856），字仲岳，湖南双峰人。从咸丰二年（1852）开始，以在籍生员的身份，率生徒倡办团练。咸丰三年（1853），开始协助曾国藩编练湘军。是曾国藩最为得力的助手之一，也是他深为依仗的人。

就在曾国藩离开衡州前往长沙之时，又有一个人加入到曾国藩的队伍中来。此人就是胡林翼。这一月，胡林翼从贵州奉调来到湖南衡州。这让曾国藩喜出望外。

咸丰四年（1854），武昌危急，胡林翼奉吴文镕的奏调，率黔勇六百人赴援湖北，走到金口附近，惊闻吴文镕已败死黄州，而太平军正沿江西进，遂率六百黔勇退回岳州暂驻。

胡林翼（1812—1861），字贶生，湖南益阳人，出身仕宦之家，其父胡达源曾以一甲第三名进士及第，直接入翰林院，授编修。后官至詹事府少詹事，为四品京堂。也正因如此，胡林翼从小就接受了良好的教育，眼界、胸襟都非比寻常，颇得长辈们器重。

道光二十一年（1841）夏，胡达源病死京中，曾国藩曾以湖南同乡的名义前去吊唁，且亲送灵柩出城。胡林翼回籍，丁父忧未满，又遭岳母丧，直到道光二十六年（1846）才报捐知府，分发贵州使用。他是陶澍的东床快婿，并深得林则徐、吴文镕、罗绕典等人的赏识。

因曾国藩是穆彰阿的得意门生，胡林翼却极得林则徐赏识，二人师承不同，平时也难得往来。但曾国藩还是极为欣赏胡林翼的胆识才华，而今见胡林翼在岳州孤立无依，遂向骆秉章力荐，恳请将胡林翼留在湖南。

这样又一员力将加入曾国藩的幕府，二人开始了长达数年的密切合作。

曾国藩率领大军从衡州出发，不几日便抵达长沙。

就在曾国藩驻军长沙，还没来得及东征时，太平天国的西征军石祥贞部就已占领岳州、湘阴、宁乡，前锋逼近长沙。消息传来，长沙震惊。曾国藩急派储玫躬前去攻夺宁乡。不幸储玫躬刚到宁乡即遇伏败死。眼见着自己派出的第一支人马就出师不利，曾国藩又急又气。

好在太平军并未乘胜进击，他们见湘军来势汹汹，以为随后必有大军到来，遂连夜从宁乡、湘阴、岳州等地撤兵，退向湖北。行至中途，石祥贞部又与自汉阳西上的林绍璋部援军相遇，两军会合后，取道咸宁、蒲圻南下，再次杀向湖南。

见太平军后退，曾国藩略松了口气，很快就重新部署。他决定转守为攻，分水陆两路向湖北主动出击，先派胡林翼、塔齐布、林源恩由陆路攻通城，与骆秉章派出的王鑫部三千湘军会攻蒲圻，自己则率大军由水路向岳州进发。

咸丰四年（1854）三月初二，曾国藩率领的湘军水陆各营占领岳州。

彼时的湘军水陆师有拖罟一条、快蟹十条、长龙五十条、舢板一百五十条，又改造钓钩船一百二十条，雇用载辎重船一百余条，共计各类船只近五百条。所配火炮共五百余门，所募陆师水师各五千人，再加上长夫、随丁、水手、粮台之员弁等全军共有一万七千余人。另军中所用粮、煤及军器物资一应具备，都随船携带，其阵势可谓浩大无比。

谁料，天有不测风云。曾国藩的水师还未开战，就被一场大风折损了数十条船只。三月初七，岳州水面上忽然刮起狂风，狂风卷起巨浪，将泊在水面上的五百条大小船只刮得东漂西荡，彼此撞伤无数，有数十只直接沉没水底。

未曾出师，折船损将，那场大风让曾国藩的心头笼上了一层不祥之兆。

果真，陆师方面很快就传来噩耗。三月初八，王鑫的部队行至羊楼峒，与太平军大部队相遇，不敌，大败而回，急入岳州据守，太平军遂将岳州团团围住。王鑫部湘军千余人被太平军全部歼灭。好在后来曾国藩的援军赶到，王鑫等九百余人寻机缒城逃出，这才算保留了老湘营的一批骨干。

水师的损失更是惨重，这支仅用了一年多时间就匆匆装备起来的水上之师，尽管在出征之前曾国藩一拖再拖，尽力把它打造得更精锐，可面对太平军强大的水陆军，毫无实战经验的水师还是不堪一击。

岳州一战，湘军水陆师均以大败告终。留给曾国藩的是一片狼藉，船毁人亡，惨不忍睹，只得率师退守长沙。

太平军却是越战越勇，攻占岳州后乘胜追击，南渡洞庭湖而深入湘江，将水营布于靖港至樟树港一带的江面上。这里距离长沙仅六十里。

靖港一带，港汊纵横。太平军以水军布控，又以陆军取道宁乡攻占湘潭，从水陆两面形成对长沙的钳攻形势——长沙再成一座危城。

曾国藩长沙募勇就弄得自己在省城待不下去。辛辛苦苦筹建湘军，原本想证明自己，扬眉吐气，却不料初次出师就遇如此大挫，其郁闷可想而知。

彼时，湖南官场上的种种议论再次纷起，有人公开指责嘲笑他无能无用，有人则建议趁早把湘军解散。身为湖南巡抚的骆秉章，虽不同意解散湘军，但对曾国藩的态度也更为冷淡。

曾国藩身为二品大员，因左宗棠举荐出山，二人关系一度非常融洽。后来，曾国藩办团练，因向左宗棠的女婿陶少云募资，从而引起左宗棠的不满。曾国藩出师岳州前，曾多次力邀左宗棠随行，但都遭拒绝。

咸丰四年 (1854) 三月，左宗棠入骆幕府，做了骆秉章的师爷。骆秉章对左宗棠几乎是言听计从，对曾国藩则更是冷淡。有一次，他去江边送别升迁的陶培恩，曾国藩的船就在旁边，骆秉章却视而不见，可见曾国藩当时的落寞与尴尬处境。

岳州一战，湘军虽然吃了败仗，但其主力部队并没有受到重大损失。回长沙后，曾国藩便召集诸部将商讨，制订出下一步的作战计划——集中兵力攻打湘潭。

彼时的太平军，虽然势头正猛，但对湘军却缺乏正确的认识。他们锐意进攻，却分散了兵力，暴露出不少弱点。林绍璋一军占领湘潭后，因无后援，只得停止攻势，实际上已陷入孤立无援被动挨打的境地。

曾国藩部署塔齐布一军和全部水军攻打湘潭的决策无疑是正确的。可就在曾国藩大军准备开往湘潭的前一夜，军帐前出现了一张陌生的脸孔。此人自称是靖港民团的，来向曾国藩报告一条极为重要的军事信息——靖港那里太平军人少，防备松懈，往攻必胜。如若攻靖港，他们民团的人愿意大力相助，并声称已搭好浮桥，充任前导。

也许曾国藩求胜心切，也许来人说得太过诱人。向来谨慎的曾国藩丝毫未看出其中有诈，竟轻易就更改了原先的计划——原定齐攻湘潭的水陆军兵分两路，塔齐布率军去攻湘潭，他率其余水陆各营改攻靖港。

四月初二一大早，曾国藩率五营水师、陆勇八百，浩浩荡荡向靖港而去。

那天江面上正好是顺风，五营水师如离弦之箭，不到中午就赶到离靖港上游仅二十里的一个叫白沙洲的地方，准备在这里伺机进攻。果然如前一夜来人所报，江面上很少看到太平军的船只，安静异常。

那天的大风却是起得邪乎，水师船队正欲向靖港方向靠近，一阵猛烈的西南风陡然刮起，江流瞬时变得湍急，船队竟然无法在靖港停泊。而就在此时，二百余只太平军的船只，神兵天降一般从四面八方的港汊里冲出，气势汹汹地向湘军水师扑过来。

曾国藩心下大惊，方知中了奸人的计。他的内心痛悔不已，却为时过晚。

太平军水师筹建早于湘军水师几年，又身经百战，早已积累了丰富的作战经验，在江面上自如地穿梭，对湘军水师展开猛烈的炮火轰击。

湘军水师的兵士们早就慌了，只得轮番向他们发炮。但湘军水师炮高，太平军船低，根本打不到。太平军的炮火，却能频频击中湘军水师的船。湘军兵勇见势不妙，纷纷弃船登岸，狼狈逃窜。

曾国藩见势也急了，从未舞枪弄剑的他，怒目圆睁，提剑上前督阵，将令旗竖于岸上，上书“过旗者斩”。

但已无济于事，湘军陆勇崩溃，水师亦东窜西奔，鬼哭狼嚎着乱作一团。可叹曾国藩带来的湘军水陆师，不到片刻工夫，两千余人竟全数溃散。战船被炮火击中，已化成一片火海……

望着眼前这一切，曾国藩羞愤交加，欲哭无泪。这就是他花费无尽心血筹建起来的湘军水师，竟然如此不堪一击。曾国藩不知道接下来该如何面对对他寄予厚望的咸丰皇帝，如何面对湖南对他冷嘲热讽的各级官员，更无法面对那些信任他、支持他的人……

如此思前想后，曾国藩觉得眼前的路越来越窄，却越来越清晰。与其被世人讥笑苟活于世，不如一死了之。从曾国藩呆滞的眼神与神情里，李元度似乎已经觉察出什么，遂让章寿麟乘小船紧紧尾随曾国藩的座船，以备不测。

果不出所料，当曾国藩的座船行到靖港对岸的铜官渚时，曾国藩起身走向船头，一头扎入水中。不成功，便成仁。大清吏治腐败，却仍不乏吴文镕、江忠源等如此忠义节烈之士，他们二人兵败之后均投水而亡，曾国藩也不会做孬种。

曾国藩那一举动来得突然，但好在后面的章寿麟早有防备。见曾国藩落水，他急忙跃身入水，将曾国藩救回船上。曾国藩在水中扑腾两下，只呛了几口水而已，倒也无大碍。

听到曾国藩兵败靖港跳水自杀的消息，身在长沙的左宗棠又气又急。气的是曾国藩不该如此不堪一击，选择自杀这种逃避行为；急的是万一曾国藩再次想不开，他苦心筹建的湘军也许就会功亏一篑。

就在曾国藩跳水自杀的第二天清晨，左宗棠急急从长沙缒城而出，前往铜官渚舟中探望曾国藩。左宗棠冒险来岳州探望，已出乎曾国藩的预料。见面没有冷嘲热讽反温言相劝，更是让曾国藩没有想到。曾国藩失神地盯着左宗棠，一时间心中羞愧交迫，百感交集，竟忍不住热泪滚滚而下……

曾国藩所料没错，此时的长沙官员们听到曾国藩的湘军吃了败仗，幸灾乐祸者，乘机煽动者，肆意攻击者，都大有人在。他们以布政使徐有壬为首，纷纷向骆秉章参劾曾国藩，要求立即解散湘军。

曾国藩在铜官渚本已答应左宗棠要重新振作起来，重整湘军。回到长沙，看到那种阵势，又起了自杀的心。他不肯更衣，蓬头跣足，不吃不喝，悄悄写好遗书，并暗中叮嘱季弟曾国葆买回棺木。

那些天，在长沙城外的妙高峰寺内，几百名陆勇护卫昼夜轮流守卫。曾国藩把自己关在屋内，七昼夜不与人说一句话，陷入深刻的反省与思考中。他不明白，这样一支精锐的水陆之师，为何如此不堪一击。

“尽人事，听天命。”而老天果真待他不薄，就在曾国藩在长沙城中一心求死时，从湘潭传回的一个消息瞬间吹去了曾国藩的满面愁容——湘军水陆师在湘潭大胜太平军。

当时，太平军已经攻陷了湘潭，曾国藩派塔齐布率陆师，派彭玉麟、杨载福率水师，水陆两军共同夹击太平军，两路大军在湘潭与太平军展开激战，共歼太平军近万人，几乎将太平军的战船烧尽。此战史称“湘潭大捷”。

接到湘潭大捷的消息之后，曾国藩将靖港惨败、湘潭大捷的消息一起上报朝廷，并自请交部议罪。一败一捷，功实大于过。咸丰帝上谕中言：“靖港败衄，不为无咎，姑念湘潭全胜，加恩免罪，赶紧杀贼自赎。”

说到底，咸丰帝越来越意识到，大清王朝的安稳日子，日后就要靠曾国藩的这支湘军了。

咸丰帝开始支持曾国藩，遂以驻守长沙不主动迎敌的罪名将湖南提督鲍起豹革职。几个月后，塔齐布升任湖南提督。这让那些参劾曾国藩的官员们再不敢小觑他，骆秉章的态度也由此转变。

曾国藩在湖南官场上的日子此后稍稍好过了些。

2. 率湘军出省作战，攻占武昌

“兄不善用兵，屡失事机，实无以对圣主，幸湘潭大胜，保全桑梓，此心犹觉稍安。现拟修整船只，添招练勇，待广西勇到，广东兵到，再做出师之计。而饷项已空，无从设法，艰难之状，不知所终。人心之坏，又处处使人寒心。吾唯尽一分心做一日事，至于成败，则不能复计较矣。”

烽火连三月，家书抵万金。在咸丰四年 (1854) 四月十四日寄给家中诸弟的家书里，曾国藩尽力轻描淡写。譬如靖港一战，其惨状何止他信中所言？对跳水自杀之事更是只字不言。但他当时的窘迫之状，还是能从中略知一二。

兵马未动，粮草先行，自出山练勇办团练，筹集粮饷兵饷之事，就一直困扰着曾国藩。为此，他甚至把左宗棠得罪了。就在刚刚过去的三月间，为得到两万两饷银，曾国藩硬着头皮把曾受过降职处分的原湖北巡抚杨键奏请入祀乡祠，结果被告发，自己也为此担上降调二级的处分。

这一切的委屈，无人诉说。彼时，整个湖南官场都在等着看他笑话。曾国藩已经慢慢练就了一身厚皮囊，也已习惯了别人的嘲讽与白眼。在其位谋其政，尽心尽力。至于成败，不去计较。

回到长沙，痛定思痛之后，曾国藩对湘军进行了一番休整、调配。将在战争中损毁的船炮重新修好，对湘军人员也重新调整。在此期间，湘军除本身的扩充之外，曾国藩又将胡林翼的黔勇由原来的六百人扩至两千人，又另添了两支水军船队：一支是登州镇总兵陈辉龙率领的广西勇六百五十名，一支是由广西候补道员李孟群率领的广西水勇一千人。湘军水师又充入了新鲜血液。

曾国藩无日不在思考那三场战事——岳州之败、靖港之败，湘潭之胜，其中的经验与教训，最后他归结为八个字——功罪不清，赏罚不明。

古时商鞅以赏立信，诸葛亮挥泪斩马谡，皆把赏罚当作两大利器。赏罚分明，令出必行，才能最大限度地激发部属积极性。针对这八个字，接下来他要做的就是重新整顿湘军，严明军纪。

兵贵精不贵多，首在敢战。这是曾国藩在血与火的拼杀中得来的经验。为此，他对湘军进行了大力裁撤和整顿。凡溃逃营兵，不予惩罚，也不再收集，营哨兵勇一律裁去不用。

为说服众人，一直跟随在曾国藩身边的弟弟曾国葆也在被裁之列。

曾国葆于咸丰三年（1853）招募六百人随军作战，一年多来伴随着曾国藩东征西战。他怎么也没有想到，大哥会拿他开刀。据说，曾国葆回家后感觉无脸见人，好几年都闭门不出，对曾国藩的怨怼之气自不必说。

这丝毫也挡不住曾国藩整顿湘军的决心。一番大刀阔斧的整顿之后，水陆两师共留五千人。

其实，曾国藩裁军，也不过是为湘军大换血。他一边对湘军人力裁撤，一边又令塔齐布、罗泽南、彭玉麟、杨载福大量招募新勇，使湘军人数很快就扩充到一万人。

曾国藩对这些新勇也提出了新的条件，入湘军就必须严格遵守湘军的军纪。

如此几番整顿下来，湘军内部原有的种种不良风气被扭转，战斗力也大大增强。

花开两朵，各表一枝。再回头来看彼时的太平军方面。

湘潭战后，深受重创的太平军也调整了战略部署。

林绍璋经靖港、岳州，迅速撤到常德一带，向正在西进的曾天养部靠拢。

曾天养是太平军的著名将领，起义以来屡立战功，威名远扬。他听到太平军湘潭失利的消息后，遂由宜昌南下澧州、安福。

咸丰四年（1854）四月，林绍璋部和曾天养部会合，一起回到岳州，在岳州筑垒浚濠，准备再迎湘军。

咸丰四年（1854）六月，曾国藩率领重新整顿的湘军水陆之师两万余人从长沙出发，再次开向岳州。汲取了前番战争中的种种教训，又经过几个月的补充修整，重新出发的湘军一路攻城略地，士气高昂。

经过湘潭惨败，太平军水陆部队已元气大伤。

六月二十二日，塔齐布所率七千陆师占领新墙，逼近岳州。罗泽南、周凤山率数千人作为后援。双方在岳州展开激战，太平军守城连连失利，只得于七月初一连夜退守城陵矶。城陵矶为“长江三大名矶”“长江八大良港”之一，位于岳州东北十五公里江湖交汇的右岸边，是湖南省水路第一门户。城陵矶南绾三湘、北控荆汉，扼洞庭湖贯通长江的咽喉，历来为兵家必争之地。

七月十六日，湘军水师直逼城陵矶下。当时带兵的是陈辉龙、沙镇邦，因求胜心切，他们不顾水军作战大忌，乘风顺水，飞舟直下，到城陵矶正好冲进太平军事先备好的埋伏圈，结果被太平军打得片帆未归，全军覆没。水师总统、知府褚汝航，同知夏銮闻讯急忙前来相救，也陷入重围战亡。

一支装备如此精锐，将士也是精挑细选的水师，一天的战斗中就折损了四员猛将，曾国藩震惊之余，伤恸不已。但战事刚刚拉开帷幕，他还要强打精神继续部署。

陈等四人死后，曾国藩没有再奏调营将，从此，杨载福与彭玉麟成为水师的统领，也成为曾国藩湘军水师的左膀右臂。湘军水师除广西李孟群所率领的一千广西水勇之外，与陆师一样，其他全是清一色的湘人。

杨载福，后改名杨岳斌（1822—1890），字厚庵，湖南善化（今长沙）人，行伍出身，曾参与镇压新宁李沅发起义。咸丰三年（1853），随曾国藩创建湘军水师，任右营营官。

彭玉麟（1816—1890），字雪琴，湖南衡阳县人，生于安徽省安庆府（今安庆市内）。与曾国藩、左宗棠并称大清三杰，与曾国藩、左宗棠、胡林翼并称中兴四大名臣，是湘军水师创建者、中国近代海军的奠基人。道光末年，彭玉麟参与镇压李沅发起义。后投曾国藩，分统湘军水师。

太平军水师在城陵矶取得胜利之后，曾天养率军三千人，从城陵矶登陆，准备扎营据守。

七月十八日，塔齐布率领的湘军陆师赶到城陵矶，双方又展开了激战。

塔齐布，人称湘军第一悍将，这个出身满族的旗人将领，精于马术，尤擅骑战，身上仍然具有旗人入关前的剽悍气质。曾天养亦是著名的太平天国猛将。二人相遇，可谓狭路相逢。

曾天养眼见着塔齐布骑一匹战马踏着滚滚尘土迎面飞奔而来，也顾不得排兵布阵，当即跨上战马，手持长矛，就向塔齐布杀过来。塔齐布来不及躲闪，曾天养的长矛已刺中他的坐骑。曾天养拔矛再刺，却被塔齐布身边一名眼疾手快的亲兵一矛刺中，跌于马下。可怜太平天国一代名将，瞬间就倒毙在湘军的长矛刀枪之下。

曾天养的牺牲对西征的太平军来说是个巨大的损失。太平天国向来宣扬人死即是“升天”，不能悲伤啼哭，不做丧事。这次对曾天养却破了例，两湖太平军均吃素六日，以示对曾天养的悼念。曾天养牺牲后，太平军群龙无首，一时间军心大乱，他们无心恋战，急忙向武昌退去。

城陵矶陆战又将湘军的败局扳了回来，大大鼓舞了湘军水师的士气。拿下城陵矶，湘军水师继续顺江而下。此时的湘军水师士气高昂，甚至有些不可一世的样子。士兵们赤身露脯，连甲胄都不穿，直立船头，任凭炮火在身边呼啸穿梭，如入无人之境。

湘军水陆师后来身经百战，跟随曾国藩转战南北十余年，终将一场轰轰烈烈的太平天国革命运动剿杀。当然，这也与曾国藩给予他们的优厚条件有关。只要跟着曾国藩死心塌地地干，人人都有升官发财的机会。这是曾国藩建立湘军伊始就给湘军将士们传递的一个信号。

湘军陆师则从岳州出发，经蒲圻、咸宁、山坡、纸坊一路直抵洪山、花园一带。在进军途中，曾国藩召集湘军将领在金口会商进攻武昌的策略。最后决定，兵分两路：一路攻洪山，一路攻花园。

当时太平军在花园布有精锐部队万余人，罗泽南自告奋勇，迎难而上，进攻花园。

咸丰四年（1854）八月二十一日，湘军大部队从金口出发，当天就攻取了太平军花园大营，第二天进至鲶鱼套，将太平军的附城营垒悉数攻毁，直逼武昌城下。花园大营，万余太平军精锐部队都抵挡不住湘军来势。消息传到武昌，太平军守城将士已是心惊胆寒，不战而逃。

二十二日夜，太平军将领黄再兴、石凤魁等人带领精壮，弃城逃往田家镇。汉阳守将见武昌将士弃城，亦不战而逃。

曾国藩原本想着在武昌、汉阳会有一场恶战，想不到竟然如此轻而易举就将这一重镇拿下。

更为让人想不到的是，太平军守城将士们只顾着自己逃命，竟未预先通知那些停泊在汉水里的大批水军，这些太平军的精锐水军，在汉阳失守后被湘军死死困住，最终全军覆没。

在这里，湘军开始向那些毫无准备的太平军水陆军大开杀戒，武昌、汉阳这两个坐落在长江岸边的美丽重镇，一时之间天地失色，江河呜咽，汉江水都被太平军将士的鲜血染红。

曾国藩的湘军在这么短的时间里攻下军政重镇武昌，当湖广总督杨霈将这个捷报呈给咸丰皇帝时，正被太平军闹得焦头烂额的咸丰帝竟然不敢相信。

直到六天后，曾国藩的捷报奏折抵达咸丰帝的案头，咸丰帝这才相信湘军果真在武昌取得大胜。这对于正处于极度沮丧与恐慌中的咸丰帝来说，就像一剂强心针，朱笔一挥，就将曾国藩任命为署理湖北巡抚。彼时，满朝文武官员都向咸丰帝道贺，咸丰帝又忍不住对旁边的军机大臣道："不意曾国藩一书生，乃能建此奇功。"

正是树大招风，曾国藩的湘军势头如此之盛，早已让某些京官心下不爽。如今又听咸丰帝如此激赞，还要授以地方实权，在旁的军机大臣祁寯藻忍不住提醒道："曾国藩以侍郎在籍，犹匹夫居闾里，一呼，蹶起从之者万余人，恐非国家福也。"

祁寯藻的提醒一语惊醒梦中人，曾国藩为一名汉人大员，手握重兵，若再赐他地方督抚大权，一旦起了逆反之心，后果不堪设想。

咸丰帝一下子被点醒了，可天子一言九鼎，也不好再回头，一时竟陷入左右为难的境地。

京城中发生的一切，曾国藩自然是一无所知。收到咸丰帝任命他为署理湖北巡抚的谕旨时，他又惊又喜。在湖南办勇的坎坷经历告诉他，要想建立一支强大的军队实现自己的理想，没有地方实权寸步难行。平心而论，湖北巡抚一职于他是实至名归，且有利于湘军下一步的发展——担任湖北巡抚，可以好好经营湖北，在湖北扎稳脚跟后，进而以两湖为基地，再进取江西、安徽，稳扎稳打，一步步打向太平天国的首都天京。

但曾国藩也深知他不能就此大大方方地接任。此时，他风头正盛，又还处在丁忧期间，若痛快接受，难免会遭人讥笑议论。

可曾国藩给咸丰帝的辞谢折子才到京城，咸丰帝早已改变了主意——收回成命。在曾国藩的折子上，咸丰帝这样写道：“朕料汝必辞，又念及整师东下，署抚空有其名，故已降旨令汝毋庸署理湖北巡抚，赏给兵部侍郎衔。”接着，咸丰帝又怪曾国藩奏折上不书署抚：“汝此奏虽不尽属固执，然官衔竟不书署抚，好名之过尚小，违旨之罪甚大。著严行申饬。”

有功不赏，无功受禄。曾国藩率湘军将士在武昌血战时，远在荆州观望的官文和署理湖督的杨霈皆得重赏，曾国藩不但没有受赏，湖北巡抚一职也被收回，还被咸丰帝警告要“严行申饬”。接到这样的回复，曾国藩很是委屈。看来，作为一名汉人官员，想要得到清廷的信任实在太难了。

署理湖北巡抚的成命被收回，虽然让曾国藩有些失落，但他出山志不在功名。可面对咸丰帝让他挥师东下的决定，他却犯难了。

咸丰三年（1853）八月十三日，曾国藩上奏清廷，陈述攻占武昌之后立即东下的三重忧虑：

一是经过岳州、湘潭、靖港、武昌之战后，湘军无论是人员还是武器装备，都受到极大损耗，需要较长一段时间补充修整，以提高其战斗力。二是经过几次大战，太平军虽然受损严重，但仍然有相当的实力，且太平军在江西、安徽都有着极好的群众基础，湘军贸然前去恐陷入太平军的包围之中。三是湖北战乱，严重破坏了经济，不能供应东下湘军的粮饷，湘军粮饷仍靠湖南供应，若此时湘军东取江西、安徽，远离后方，怕到时粮饷不能及时供应，一旦断饷，势必造成军心涣散，恐前功尽弃。

基于这三重忧虑，曾国藩以为还是先在湖北稳住阵脚，休整一段时期再说。

可以说，曾国藩的深谋远虑是极有道理的。如果咸丰帝能依从这些建议，接下来湘军可能不至于遭受惨痛的损失。可彼时的咸丰帝已被太平军逼急了，恨不得一夜除去这颗活跃在大清国肌体上的毒瘤方才痛快，哪里肯让曾国藩和他的湘军有喘息的时间。

曾国藩只得遵旨奉命，一步步走向一个更大的困局。

3. 田家镇湘军大捷，湖口水师被腰斩

都说天子一言九鼎，可咸丰帝却朝令夕改。任命曾国藩为署理湖北巡抚的折子已经发往湖北，想改口也不是那么容易的事。咸丰帝的为难，被某些善察言观色的大臣看得清楚，御史沈葆桢就恰逢其时站出来，上奏说曾国藩应率湘军乘胜东下，进攻长江中下游的太平军，一鼓作气将太平军全部镇压下去。

咸丰帝闻言大喜，就坡下驴。

咸丰四年（1854）九月十二日，咸丰帝正式收回令曾国藩署理湖北巡抚的成命，湖北巡抚一职由陶恩培担任，此人在湖南曾屡与曾国藩作对。为示安慰，赏给曾国藩兵部侍郎衔，催促其迅速东下，攻取赣、皖。

兵部侍郎——听起来响亮的头衔，其实不过是有名无实的空头衔而已。

接到圣旨，曾国藩虽忧虑重重，可还是于第二日即率湘军水陆大军，分三路从武昌、汉阳出发东下，去进攻江西的太平军。

再回头看太平军。得知武昌失守、太平军已退守田家镇的消息，杨秀清勃然大怒，即刻命人将黄再兴、石凤魁押回天京，并派燕王秦日纲前往田家镇，令其加紧布防，截击湘军。

田家镇在武昌与九江之间，坐落于武昌下游九江上游，离武昌大约有一百五十公里，离九江仅六十五公里。长江自武穴以上，两岸皆山，水面渐窄，其间尤以田家镇对岸的半壁山最为险要。此地以山锁江，湖泊相连，自古便为水战必争之地。

太平军燕王秦日纲率军赶到田家镇，除在田家镇对岸的半壁山上层层筑垒，沿江安设大炮外，又在江面上横拦六道粗粗的铁索，铁索一端固定在田家镇，一端固定在半壁山。六道铁索之下，隔不远就排列上一只小船，船上安放炮火，用以保护铁索。如此严密的防控，把田家镇与半壁山之间的江面死死封锁住。

湘军自武昌、汉阳兵分三路，一路东下。十月初一，罗泽南和塔齐布率军先后抵达，在半壁山下同太平军展开激战。太平军迎战不利，很快就退回山上。

十月初四，太平军增派援军，由秦日纲和韦俊亲自指挥，向湘军发动反攻，双方在半壁山激战一整天，太平军再次大败，退回田家镇，半壁山要隘被湘军抢占。

当塔齐布、罗泽南的陆师在半壁山与太平军激战时，湘军水师却被太平军将领陈玉成死死地缠在蕲州。

陈玉成是太平军中极年轻有为的将领，骁勇善战，是太平天国后期的重要领导者之一。因为陈玉成双眼下有痣，远望过去像长了四只眼睛，曾国藩及清军遂不客气地称他为“四眼狗”，由此也足见曾国藩对这位太平军将领的头疼与憎恶。

彼时，陈玉成岸上驻陆军，江上设舟阵，严防死守。湘军水师攻打数日，竟是拿他毫无办法。

最后，曾国藩不得不改变策略，置蕲州太平军于不顾，绕过太平军水上舟阵，直驶向下游的田家镇江面，准备配合陆师击破太平军江面六道铁索。

后来的事实证明，曾国藩的这一决策是非常正确的。

田家镇一战，关键在于水师。湘军只有攻破太平军布防在江面上的六道铁索才能顺江而下，驰往江西。这六道铁索却让湘军伤透了脑筋。他们试图先派人去用刀斧砍。可铁索下的小船上火炮齐发，根本无法靠近。再者，那么粗的铁索，再锋利的刀斧也奈何不了。

几次强攻未果，率领水师的彭玉麟、杨载福和率陆师的塔齐布、罗泽南只得另寻良计，几人会商后，决定将湘军水师分为四队向太平军发起进攻：第一队负责破坏太平军的铁索；第二队负责攻击太平军布防在铁索下的战船，压制太平军的炮火；第三队准备在铁索破坏之后冲向下游，放火烧船；第四队负责守护后方辎重船只，防止太平军的突然袭击。四支梯队，各司其职，又要相互照应配合。

十月十三日，湘军水师火炮齐发，向太平军发动猛烈攻击。几轮炮火之后，太平军布于铁索下的数十只小船便葬身火海。湘军将盛放着油脂的巨锅置于船上，开到铁索下面，点燃油脂，刹那间便熊熊燃烧起来，红红的火舌卷向粗重的铁索，那些巨无霸很快被烧熔变软，很容易就被砍断。

湘军此招，可谓狠矣。

当然，湘军也为这一奇招险招付出了惨重的代价。能烧断铁索的高温，人自然无法承受，在烧熔铁索的过程中，不时会传来湘军水勇的惨叫声，有人被四溅的火星烫伤，有人直接被大火吞噬。

太平军苦心布下的铁索网，很快即被攻破。

铁索已断，湘军水师顺流而下，抢先攻占武穴，截断太平军船队的归路。然后又溯江而上，沿途放火，太平军数千船只顿时陷入一片火海之中。

太平军水师拥有船只不下万艘，尽管在前几次大战中损毁严重，但田家镇之战，对太平军水师几乎是一次毁灭性的打击。自此战之后，九江以上的江面上，几乎再也看不到太平军的战船，太平军水师基本已被瓦解。

对于湘军来说，这也是一次极为惨烈而艰难的战争。虽然取得了胜利，但战后清点物资、人数时，曾国藩竟然放声大哭——自湘军行军以来，湘军水师从未有过如此大的损失。

那时，曾国藩又哪里会预料到，田家镇之战才只是一个开始，更加惨痛的经历还在后面。

田家镇之战让太平军士气大损，且走且退，一直退到江西的九江和湖口一带。湘军却越战越勇，水陆并进，一路追杀到九江之时，清军水陆军总人数已达两万六七千人。

九江的太平军守将是林启荣，是太平军能攻善守的著名将领。面对湘军水陆军一波又一波的攻击，他率领守城将士，或避或战，灵活应战，将九江城守得铁桶一般，使得湘军顿兵坚城之下，寸步难行。

林启荣确实是一位难得的将才，能于危境中力挽狂澜。

九江久攻不下，曾国藩只得亲赴九江。同罗泽南、塔齐布会商后，决定兵分两路，一路由罗泽南率领继续攻城，一路由塔齐布率领进驻湖口城外的盔山，与胡林翼合力进攻梅家洲，以牵制湖口的太平军，割断九江与湖口的联系。

田家镇战败之后，杨秀清又派出太平天国两名优秀将领石达开和罗大纲，赴西线指挥。此时，二人也在九江坐镇指挥。为加强九江城防，转战蕲州、黄梅等处的陈玉成也引军进入九江。

见湘军兵分两路，太平军也相应地调整了战略部署——由林启荣守九江，石达开守湖口，罗大纲守梅家洲。

大军压境，黑云压城。九江城内外，双方都派出精兵强将。一场恶战，迫在眉睫。

林启荣依旧以守为攻，坚守不出，将湘军死死拖在九江城外。

石达开更是以逸待劳，严密部署，驻军湖口县城，扼守鄱阳湖。于营外广布木桩竹签十余丈，掘深壕数道，内埋地雷，上用巨木横斜搭架，布以铁蒺藜，其防守可谓固若金汤。

《三国演义》中诸葛亮在定军山，命赵云带五百人，每夜锣鼓惊扰曹营，用的是疲劳战术。石达开熟读三国故事，灵活采用其有效战术，令太平军以守为攻，平时躲在战壕工事内，任湘军如何挑衅谩骂也不出头，等到湘军疲惫不堪的深夜，遂以火箭火球开路，金鼓齐鸣，摆出一副马上就要出城作战的样子，湘军只好再起来整装待发。

一攻不得，再攻不成。三番五次下来，湘军最初的锐气已挫。被太平军拖入无休止的疲劳战，湘军中怨气升腾，从将领到兵士，急躁冒进情绪大增。

其实，湘军和曾国藩的骄愎之气，在攻克武昌之后就已渐渐流露出来。曾国藩带兵进逼九江，上奏咸丰帝："诸路带兵大臣及各省督抚，择要堵御。"曾国藩低估了太平军的实力，要各地做好防止太平军从金陵逃跑的准备，一副志在必得的样子。

骄兵必败，屡试不爽。当时，左宗棠已经发现湘军"将士之渐骄，主帅之谋渐乱"，曾数次写信给曾国藩和罗泽南等人，劝他们切勿轻进。曾国藩皆以沉默作答，未回一信。

左宗棠所料不错，彼时的曾国藩，确实被武昌开战以来的一系列胜利冲昏了头脑，只想乘胜追杀，将太平天国彻底在金陵剿灭。

曾国藩和湘军这种急躁冒进的心理，自然也被擅长统兵作战的石达开摸准。他们更意识到，湘军的胜利，很大程度上取决于湘军水师。欲破湘军，必先破其水师。

为诱湘军水师，石达开故意把扼守在鄱阳湖湖口的部队撤向梅家洲。湘军不知是计，倒以为机会来了，遂由都司萧捷三等领兵两千人、乘舢板等轻便战船一百二十余条，大大咧咧冲进湖内。

请君入瓮，竟是如此不费吹灰之力。

石达开在湘军水师驶入湖内之后，即在湖口修筑工事，架设大炮，将其死死封锁在内湖之中。

强大的湘军水师就此被拦腰截断，分割为内湖和外湖两部分。

湘军水师屡屡得胜的一个重要原因，就在大小船只的彼此配合。运转不灵的大船长龙、快蟹，有了轻便舢板的配合，作战方能发挥其战斗力，而舢板等轻舟离开长龙、快蟹也失了威风。湘军将帅却因骄傲轻敌而犯兵家大忌，进入死地不说，还把这些大小船只分开来用。如此一来，内湖、外湖的水师皆陷入被动挨打的局面。

太平军重新夺回了战争的主动权。

咸丰四年 (1854) 十二月十二日夜，也就是石达开分割湘军水师的当天夜里，月黑风高，石达开会同罗大纲，率轻舟神不知鬼不觉地偷袭了停泊在湖口的湘军外江水师李孟群、彭玉麟等部。

太平军驾小划子等轻舟，与岸上的太平军配合作战，直插湘军外江水师内部，向他们的战船投掷火球、火罐等引火之物。是夜江风极大，火借风势，风助火势，“毕毕剥剥”，可叹湘军大船九条、中小船三十余条，瞬间葬身火海。

湘军水师深夜遭袭，兵勇们睡眼蒙眬，晕头转向中纷纷上岸逃窜，彭玉麟的指挥也彻底失灵。李孟群等侥幸逃脱，急率残部往上游逃去，方躲过灭顶之劫。

太平军夺回九江对岸的要镇小池口。

这是湘军水师自组建以来的又一次惨败。

曾国藩闻讯又惊又急，急调回正在武穴养病的杨载福，以坐镇水师。陆军方面，派副将周凤山率军前去夺回小池口。周凤山部出师不利，被太平军大败。

至此，进攻湖口的计划彻底流产，自己的水师还被肢解成两截，几乎丧失了战斗力。曾国藩不得不重新调整战略部署，放弃对湖口的进攻，将驻扎在盔山的胡林翼和罗泽南调回九江，准备集中兵力攻之。

在曾国藩调兵遣将紧急部署之际，彼时的石达开正在筹划着一场全歼湘军水师的大计划。

咸丰四年（1854）十二月二十五日，这天晚上夜黑如墨，咫尺莫辨。罗泽南一部刚回九江，喘息未定，石达开就指挥太平军，会同驻守小池口的罗大纲部、九江的林启容部，两岸同时并举，杀向湘军外江水师。

太平军几十艘轻舟上装满火弹、喷筒，直冲江面上的湘军水师。顿时，江面上火弹、喷筒齐发，杀声震天。湘军的舢板等轻便小船此刻被死死锁在内湖，江面上的长龙、快蟹等笨重大船根本无力与太平军的轻舟小船相周旋，火弹落处，湘军的战船纷纷起火燃烧，直把江面和半边夜空都映红了。

湘军水师出师以来向以骁勇善战而称，哪里见过这等阵势。命且不能保证，走为上计。很多水师兵勇纷纷挂帆，四下逃散。

慌乱之中，曾国藩所乘坐的大船也被太平军所俘获，随他一起出征的管驾官、监印官等皆被太平军所杀。曾国藩随船所带的文册卷牍尽失，若不是幕僚们相救，恐怕也会命丧太平军的炮火之下。

数年心血已毁，湘军水师被打得辎重尽失，还有何面目存活于世？曾国藩欲再次投水自杀，所幸又被随从救起，用小船送入罗泽南营中。

在罗泽南营内，狼狈不堪的曾国藩遥望江面，但见湘军水师战船四处溃逃，被击中击沉的更是无法胜数。江面上，除了罗泽南营周围还有零星几艘战船，湘军水师已经彻底溃不成军。

曾国藩再次体味了兵败的滋味。不能自求一死，战死沙场也算不辱使命。悲愤欲绝的曾国藩乘人不备，抓过一把剑，翻身上马，欲赴敌阵与敌人同归于尽。慌得罗泽南、刘蓉等人死死拉往马缰，好一番劝慰，曾国藩方才作罢。

这是曾国藩生命中又一次屈辱的经历。这一年，他四十四岁，却被二十四岁的毛头小子石达开大败于湖口，几至丧命。

湖口之战彻底扭转了战局。太平军乘胜进攻，奇袭驻扎在湖北广济的湖广总督杨霈大营。杨霈得报逃跑，全军一万余人不战瓦解。之后，太平军又连占蕲州、黄州和汉阳。

咸丰五年（1855）正月初，太平军重占武昌。

二月十七日，太平军三克武昌，重新控制了湖北的大片地区。这是太平军在西征战场上的又一次胜利，为此后太平天国的鼎盛局面奠定了基础。

与太平军的节节胜利、步步为营刚好相反，曾国藩的湘军受湖口一战的致命打击，形势急转直下。太平军重占武昌后，咸丰帝一下又慌了手脚，不顾江西湘军如何，急令曾国藩回援武昌。曾国藩随即派出陆师胡林翼、王国才两部以及水师李孟群、彭玉麟两部回援，顺便回金口修理损毁船只。

屋漏偏逢连阴雨。此后不久，留在九江的杨载福水师又遭风浪袭击，四十条船彻底被摧毁，另七十多条船也破烂不堪不能使用，只得退回湖北金口去整修。

面对这不断袭来的一波又一波的沉重打击，曾国藩既绝望又不安。他不知道，接下来，等待他和湘军的又将会是什么。

4. 陷入困局

湘军在江西九江的惨败，让咸丰帝大怒，可此时他还要依靠湘军，对曾国藩倒也没怎么样。

曾国藩却不得不对失败进行总结与反思，武昌重新落入太平军之手，正应了他最初的担心。借着向咸丰帝上奏请罪的机会，曾国藩在奏折中对清廷提出委婉的批评——一是当初武昌攻克后不该倾巢出动，若留重兵和战船把守，就不至于出现今天这样的局面；二是九江未破，不该派人去攻打湖口，分散了兵力，导致两处都陷入被动。这第一条其实直指咸丰帝。当初咸丰帝下令让他东下攻打江西、安徽之时，曾国藩已经提出过这样的担心，咸丰帝却将此视作耳边风。

咸丰帝却把过错统统推给了曾国藩和他的湘军，认定是曾国藩指挥不利才导致如此局面。也许，君臣二人各有道理，曾国藩在江西九江的战败，确实与他的骄傲轻敌指挥失误有很大关系。

孰对孰错，彼时还不是纷争的时候。太平军的战火正越燃越烈，曾国藩来不及沉沦，也无法沉沦，他要想办法重振湘军水师。

重整湘军水师，又谈何容易？湖口惨败，武昌又失，湘军水师精锐几乎被肢解。正所谓“树倒猢狲散，墙倒众人推”，曾国藩在江西战场上的表现，不但让江西官员们很是不满，也让跟随他的一些幕僚们寒了心，纷纷另谋高就。此时的曾国藩唯靠“忍”字与“韧”字，来支撑着自己和他的湘军继续走下去。

湘军外江水师退回武昌之后，湘军留在江西的水师就只剩下被锁在内湖之中的一百二十条舢板和两千水勇了。这一百二十条舢板船没有了辎重大船的支撑，连自身的给养都成问题，根本无法冲出鄱阳湖。曾国藩只得去南昌找江西巡抚陈启迈，请求他为湘军造三十条长龙船，交内湖水师使用。

除了努力恢复江西内湖水师之外，对外湖水师，曾国藩也做了很大的努力。在来江西之前，曾国藩曾在湖北新堤建有一座船厂，现在正好可以用来为湘军修复损毁船只，也可赶造新船。

曾国藩又奏请湖南为他添造新船，招募新勇。

这年四月，湖南将百余条新船运到金口。此时，九江损毁战船也基本修好。彭玉麟又从湖南募来一批新勇，与旧勇一起合计约有三千人。

六月，杨载福带领大批战船和招募的两千新勇由岳州赶到金口，与彭玉麟会合。这样，湘军的外江水师又达到了十营五千人的规模。同时，湘军内江水师的供给问题也得到解决，很快就扩充到八营四千人。

受重创的湘军水师似乎又慢慢恢复了元气，接下来与太平军的几次交战亦取得胜利，又开始频频向湖口太平军发起进攻。

可那份胜利的喜悦，很快就被击碎。这年七月末，内湖水师统领萧捷三，在湖口中炮阵亡。不久之后，内湖水师又遭惨败，损失战船二十余条，重新陷入被动的局面。

曾国藩不得不急调彭玉麟赴江西，代替萧捷三之位。自此之后，杨载福统领外江水师，彭玉麟统领内江水师，两人成了曾国藩的左膀右臂。

曾国藩率湘军出师以来，一直跟随水师。在九江湖口一战中，他的座船被太平军俘获，之后，弃船登陆，跟随陆师。为重整内湖水师，咸丰五年（1855）三月，曾国藩让内湖水师移驻南康府，并让李元度再度招募平江新勇。他也于这年四月十三日由吴城移驻南康府，令内湖水师进攻湖口。可此时的内湖水师依旧被封锁在湖内，难有作为，曾国藩只得再次把目光投向湘军陆师。

彼时，在江西的湘军陆师共有一万两千人左右，其中塔齐布部有六千五百人，是战斗主力；罗泽南部有三千五百人；李元度原本就是一不擅长带兵打仗的书生，他招募的平江勇两千人只作为辅助力量。所以，塔齐布与罗泽南是曾国藩在江西的主要依靠力量。

湖口、九江战后，塔齐布、罗泽南继续围攻九江。对于此次攻城，曾国藩原以为只要集中兵力，很快就能攻陷，可他再次错误地估计了形势。塔、罗两部连续数日攻城，昼夜苦战，损兵折将，伤亡惨重，也未能将九江城攻下。九江城下，湘军第一悍将塔齐布，因屡次失利，气急攻心，竟突发心脏病。咸丰五年（1855）七月十八日，九江城外军营，塔齐布含恨而逝，时年三十五岁。

塔齐布的猝然离世对曾国藩来说，不啻晴天一声霹雳。他从南康府驻地急奔向九江塔齐布外营，在塔齐布灵柩前放声大哭，并亲手书一副挽联挂于塔齐布灵堂：

大勇却慈祥，论古略同曹武惠；

至诚相许与，有章曾荐郭汾阳。

在曾国藩眼里，塔齐布堪与北宋能征善战有勇有略的曹武惠和唐朝大将郭子仪相比。

一波未平，一波又起。曾国藩还没从痛失塔齐布的悲伤中走出来，罗泽南又来了。从罗泽南忧心忡忡欲言又止的样子，曾国藩已猜出他的来意。

在此之前，罗泽南已不止一次向曾国藩建议：欲扭转眼下江西困局，必须要调整整个战略，夺回战争的主动权。眼下，太平军上据武昌，下据金陵，湖口九江处在中间，即使攻下九江抢占湖口，湘军也处在被太平军上下夹击的位置，怕是难以持守。要改变此种局面，只有回上游打下武昌。罗泽南曾建议由塔齐布继续进攻九江，他率军回援湖北胡林翼，力克武昌，然后会合武昌湘军的水陆师会师九江。

从长远的布局和利益来看，罗泽南的建议无疑是正确的。可从私心里，曾国藩却是一万个不舍。尤其是在塔齐布刚刚去世之时，曾国藩犹如被砍去一条臂膀，若罗泽南再远赴湖北，真的不能想象此后会怎样。

罗泽南还是走了，当然是在曾国藩的同意之下。他不但放走了罗泽南，还另派自己的好友刘蓉随其西上。这就是曾国藩不同于常人的地方。

罗泽南执意离开江西远走武昌，一方面是为大局着想，另一方面也有他自己的打算。曾国藩来江西几年，没什么建树，挫败连连，让他看不到前途所在。对这一点，很多人都看得清楚，曾国藩当然看得更清楚。所以，当初罗泽南要走的时候，有人就力劝曾国藩把他留住。罗泽南这棵树，可是曾国藩亲自培植起来的。

曾国藩还是苦笑着摇头拒绝了——人往高处走，罗泽南的选择没有错。再说，留得住人，留不住心，又有何用？

罗泽南弃江西而奔湖北，弃曾国藩而投胡林翼，果真很快在湖北打开一番新局面。

咸丰五年（1855）二月二十七日，太平军三克武昌，湖北巡抚陶恩培死于武昌城中。三月，胡林翼被咸丰帝任命为湖北巡抚。

胡林翼带着六百黔勇由岳州跟随曾国藩起家，几年之内升任湖北巡抚，其升迁之快令人咋舌。这得力于朝中重臣肃顺的极力推荐。在满洲官员中，肃顺以重视汉族官员而著名，尤其对曾国藩、胡林翼等人更是欣赏举荐有加。他认为，要把太平天国镇压下去，非重用这些汉人官员不可。因而，湖北巡抚陶恩培死后，肃顺极力向咸丰帝推荐了胡林翼。

然而，湖北巡抚一职对胡林翼来说并不轻松。尤其在他初任之时，可谓困难重重。

一是手中无兵，最初只有自己带来的六百黔勇，到咸丰四年（1854）虽有所扩充，手下也不过才有两千人。手中无兵，战时自然就无底气，常常被太平军赶得东奔西走，几至无处立身。有次兵败，胡林翼差点效仿曾国藩走上自杀之路。

二是与湖北地方官的关系不好。同曾国藩一样，胡林翼也是倔脾气，对湖北官场上很多人、很多事颇看不惯。咸丰五年（1855）四月，原湖广总督杨霈被革职，荆州将军官文接任湖广总督。这位出身满族的正白旗官员，把满洲子弟身上的纨绔之气发挥得淋漓尽致。官文官僚习气重，贪图安逸享受，挥霍无度，整日不理政务，诸事只交予幕僚与家丁处理。对于这样的人，胡林翼自是极为看不惯，意欲起而弹劾，与官文的关系一度很紧张。

其实，在当时的湖北官场上，对官文反感的不止胡林翼一人，很多官员对其都极为厌恶，但像胡林翼这样强出头的并不多。胡林翼很快就意识到，如果不搞好与官文的关系，在湖北将难以成事。

机会还真的很快就来了，官文的宠妾生日，热热闹闹大办宴席，准备好好庆祝。喜帖发了一大把，生日那天来者却寥寥无几。宠妾大为不悦，这让官文觉得很没面子。胡林翼却在这时令人抬着厚礼，满面春风踏进官文的府邸。二人关系由此回暖，胡林翼又认官文的宠妾为义妹，与官文的关系自然更近了一层。

自此之后，胡林翼在湖北官场上如鱼得水，逐日顺遂。官文原本就不爱管事，乐得把诸事都交予胡林翼处理，对胡林翼言听计从。遇到胡林翼不能解决的事，官文就亲自出面替他摆平。

咸丰五年（1855）四月，胡林翼奏请设立湖北总粮台，并在宜昌、沙市等地设局抽厘，以解决兵粮与军饷问题。经过一段时间的努力，湖北厘金收入大增，军饷亦很快充足起来。

这一时期，胡林翼最大的苦恼是没有一支得力的军队，更缺乏优秀的军事领导骨干。罗泽南的到来，刚好解决了这一困扰。

胡林翼和罗泽南都曾跟随曾国藩，对彼此的脾性、才能都非常了解。罗泽南在此时弃曾投胡，让胡林翼十分感动，因此极力讨好罗泽南。

胡林翼对罗泽南礼遇有加，几乎事事都由罗泽南做主。

不但如此，对罗泽南的手下李续宾、李宜宾兄弟也是如此。知李家兄弟二人家贫又讲孝道，胡林翼竟将李母接到府中，亲自服侍。

这样的礼遇，一度让李家兄弟陷入不安。他们去信询问曾国藩，胡林翼此举可是权术？曾国藩心里的答案是肯定的，但却还是在信中告诉李家兄弟，胡林翼对别人也可能会讲权术，但对他们绝无权术之心，那是一份绝对的真心。就此打消了李家兄弟二人的疑惑，二人也更加为胡林翼卖命。

正是靠着罗泽南、李续宾、李宜宾这些军事骨干，胡林翼对湖北的军队重新整顿，不断裁汰绿营兵，又不断派人去湖南募勇扩充军队，慢慢仿效湘军建立起一支战斗力极强的新军来。

与胡林翼在湖北的日渐强大正好相反，此时的曾国藩在江西却是日日步入困局。

罗泽南走了，给湖北的胡林翼送去福音，却给江西的曾国藩带来灾难。得知罗泽南回援湖北，石达开留韦俊据守武昌，他则率兵重新杀回江西，在江西对湘军展开强大攻势。

彼时，曾国藩手中主要兵力还有三支：一支是内湖水师四千人，由彭玉麟统带，驻南康府；第二支是李元度的平江勇两千人，亦驻南康；第三支是塔齐布旧部五千人，塔齐布死后由周凤山统带，继续围攻九江。

看上去似是兵力不少，共有一万余人，实际上可依靠的也只有塔齐布旧部五千人。

从咸丰五年（1855）十月起，石达开联络广东天地会起义军，横扫江西数州县。瑞州失守，临江失守，袁州失守，石达开的大军直逼吉安。吉安的告急文书雪片般飞来，让曾国藩日夜寝食难安。

此时的江西省城南昌兵力空虚，眼见太平军来势如此之猛，江西官场亦陷入巨大的恐慌之中，有人主张力援吉安，有人则主张应该把主要兵力用来保卫省城南昌。

曾国藩再次陷入两难境地，既怕失了省城担不起责任，又怕孤军深入吉安反惹火烧身。犹豫之中，曾国藩决定从九江撤围，调周凤山部驻扎在樟树镇。

樟树镇依傍赣江，直通鄱阳湖，东接抚州、建昌，西连瑞州、临江，进可援吉安，退可保南昌，历来为江西的战略要地。曾国藩调兵驻扎此地，名为赴援吉安，实际上采取的是一种折中方案，他在观望。

曾国藩的这种观望态度，自然逃不过石达开的眼睛。咸丰六年(1856)一月，石达开一举攻克吉安府，乘胜北上，二月即克樟树镇周凤山大营。周凤山全军大败，逃往南昌。

这是曾国藩万万没有料到的结果，他只好灰溜溜地从南康动身，前往南昌城，收拾起溃勇残将，保卫省城。

5. 坐困江西的艰难岁月

有人说，曾国藩是帅才，不是将才，不善于亲临一线作战，凡他亲临一线指挥的战斗，基本都以失败告终。

这一点，他自己也承认。所以，后来他的弟弟曾国荃带兵打仗，邀请他随行时，均被回绝。

曾国藩谨慎为事，在官场上处处小心，最终成就了他一生的伟业。可在战场上，这种谨慎有时却让他坐失良机，陷入被动，徒然给他的前行之路设下重重障碍。

石达开攻陷吉安之后，一路率军北上，攻城略地，所到之处，州县尽失。

咸丰六年(1856)二月十八日，太平军袭破周凤山樟树镇大营，周凤山退到南昌，江西全省震动。

二十日，曾国藩赴南昌重整败军残勇，调集水陆各军防守省城，并奏调罗泽南回援江西。

二十二日，太平军攻克抚州府。

二十八日，太平军破清军江北大营。

二十九日，太平军攻克建昌府。

清军兵败如山倒，太平军却越战越勇，不出数日，江西十三府中有八府五十四州县悉数落入太平军之手。

樟树镇大败之后，曾国藩所余湘军还有八千多人，却已没有多少战斗力。其将领要么是有勇无谋的武夫，要么是李元度那样的书呆子，战时还在忙碌着著书立说，既无心管理军务，也不会管理。所以，曾国藩把希望都寄托在罗泽南身上。

接到曾国藩的求援文书时，罗泽南正在武昌猛烈攻城。那道文书让罗泽南陷入两难境地。不去救援，则对不起曾国藩对他的栽培与信任。当初弃江西而走，已经让罗泽南深疚。可是若去救援，武昌尚没有攻下，等于前功尽弃。

如此矛盾纠结中，罗泽南只能用蛮力，越发猛烈地向驻守武昌的太平军发起进攻，试图先攻下武昌，再速往江西支援曾国藩。结果却欲速则不达，在一次攻城战中，太平军的一颗炮弹击中了罗泽南头部，数日之后的咸丰六年 (1856) 三月十日，这位年轻的湘军将领亦抱憾死去。遵其遗嘱，罗泽南死后，胡林翼令李续宾接管他所率领的湘军。

当初欲倚重塔齐布，塔齐布忽然病死大营。而今寄希望于罗泽南，罗泽南却又血洒疆场。消息传到南昌，曾国藩痛断肝肠，伏案恸哭。

最后一线生机也随着罗泽南的猝然离去而断送了。曾国藩被死死困在南康和南昌两府狭小的地区内，通往外界的水陆通道均被太平军封锁，陷入孤立无援的境地。

伴随着军事上接连不断的重重打击，随之而来的是曾国藩在政治上的窘迫。

随着湘军的日益壮大，咸丰帝对他的猜忌之心亦逐渐加重。彼时的咸丰帝处于矛盾的旋涡当中，大清的统一安稳需要曾国藩，但又担忧曾国藩日渐强大后会觊觎他的江山，这将比太平天国的造反更为可怕。

咸丰帝如此矛盾的内心，表现出来的就是对曾国藩的忽冷忽热。曾国藩打了胜仗，咸丰帝就眉飞色舞地表扬鼓励他一番；打了败仗又严加斥责，恨不得把所有的过错都让他一人承担。这让曾国藩如履薄冰。

更让曾国藩头疼的，是他在江西的尴尬地位。客位虚悬，曾国藩手中除了那点军权，其他方面毫无实权，地方官则根本不买他的账，在与地方打交道时步步受阻。

兵马未动，粮草先行，战争拼的是战场上的谋略与勇气，但也要有稳定的后方供给。湘军在江西的兵粮、兵饷及各种战时物资，全要靠江西提供，曾国藩寄人篱下，不得不仰人鼻息度日，不仅要与地方官员打交道，还要向江西的士绅们募捐，各种利益纷争也由此而起。

曾国藩初到江西时，江西巡抚为陈启迈。陈启迈是曾国藩的同乡，二人曾同在翰林院为官。情理之下，陈启迈应该对曾国藩很支持才对。可事实却刚好相反，陈启迈处处与曾国藩作对，给他难堪。

曾国藩一气之下，找个机会把陈启迈参劾革职。

官官相护，官场历来如此。曾国藩参倒陈启迈，给他带来了一时的快意，同时也带来了更大的麻烦。自此，江西官员们更视曾国藩为眼中钉，处处与他作对。尤其新任巡抚文俊，比陈启迈行事有过之而无不及。

曾国藩所统率的湘军，虽然能征善战，因为不属于国家经制之兵，政治地位上无法与绿营兵相比，湘军也因此备受营兵们的歧视。

久而久之，曾国藩又陷入当初在长沙的局面，与江西各级官员形同水火——他们找各种借口挖苦打击曾国藩，甚至不时就以停止供饷相威胁。

此时的曾国藩精神压力巨大，他的癣疾越发严重，日夜奇痒难耐，浑身上下被他抓得鲜血淋淋，体无完肤……

那段岁月，令曾国藩终生难忘。

曾国藩原本一书生，三十岁起立志读书修行做圣人，却被神奇的命运之手牵引着一步步走向血雨腥风的戎马生涯，战场上的惊涛骇浪，让他再也不能操控自己的命运，只能随波逐浪，尽人事，听天命。

就在曾国藩在江西陷入困境，进退失据之时，曾国藩的弟弟曾国华求助胡林翼来了。曾国华得知大哥兵败被困江西之后，奉父亲曾麟书之命前来向胡林翼求助。

胡林翼只得分派刘腾鸿、普承尧、吴坤修等率四千人，交曾国华带往江西。

咸丰六年（1856）七月，曾国华由咸宁、蒲圻、崇阳、义宁一路来到瑞州城外，向瑞州城发动猛烈攻击。

八月，曾国荃从湖南招募的新勇也赶到江西，同周凤山的新勇会合，准备进攻吉安。

曾国荃所部由吉安府黄冕供饷，故称其为吉字营。

曾家两兄弟的到来，给曾国藩带来了信心与力量。兄弟三人同心合力，再加上彼时从湖南、湖北派来支援江西的其他力量也陆续赶到，曾国藩在江西的窘况稍有改观。

而此时，湘军又开始陆续转战于江西各地。曾国藩奔波于南昌与瑞州之间，心情也开始好转。

最坚强的堡垒，往往不是从外部被人攻破，而是来自内部的分裂。这句话对洪秀全的太平天国来说最恰当不过。就在曾国藩的湘军在江西焦头烂额，太平军却一片形势大好之时，庞大而繁荣的太平天国内部却已危机四伏。

咸丰六年（1856）八月至十月，太平天国内部发生严重内讧，杨秀清、韦昌辉、秦日纲、陈承镕等重要领导人，相继死于这场内讧。太平军将士自相残杀，死伤数万人，精锐几尽。

这场内讧是太平天国由盛转衰的重要标志，也是湘军起死回生的重要转折点。

咸丰六年（1856）十一月，胡林翼和李续宾乘机攻陷武昌，并一路东进，于十二月抵九江城下，再次发动对九江的攻击。

一场内讧让太平天国人心尽失，湖北的根据地全部失去，在江西，瑞州、临江、吉安等地也陷入湘军的包围之中。战争形势逆转，太平军陷入被动。

可面对这样大好的形势，曾国藩却一点也开心不起来。

胜利的果实根本就与他无缘。因为彼时的湘军粮饷、兵饷都由湖南、湖北供给，那些湘军实际上是由骆秉章和胡林翼指挥，所有的功劳也都是记在他们头上。曾国藩可以报功的地方只有瑞州，那份功劳还要分一份给湖北，因为是湖北胡林翼派人来增援的。

几经波折和磨难，自己苦心创建的湘军，如今却在他人的手下杀敌立功。再回看自己在江西的这几年，人人以为诟病，上有天子猜疑，下与地方官水火不容。步步荆棘，步步血泪。曾国藩纵再有坚韧之志，也难免心灰意冷。

曾国藩治军，选拔带勇之人须具备四个条件：第一要才堪治民，第二要不怕死，第三要不计名利，第四要耐受辛苦。事实上，他也一直以这四个条件来严格要求自己。只是，曾国藩所面对的，非常人所能面对；曾国藩所忍受的，也非常人所能忍。纵是他的心胸再宽广如海，也难免会掀起汹涌波涛。

江西，已是让曾国藩如坐针毡，可他却不知道如何收场。

咸丰七年(1857)二月二十日，对于曾国藩来说是一个黑色的日子。这一天，在江西瑞州城外的湘军大营内，曾国藩接到父亲曾麟书去世的讣告。手捧讣告，曾国藩顿觉天旋地转，扑地痛哭欲绝。

也许，在这世间，再多的理智也将输于一种情感，那便是一份血脉亲情。何况曾国藩原本就是大孝子。自古忠孝难两全，为人臣子，为国尽忠就是对父母最大的孝道。回首自己当初守在母亲的灵柩前，面对朝廷令他出山的旨令百般犹豫纠结，父亲曾语重心长地劝慰他。也正是父亲的那一番劝慰，让曾国藩最终下定决心墨经出山，踏上漫漫征程。

家乡的小路尽头，父亲挥手同他作别的场景仍历历在目，曾国藩又哪里想到，这竟是他与父亲今生最后的诀别。

此后，岳州、长沙、武昌、九江、湖口……

从湖南到湖北，从湖北到江西，一路上洒下多少血汗、多少屈辱，多少次想逃离这方战争的沼泽，最终都暗自忍了下去。江西战场上，曾国藩身陷军事打击与政治危机的双重泥淖，众人与他为敌，只有他的父亲千里迢迢派另外两个儿子招募新勇前来支援。而今，江西的局面刚刚有所改观，父亲却连他们兄弟的喜讯也来不及听到，就溘然长逝……

巨大的悲痛过后，曾国藩的第一反应就是回家。

是的，回家，看一看在白杨坪日夜思念牵挂着他的老父亲。

依大清官场律例，家中亲人去世，在朝官员要和皇上奏报丁忧并陈情开缺，待皇上批准之后方可离开。曾国藩却等不及那道谕旨，匆匆上奏丁忧之后就委军而去。

二十一日，曾国藩接到父亲去世讣告的第二天，到南昌军中安排好诸事之后，就和弟弟曾国华急急收拾行李，离开瑞州湘军大营，往湖南老家赶去。

曾国藩心急如焚、失魂落魄地走在回家的路上，并不知道这一次他将再次付出惨痛的代价。

第五章
进军皖中

1. 弃军失权

有人曾这样评论曾国藩的委军奔丧，言他接到父死讣告，觉得是天赐良机，来不及等咸丰帝的谕旨下来，就急急抛开江西战事回湘乡老家奔丧去了。父亲的死，在某种程度上倒成全了曾国藩，让他逃离了江西那个烂摊子。

彼时的曾国藩有无这种心理且不去论，单从人情伦理上讲，这种论断就太过冷酷武断。曾国藩是个大孝子，彼时恐怕没有心思去想那么多。

但不管曾国藩当时的心情怎样，最后的结果都是一样的。

咸丰七年（1857）二月二十一日，曾国藩与弟弟曾国华从江西瑞州启程，一路披星戴月急行疾奔，于二月二十九日到家。几日后，曾国荃也从吉安大营回到老家。

父亲过世，按封建丁忧制度，曾国藩当应回家奔丧，然而清政府对丁忧制度也另有规定：战事吃紧时期，督、抚、司、道等军务在身的要员，如钦命不准离职，则不得擅离职守。

曾国藩丢下正在吃紧的江西战事于不顾，且不等皇上下旨就自行委军回家，消息传开，朝野震惊。一些原本就对曾国藩有成见的官员士绅，更是议论纷纷，对曾国藩展开肆意攻击。

咸丰帝更是大为光火，一怒之下欲治其罪。好在，骆秉章和左宗棠劝言道："眼下太平军未灭，大清的安稳离不开曾国藩的湘军。"咸丰帝这才强压怒火，没治曾国藩的罪。

湖南长沙方面，骆秉章和左宗棠虽极力为曾国藩求情，让他免遭被惩之难；私下里，他们也对曾国藩的这种行为极为不满。

曾国藩当初出山时得左宗棠力荐，一到家便急匆匆写信向左宗棠解释，他此次弃军奔丧实乃情非得已。但左宗棠在给曾国藩的回信中，还是对曾国藩严加斥责。在左宗棠看来，曾国藩临阵脱逃，于国于君不忠，属不礼不义之举。这对一直以儒家仁义礼信来要求自己的曾国藩来说，无异于直接抽他个大耳光子，让他火冒三丈。

左宗棠与曾国藩关系时好时坏，同曾国荃的关系却一直很不错。左宗棠又给曾国荃写信，希望他劝劝他的哥哥曾国藩，以大局为重。

面对来自湖南官场的种种攻讦指责，曾国藩很是恼火。想起以前他在长沙的种种经历，再看眼下长沙官员们对他的态度，曾国藩发誓以后永远不与长沙官场有任何往来。至于左宗棠慷慨激昂的来信，他一律沉默不回。

好在胡林翼是两人好友，左劝右劝，二人的矛盾才没有继续激化。

尽管曾、左二人私下里矛盾重重，关系僵化到彼此不通音信，但事关大局，两人都能把个人恩怨放诸一边，竭力为对方提供无私援助。左宗棠在给曾国藩的信里破口大骂，也不过是为时局担忧，为曾国藩轻率的举动恼怒。当然，更是性格使然。

咸丰七年（1857）五月，曾国藩三月假期将满，想起几年来在江西步履维艰，实在惧怕了那样的日子，遂向咸丰帝奏请要在家守三年之制。此时的咸丰帝并未明白曾国藩的深意，以曾国藩身膺督兵重任，拒绝了他这一请求，命他仍遵前旨，假满即回江西，督办军务。

不得已之下，曾国藩只得向咸丰帝摊牌，历数在江西督办军务的三个难处：

其一，无军权。他所率领的湘军，因不是国家经制之兵，虽能征善战，有功人员却不能像绿营兵那样补授实缺，这样势必会影响湘军将士们的作战积极性；而自己虽补授右兵部侍郎，实权反不如提镇，即使补授小缺，也须向巡抚、总兵求情，久而久之，难以让部下信服。

其二，无政权。他以在籍兵部侍郎身份带兵，在地方上没有任何实权，兵饷粮饷，都要依仗地方，处处求人，处处碰壁。

其三，无钦差大臣之衔。曾国藩以团练大臣募勇成军，只奉有出省作战之谕，并无钦差赴某省办理军务的正式命令与印信，因而处处受地方督抚的歧视、排挤与刁难。

曾国藩最后明确向咸丰帝表示："臣细察今日局势，非位任巡抚有察吏之权者决不能以治军；纵能治军，决不能兼及筹饷。臣处客寄虚悬之位，又无圆通济变之才，恐终不免于贻误大局。"与其这样，还不如让贤他人，好让他在籍终制。

曾国藩的意图很清楚，要想让他继续督办江西军务，必须赋予他军政实权。这明里暗里都有几分胁迫的意味。

咸丰帝终于听出了曾国藩的言外之意，索性来了个顺水推舟，批准曾国藩"在籍终制"，让曾国藩回老家守制去了。

这样的结果是曾国藩万万不曾料到的。

彼时的太平天国，经历内讧之后，正日趋走向衰落，咸丰帝紧绷的神经正在慢慢松弛。在他看来，曾国藩已非必不可少。而曾国藩提出的苛刻要求，再次引起了咸丰帝的警惕——祖训说得没错，对于这些汉族官员，可用其带兵打仗，却不能让他们同时兼有地方实权。

咸丰七年 (1857) 六月，曾国藩解兵部侍郎一职，开始了在家为父守制的又一段乡间岁月。此次守制，与给母亲守制时完全不同。从一开始，这一切就在他的意料之外，也让他痛悔不已。

一个一向以忠君爱国而自称的理学家，先是委军奔丧，后又赤裸裸伸手向咸丰帝索权；索权不得，反倒连自己辛苦创建的湘军统治权也拱手让人。曾国藩的所作所为，不但招来朝野一片责骂之声，也让他自己陷入深深的自责与痛悔之中。

在家守制期间，曾国藩的情绪陷入低谷，脾气变得极坏。他是家中长子，父亲去世，长兄如父。可曾国藩却一改往日的长兄形象，一点小事就常引得他大发雷霆，让家人几乎不敢相认。

那段时间，困扰曾国藩由来已久的肝郁血亏病又犯了，常常整夜睡不成觉，困兽一样绕室徘徊直到天亮。在那一个个无法成眠的漫漫长夜里，曾国藩开始认真审视自己走过的路：何以在湖南官场上越走越难？又如何一步步在江西陷入困局走到今天的地步？

在回老家之前，曾国藩把自己在江西的困窘都归为外因，怪咸丰帝不赋予他军政实权，怪江西官员官官相护对他排斥，怪朝廷用湘军打仗却不给予相应的地位。那时候，他几乎从来未从自身找过原因。数年的领兵生涯，让他越来越自大膨胀。

在沉重的打击面前，曾国藩开始从自身来寻找失败的原因。

一味蛮干，不懂通融，不能与各级官员搞好关系，有时又太过刚愎自用，听不进别人的劝告。这些都是他自身存在的不足。

再回头细想，自己此次委军奔丧，更是有违为臣为人之道，上负朝廷厚望，下负江西一些地方士绅对他的支持。在江西，曾国藩虽然与地方官员关系紧张，但仍然还是有不少朋友都曾给过他帮助，如刘于淳、甘晋等人。他却在如此关键的时刻，弃他们而去……

回首细想，初来家时，左宗棠在信里对他严厉斥责，句句都是诤言，他却以愤怒与沉默来回应……

在这样的自责与反思中，曾国藩在他的老家白杨坪煎熬度日。

转机终于来了。

咸丰七年(1857)九月，曾国荃率先夺情，又回吉安统帅吉字营。这个消息让曾国藩既喜且忧，喜的是朝廷终于还是没有忘记他们曾家兄弟，忧的是不知自己何时能够重返疆场。

“古之成大事者，规模远大与综理密微，二者缺一不可。弟之综理密微，精力较胜于我。”此次弃军权在家守制，不但让曾国藩细细梳理了自己与外人打交道时的种种不足，也让他重新来审视自家的兄弟。

九弟曾国荃正在不断地成长为一位优秀的湘军将领。才能器量是成大事的根本，曾国藩一直这么认为。在这一点上，他认为九弟也是远胜于他。

曾国荃重返吉安，给曾国藩带来了些许安慰。

曾国藩给曾国荃提出种种带军建议，也急切地等待着曾国荃把消息及时从前方传递回来。

2. 期待东山再起

时光在煎熬中缓慢前行，曾国藩的乡居生活已经过了一年。在此期间，他人虽在家乡，目光却无一日不关注着湘军和太平军的战事。

在这一年的时间里，全国的形势已发生了很大变化。曾国藩离开江西时，太平军和湘军正在争夺九江，九江、瑞州、吉安等地都处于相持不下的局面。太平军自内讧之后，元气大伤，湘军又趁机夺回瑞州等地，战争局面又向着有利于湘军的方向发展。

在太平军中，有一个人让曾国藩谈之色变，此人就是太平天国的著名将领石达开。九江、湖口、樟树镇，咸丰五、六两年，这位年轻的太平天国将领步步紧逼，最终把曾国藩死死困在南昌，切断了湘军与外界的全部联络。若不是当时石达开被调回天京参加解围战，曾国藩也许早就殒命南昌了。

再之后，是举国震惊的“天京事变”。那场内讧发生后，身在江西前线的石达开急忙回天京阻止，却为时已晚。北王韦昌辉不但没有听从石达开的劝阻，反倒认为石达开偏袒东王杨秀清，意图对石达开下手。石达开闻讯从天京逃走，京中家人与部属却全部遭到韦昌辉杀害。

韦昌辉的倒行逆施激怒了石达开，逃出天京后，他在安徽举兵靖难，上书天王洪秀全，请诛杀韦，以平民愤。此时的洪秀全，已借韦昌辉之手清除了自己的对手杨秀清，又借韦昌辉之手挫杀了石达开的锐气，可谓一石二鸟，韦昌辉这颗棋子在他眼里基本已没什么用处，又见群情激愤，诛杀韦的呼声渐高，遂下诏诛韦，并封石达开为“义王”，迎其进京。

彼时的石达开，因在战场上的出色表现，也因在“天京事变”中处理军务政务的能力，在太平军中深得人心。这又引起了洪秀全对他的重重疑忌，对他百般牵制，意图加害。

为了避免再次发生内讧悲剧，石达开不得不于咸丰七年 (1857) 五月避祸离京，前往安庆。

太平天国内部的矛盾与分裂，给湘军带来了转机。

咸丰七年 (1857) 九月，湘军在攻陷瑞州两个月之后，又接连攻陷湖口、梅家洲。彭玉麟的内湖水师终于冲出鄱阳湖，与杨载福的外江水师会合。

也就是在这个月，曾国荃夺情出山，奔赴吉安。

十一月十二日，清军攻陷镇江，天京形势开始吃紧。迫于形势的不断恶化，洪秀全只得派遣使者手持“义王”金牌请石达开回京。

三番五次遭疑忌打压的石达开已心灰意冷，无意回天京，只调陈玉成、李秀成、韦俊等领兵回援，自己则以通军主将的身份，前往江西支援被围困的临江、吉安。最终，因手下没有水师，石达开无法渡过赣江而失败。

石达开遂把作战重点投向浙江。

江西战场上的太平军越发兵力空虚，湘军乘机对太平军发动攻势，迅速攻占九江、抚州等地，并很快控制了江西、湖北的大部分地区，开始往安徽方面进攻。

形势越来越向着有利于清军的方向发展，远在家乡的曾国藩，听到这样的消息并没有稍觉轻松，反倒越发焦灼不堪。以他对眼下形势的估计，也许不出一年时间，太平军就会被彻底剿灭，但这份巨大的功劳却将与他无缘。他苦心创立的湘军，此时成了胡林翼、骆秉章等人捞功的筹码。

此时，他唯一的希望就寄托在九弟曾国荃的身上。

彼时的曾国荃在吉安声名极好，两省大府及各营员弁、江西的绅民都交口称颂。这给苦闷中的曾国藩带来些许慰藉，也让他越发痛悔自己往日的行径。

在咸丰八年（1858）四月初九写给曾国荃的信中，曾国藩这样写道："兄回忆往事，时形悔艾……弟目下名望正隆，务宜力持不懈，有始有卒。"

但声望又是如此不可靠，想自己昔年在京城中，也曾获得过让人羡慕的名望，近些年在军中也获得过一些虚名美誉，可那一切终究如浮云过眼，说去就去。善始者不能善终，行百里者半九十。名望一受损，远近生疑。

曾国藩以自己的切身之痛悔，在信中告诫弟弟曾国荃，目前他声望日隆，务必要坚持不懈，有始有终。

曾国藩虽不擅长亲自带兵，官场上也走得极不顺遂，但数年来在官场上的种种的失败与教训，对曾国荃来说也许比那些成功的经验更为宝贵。这位在官场与军营中享尽声名，也备受种种非议的过来人，苦口婆心，无所不教，无所不授，尽力避免弟弟重蹈自己的覆辙。

坐困江西进退不得时，曾国藩曾数次产生退隐之心。读书习文，修身养性，远离官场的是是非非，一直是他挥之不去的梦想。可真正离开那个他曾深恶的环境之后，曾国藩又开始对那样的生活产生莫名的向往与怀念。尤其看到昔日自己亲手提拔的部下，一个个立功受奖、加官晋爵，曾国藩更是坐卧难安。

湘军攻陷九江后，杨载福、李续宾皆赏穿黄马褂，官文、胡林翼加太子少保衔，此时的曾国藩却仍是一个在籍侍郎，心下如何能安？

天热人愈躁，心静自然凉。面对前方不断传回的消息，曾国藩又哪里做得到心静？放眼白杨坪老家，哪一个又是真正懂他的人？

当曾国藩在家愧悔交加，引颈期待咸丰帝的起复谕旨时，并不知道此时已经有人在咸丰帝面前大力举荐他。此人就是曾国藩昔日手下、当下皇帝面前炙手可热的胡林翼。

胡林翼清楚清廷的意图，更明了曾国藩的心事。他以曾国藩不出山于湘军指挥不利为名，接连向咸丰帝上了两道请曾国藩出山的奏折。“唯是水师万余人，江面千余里，若无总统大员节制调度，则号令不一，心力不齐……终必危殆而不安。”而曾国藩作为湘军的创建人，在湘军和地方上素有威望，自是最合适的人选。

咸丰帝似乎仍然余怒未消，两道奏折均以曾国藩“守礼庐出山不宜”而驳回。这连胡林翼也没有想到。

消息传到白杨坪，曾国藩几至绝望——咸丰帝是真的要弃他不用了。

所谓时势造英雄，虽然咸丰帝拒不让曾国藩夺情出山，曾国藩的机会还是很快就来了。

咸丰八年（1858）三月，石达开率二十万大军从江西入浙江，很快攻下常山、江山等地，并对衢州发起猛攻。

浙江一直是清廷的赋税重地，也是长江下游清军筹饷的主要基地。石达开在江西战场上横扫五十多府县还让很多人心有余悸，如今又大举入浙，这让咸丰帝陷入新的恐慌之中，急令胡林翼手下李续宾率部援浙。

一直力主曾国藩出山的胡林翼意识到，曾国藩的机会来了。他回奏咸丰帝，目前皖豫边界军情正紧，湖北两三个月内不可能抽兵援浙。

无奈之下，咸丰帝只好命令督办江南军务的钦差大臣和春领兵赴浙，但深知石达开用兵厉害的和春，不敢前往，借口有病，拒不领命。

如此一来，面对浙江危情，咸丰帝竟然陷入无兵可调、无将可遣的尴尬境地。

在曾国藩从江西撤走的那段时间，左宗棠对他大加斥责，甚而在信里毫不客气地斥骂，这让曾国藩非常不满，两人关系也降至冰点。幸亏他们中间还有胡林翼这道桥梁，胡林翼在二人中当起“救火员”兼“联络员”，左劝右劝，两人的关系又慢慢有所缓和。

曾国藩后来通过曾国荃之手给左宗棠递了一封信，信中对自己弃军而归，丢下昔日与自己同甘苦共患难的一帮兄弟深感痛悔，并深深感谢左宗棠的诤言。

接到曾国藩的信，左宗棠竟至“喜慰无似”，急复信做了诚挚的自我批评。

二人关系又复苏如常。

石达开率大军进入浙江，远在湖南骆秉章幕府的左宗棠也敏感地意识到，曾国藩再度出山的机会来了。彼时的左宗棠，虽然只是骆秉章的师爷，却是权倾三湘，骆秉章对他可谓万分依赖。他向骆秉章建议，应上奏朝廷，重新起用曾国藩。

骆秉章遂将拟奏折之事全权交与左宗棠。

左宗棠不遗余力，一封奏折，写得情理并茂。

在左宗棠为骆秉章起草的《筹议兵分援浙折》中，左宗棠分析道：目前援浙诸军都是零星拼凑而起，统帅甚至连手下大将都不认识，此种情形之下，要想自如地统帅他们更是不可能，况石达开精于用兵之道，素来狡猾、凶顽，要想援救浙江，应该从湘军中挑选精锐方能应对。而江西湘军中各将领，不是曾国藩的同乡，就是他一手提拔的旧部，让曾国藩带领分散于各地的湘军援浙，则将士一心，于大局必有所济。

胡林翼、骆秉章接连上奏复起曾国藩，咸丰帝心里虽然仍然极不情愿，但环顾四周，此时能带兵援浙的也只有曾国藩了。

这样，在家赋闲守制一年零三个月之后，曾国藩于咸丰八年(1858)六月初三，再次接到咸丰帝谕旨，命他领兵援浙。

同母亲去世时他三番五次拒绝出山不同，这一次，他翘首以待这个机会已太久。接到咸丰帝谕旨，曾国藩又惊又喜，第二天就迫不及待地把这个好消息告诉远在江西的弟弟曾国荃："圣恩高厚，令臣下得守年余之丧，又令起复，以免避事之责，感激之忱，匪言可喻。兹定于初七日启程，至县停一日，至省停二三日。"

曾国藩的激动之情溢于言表。在他看来，此次复出不仅是他重新建功立业的机会，更可以让他由此摆脱从江西战场上逃避军务的种种指责，洗脱委军弃军的罪名。

曾国藩将再次启程，率领他的湘军开赴浙江战场。

3. 夺情出山，出兵援浙

五十年前，曾国藩的父亲曾麟书去南岳烧香，顺手抽了一签，签上写道："双珠齐入手，光彩耀杭州。"曾麟书生前曾不止一次地向曾国藩讲起过此事，言“吾诸子当有二人去浙江为官”。如今，曾国藩和弟弟曾国荃将一起赶赴浙江剿灭太平军，五十年前的征兆似乎正在变成现实。

曾国藩给九弟写信时，又想起这件事，不胜感慨。如果父亲泉下有知，也该含笑了。

“此次之出，约旨卑思，脚踏实地，但求精而不求阔。”这是曾国藩离家前在信中对九弟曾国荃的承诺，也是对自己的承诺。失而复得的机会，让曾国藩来不及再去计较之前的利害得失，什么军政实权，统统不去考虑了。这一次，曾国藩只想奉旨行事，脚踏实地带好兵。对于湘军，他也决定改变以往的领兵方式，只求兵精而不求多。

夏日炎炎，却挡不住曾国藩急切奔向前线的步履。咸丰八年(1858) 六月初七，曾国藩接到谕旨仅三天，就匆匆踏上征程。

一年余的乡居岁月，是曾国藩人生旅途中极为重要的一个分水岭。仿若蛹儿羽化成蝶，经过痛苦的挣扎与洗礼，重新走出来的，已经是一个完全不同于以往的曾国藩。

以前在官场上，曾国藩像一只刺猬张着浑身的刺，东闯西撞。在经历了惨痛的教训之后，曾国藩似是大彻大悟，把全身的刺收敛起来，不愿再与任何人为敌。

从老家出发前，除给弟弟曾国荃的家信之外，曾国藩还给很多人都写了信。在给胡林翼的信中，他写道：“现已定期初七日起程，一切事宜，多须缕析奉商，籍资针指。”

曾国藩此番出山，胡林翼功不可没。胡林翼又是彼时的湖北巡抚，致信求他“针指”倒也无妨。可曾国藩还给湖广总督官文、江西巡抚耆龄，以及胜保、和春、李元度、李续宾、杨载福、彭玉麟等人均写了同样的信，乞惠“指针”，以求适应官场的环境。

那些人中，有他昔日的冤家死对头，也有他亲手提拔的部属。

对于曾国藩曾不止一次顶撞冒犯过的咸丰帝，他更是谦卑备至。在离家十天之后的一封奏折里，他这样写道：“臣才质丸陋，频年饱历忧虞，待罪行间，过多功寡，伏蒙皇上鸿慈，曲加矜宥，唯有殚竭遇忱，慎勉襄事，以求稍纾宵旰忧勤。”

对这位朝令夕从，在他面前毕恭毕敬的臣子，咸丰帝也终于放下前嫌，又开始对曾国藩大加嘉许：“汝此次奉命即行，足征关心大局，忠勇可尚。”

曾国藩出征浙江，省城长沙是必经之地。这也是他行程中重要的一站，因为那里有他必须要去拜谒的人。

左宗棠，他的季高兄，屡次给他难堪，又屡次在他陷入困境时出手相助的人，曾让他爱恨不能。这一次，他定要亲自登门拜访。且不去计较过往的恩恩怨怨，只看眼下，左宗棠是胡林翼的至亲好友，是骆秉章最为倚重的幕僚师爷，他的一言一行，分量有时甚至超过一省巡抚骆秉章，日后用到左宗棠的地方自然不会少。

在给左宗棠的信中，曾国藩的谦卑之状更甚，他在信中详细告之自己的起行时间、路线，并在信中称，此次出征应配何支劲旅、应用何将统领，希望见面后左宗棠都能赐予指示。

曾国藩原拟在省城停二三日，可到长沙后，他就被繁忙的应酬给缠住了。六月十二日到省城，来不及歇息就马不停蹄地开始会客。

在这期间，曾国藩两次赴左宗棠的宴请。为表示敬左虚己，那日酒酣耳热之际，曾国藩竟毕恭毕敬站起来，请求左宗棠为自己书写一副对联，以随身携带，挂在军营的辕室之中自勉。

“敬胜怠，义胜欲；知其雄，守其雌。”当曾国藩吟出此联时，一向争强好胜的左宗棠也觉得不好意思了。

此联的意思是说，希望用勤恳战胜懈怠，用正道战胜欲望；虽知阳刚的显要，但仍能坚守阴雌的柔静心态。此联之中，曾国藩更有将左宗棠视为雄，而自己甘愿为雌之意。

再怎么说，曾国藩也是一个堂堂二品大员，而左宗棠不过是别人幕府里的师爷，后曾国藩又请左宗棠为他作联，左宗棠一番婉辞，终究经不住曾国藩的热情邀请，大笔一挥，白纸黑墨，一副对联已写好。不过，左宗棠写下的是另外十二个字："集众思，广忠益。宽小过，总大纲。"算是共勉。

曾国藩如此谦恭的态度，虽然让左宗棠有些不太适应，但二人的关系还是很快恢复，前嫌尽释。

在长沙期间，除两次拜访左宗棠之外，曾国藩还拜访了很多湖南官场上的新老朋友和昔日对手，就连一个小小的长沙县衙，曾国藩也不曾漏过，亲自拜访，谦恭有加。直到六月十九日，曾国藩才启程赴湖北，将由那里进入江西，迎剿从福建回窜江西的太平军。

湖南、湖北、江西，复出之后的曾国藩一团和气，谦恭备至，从湖南一路拜访会客。对他的这一变化，最不适应的自然是往日最熟悉的老友胡林翼。胡林翼曾直言批评他"渐趋圆熟之风，无复刚方之气"。

胡林翼所言不差，再度复出之后的曾国藩，与先前的他简直判若两人。他把刚愎自用、不懂通融等缺点矫枉过正，把他的刚烈正直、敢言敢做等优点一并隐去。官场上的大风大浪，磨平了他所有的棱角，曾国藩成了自己曾经深为痛恶的官场老好人。

这样的变化令他的至亲好友极不适应，却让曾国藩在官场上如鱼得水。

在长沙的那些天，曾国藩与骆秉章、左宗棠、胡林翼三人对下一步的作战计划进行商定。三人商讨后对曾国藩援浙达成了一致意见：由湖南出兵，江西、湖北供饷。

此时，拨归曾国藩指挥的军队只有萧启江的果字营四千人，张运兰的老湘营四千人，另有吴国佐约二三营，总数不足万人。曾国藩倒无怨言，他领着这支不足万人的军队从长沙出发了。

行至湖北兰溪，与旧部下李续宾相见。李续宾见曾国藩风尘仆仆率大军而来，身边竟然连一名亲兵都没有，忍不住心下一酸。遂拨出朱品隆、唐义训两营一千人担任亲兵，护卫大营。

再度出山的曾国藩，就此拥有了一支近万人的军队。

咸丰八年（1858）八月初八，曾国藩到达江西广信府铅山县的河口镇，暂时驻扎。

这时，石达开已经从浙江衢州撤围，南走福建。

八月十五日，曾国荃攻陷吉安府。曾国藩闻讯大喜。

不久之后，张运兰复安仁，刘长佑破新城，斩首太平军万人。

秋风扫落叶一般，清军步步为营，太平军且战且退，江西战场上已基本没有什么大的战事。

就在曾国藩为此次出山之后的顺遂而暗自庆幸时，却是平地一声惊雷起——陈玉成、李秀成联军大败清军于浦口，再破清军江北大营。

咸丰三年（1853）三月，琦善在扬州城北雷塘集扎营，直隶提督陈金绶、帮办军务大臣胜保，在距扬州三里的城西北帽儿墩扎营，两支力量合建而成江北大营。一直以来，江北大营就像一座坚固的堡垒阻止着太平军向北发展。

如今江北大营被破，又引起清廷一片不小的震动。

原来，石达开出走之后，洪秀全为了太平天国内部的稳定，罢免了不得人心的两位兄长，起用李秀成、陈玉成等几位干将，加强了内部的团结，使一度岌岌可危的局面又迅速稳定下来。

太平天国内讧之后，清军趁机攻下镇江、浦口等重镇，步步逼近天京，试图在咸丰八年攻陷天京。这年七月，陈玉成部自湖北和安徽挥师东进，破庐州（今合肥），八月下旬与先期到达的李秀成部会合，先在滁州乌衣击败德兴阿和胜保军，接着乘胜追击，攻占浦口，歼灭清军两万余人。江北大营全面崩溃，天京之围被解。

湖北方面的湘军，在攻陷九江不久之后，便大举进入安徽。咸丰八年（1858）八月，湘军悍将李续宾和都兴阿、多隆阿、鲍超合军攻陷太湖，随后，都兴阿等军队直抵集贤关外，李续宾则分兵攻取潜山、铜城，打算两路夹攻安庆。

正在李续宾等人集中兵力欲攻安庆时，却传来庐州失守的消息。

咸丰帝又慌了，全然没有大局意识与长远规划。遂又下令，让李续宾立即夺回庐州。李续宾只得放弃进攻安庆的计划，回身杀向庐州。

战情如火，咸丰帝的旨令却比火还急。

二十天内，李续宾部连破桐城、舒城，于这年九月底进扎庐州城南七十里的三河镇。

三河镇城小，却地处要道，是太平军屯粮之所，太平军在此坚固设防。李续宾部一路苦战，赶赴三河镇时，已是将困兵疲，强弩之末。屯兵坚城之下，几番进攻都无效，陷入困境。

太平军攻下清军江北大营，接下来便集中力量对付湘军，形势变得越发紧张。而胡林翼却在此时接到母亲去世的消息，急急回湖南原籍丁母忧去了。

曾国藩虽然再度出山，却仍然没有地方实权，亟需胡林翼的支持与关照。胡林翼的离开，无疑让他失去了依靠，也让身在安徽作战的湘军失去了有力的后盾。

在给吉安前线的曾国荃的信中，曾国藩不无担忧地说：“水陆数万人皆仗胡公几生以成，一旦所失依倚，关系甚重。”

好在此时左宗棠建议由湖南供给曾国荃饷银每月三万两，也算替曾国藩解了围。

胡林翼离开后，曾国藩的担忧其实不仅仅在兵饷、粮饷等后方保障上，还有一点更让他不安——湘军与清军绿营兵向来不和，彼时的安徽方面由清军将领胜保指挥，胡林翼在时，会扶持帮助李续宾，如今胡林翼离开了，曾国藩担心在战争中李续宾会受到牵制。因此，他在信上一再叮嘱李续宾，要小心行动，不可孤军北上，不可分军，分则力单……

将在外，君命有所不受。战争一旦打响，形势瞬息万变。纵然曾国藩考虑得再周全稳妥，也还是难以抵挡意外的发生。三河镇，曾国藩重新出征后遇到的第一支强敌，第一场恶战即将在这里展开。

4. 三河之劫

李续宾，字迪庵，湖南湘乡人，罗泽南最为得意的学生。李续宾带兵以来，以骁勇善战名震湘军。他所率领的军队，是一支真正的湘军精锐部队，曾历大小六百余战，克下四十余城。

曾国华，曾国藩的三弟，字温甫，因曾麟书的三弟曾骥云无子过继给他，在族中排行第六，称老六。在曾国荃跟随曾国藩从军之后，咸丰八年(1858)三月，曾国华也来到九江投军，加入李续宾部。李续宾驻扎三河时，曾国华随军在其中。

三河镇，有湘军精锐，也有曾国藩最亲的家人，却成了他和湘军挥之不去的噩梦。

当初太平军大破庐州，咸丰帝担心太平军长驱北上，直捣京师，遂于十天之内，对李续宾连下七道严旨，命其回援庐州。此时的李续宾部只有八千人，离庐州还有几百里的距离，中间还有太平军的重重防线。李续宾当时已率兵连战多日，将疲兵困。接令后却不敢稍作休整，立即长途跋涉杀向庐州。

二十天内，李续宾率军占太湖、攻潜山、血战桐城、占舒城，每占一处都要留兵把守，等他杀到三河镇时，手中兵力已不足五千人。曾国藩所担心的种种用兵大忌，在三河镇的李续宾几乎悉数占全——长途跋涉，孤军深入，一再分兵，士无战心。

对于这些兵家之忌，李续宾也是清楚的。攻陷舒城之后，他曾将这些情况报告给武昌，并请求武昌方面派兵援助。当时，李续宾带兵四千驻湖北黄冈，唐训方带三千人驻英山，两支大军相距两百里，湖北完全有兵可派。

然而，此时胡林翼已回籍丁忧，统领湖北军政大权的是湖广总督官文。官文一向与曾国藩不睦，忌恨湘军。收到李续宾的求援文书之后，官文一不发援兵，二不准其退兵，让李续宾部陷入进退维谷的境地。

当时，有人建议李续宾先收庐江，以固后路，李续宾却听不进去。攻陷久攻不下的九江，让李续宾名满天下，也让他生出骄矜轻敌之气。

就这样，李续宾孤军锐进，终陷死地。

彼时的三河镇，因其重要的战略地位，太平军将其防守得如铁桶一般，根本无处下手。最糟糕的是，李续宾部连退路也没有。

见李续宾屯兵三河，李秀成与陈玉成又一次合军而战，集近三十万兵力，连营数十里，将李续宾部重重围困。五千人对阵近三十万，此时的李续宾犹如笼中困兽，几近垂死挣扎。与太平军激战三天三夜，直杀得天昏地暗血流成河，也无援兵前来出手相助。

咸丰八年（1858）十月初十，李续宾和五千多湘军将士，在三河镇坚持战斗到生命最后一刻。

三河战败的消息率先传到湖南，其时，胡林翼正在籍丁忧，“呕血不得起，家人惶骇，良久始苏”。

曾国藩于十月二十四日才听到三河战败的消息，急派人前去探听虚实。一日之内，湘军近六千精锐全军覆灭，数年心血化为乌有，爱将李续宾和投奔自己而来的骨肉手足曾国华则生死未卜，曾国藩的心情之悲痛可想而知。但那时的他还抱有最后一线希望，希望李续宾与曾国华已于乱军之中逃出太平军的包围，希望有一天会接到他们平安活在世上的消息。

现实却很快就给了曾国藩沉重一击——李续宾的尸体很快被人发现。一支劲旅近六千将士，一员猛将，就这样魂断三河。曾国藩闻讯，当众纵声大哭。

这年八月，一颗彗星扫过天际。彗星俗称扫把星，彗星出现，常被视为不祥之兆。曾国藩想不到这颗妖星的出现，竟然带走了湘军一员猛将。

曾国藩带兵打仗数年，历大小凶战无数，多少次生死危险关头，都安然度过。有人会说是天佑曾国藩，其实更多是在人为。曾国藩带兵严格，要求将士们战时能冲锋陷阵不计生死，但他也愿与他们共生死同命运。

他曾不止一次地对人讲起，对待湘军将士，就要像对待自己的亲人兄弟，要有一家亲的情感纽带。李续宾等人虽为他的部将属下，他待他们却一直情同手足。也正是这样牢固的情感纽带，让湘军将士们死心塌地地追随他。

六弟曾国华一直没有音讯，让曾国藩陷入极大的痛苦不安中。

想起自己在前一年乡居之时，脾气暴躁无常，常与六弟曾国华发生口角，如今发生这样的变故，更让曾国藩痛悔难当。

为此，曾国藩向诸弟提出三点要求：一要诸兄弟以去年为戒，力求和睦，安慰叔父与六弟的妻妾；二要改葬双亲，曾国藩以为六弟的殉难与双亲葬地不好有关；三要勤俭，曾家子孙越来越奢侈，享福太早，在曾国藩看来也非吉兆。

不管曾国藩如何极力找寻，曾国华殒命三河都已是铁定的事实。咸丰八年（1858）十一月十二日，三河之战一个月之后，曾国藩派往各处寻找温弟的人都传回消息来，曾国华仍然无音信，曾国藩已确信曾国华牺牲在了三河战场。手捧来信，曾国藩忍不住泪下如雨，他的最后一线希望就这么破碎了。

往事历历，六弟的成长路上，身为长兄的曾国藩有欣慰亦有愧痛。他曾对这位弟弟寄予深爱与厚望，也曾因恨铁不成钢而无情地责骂过他。尤其前一年在家守制期间，曾国藩因心情恶劣，曾几次与曾国华发生争吵。

可六弟毕竟是长大了，褪去一身的青涩，变得成熟稳重，甚至如兄长一样反过来关心身处危局的大哥。

当初曾国藩坐困南昌时，是六弟冲破太平军的重重关卡，冒险带着父亲的家书，求助胡林翼。他走进军营时那副壮志满怀的样子，他与自己侃侃而谈国事局时的样子，齐齐涌到曾国藩的眼前。曾国藩数次泪眼模糊，只得停笔，他疑心六弟正从门外大踏步向他走来……

归去来兮，夜月楼台花萼影；

行不得也，楚天风雨鹧鸪声。

一副挽联，如子规啼血，声声呼唤六弟游魂归来。却是千里迢遥，散失在三河上空的游魂，如何听得到大哥的泣血呼唤，如何踏上回家的千里长路?

曾国藩一直坚信，冥冥中有一股神秘的力量，在操纵着一个人甚至是一个家族的命运——他一直信命、信风水。

这年四月间，他曾请一位叫刘昌储的人来家里请乩。一开始，乩一到，就下判词说：“赋得偃武修文，得闲字。”这个字谜谜底是一个“败”字，曾国藩当时就大为惊讶，不知这个“败”字指的是什么。

乩判接着说：“为九江言之也，不可喜也。”曾国藩更惊讶，九江刚刚收复，气势正盛，这话就更让人费解。乩判接下来的解释，却惊出曾国藩一身冷汗：“为天下，即为曾宅言之。”

现在回想起来，三河的失利，六弟曾国华的死，原来都与那“不可喜也”四字相对应。

祸福自由天注定，而善恶却由人做主。老天爷做主的，人无可奈何，只好听之。由人做主的，得一分算一分，支撑得一天算一天。曾国藩再次在家信中提醒家中诸弟，要慎重考虑，努力挽回家运。

在曾国藩看来，一个家族是否兴旺发达，与以下三点关系密切：一要兄弟和睦，二要尽孝道，三要实行勤俭两字。对这三点，他也都做出了详尽而具体的要求。

六弟曾国华命殒三河，更加坚定了曾国藩这样的持家信念。那段时间，他细细梳理回顾曾家三十来年的兴衰，竟然总结出一条可怕又让人无奈的规律，即自咸丰年之后，每次大得意之后必然有大失意相随而至。

也许，与强大而神秘的自然相比，人终究不过沧海一粟，太过微不足道了。尽管身处极度痛苦中的曾国藩会把种种失意归结为命运使然，但三河之战的人为原因还是不容忽视。

三河之战，湘军惨败，纵与李续宾的不听劝阻孤军锐进有关，但更大的原因则来自上层的指挥——咸丰帝为图自保，不顾大局；官文、胜保出于私心，对湘军妒忌倾轧。关键时刻，胡林翼却丁忧回籍。这种种的原因最终导致六千湘军精锐全军殁于三河镇。

那是湘军历史上最沉重惨痛的一页回忆。多年后曾国藩对此仍念念不忘："我悲难弟，公哭难兄，旧事说三河，真成万古伤情地。"

曾国藩眼睁睁看着自己苦心筹建起的湘军精锐之师毁于一旦，又在无尽的煎熬与等待中破碎了最后一线希望，失去了心爱的战将和最亲的亲人。然而，国难当头，身处危局，曾国藩却没有时间在悲伤里沉沦。他要做的，是重新振作起来，力拯危局。

5. 进围安庆

"军情变幻不测，春夏间方冀此贼指日可平，不图七月有庐州之变，八九月有江浦六合之变，兹又有三河之大变，全局破坏，与咸丰四年冬间相似，情怀难堪。"咸丰八年（1858）十月二十九日，曾国藩给儿子曾纪泽的家书中如此感慨。

三河之战，让双方攻守形势再次发生了巨大扭转，其对湘军的影响不亚于当年的九江、湖口之战。这样的变化，让胡林翼和曾国藩不得不双双改变自己的计划——胡林翼放下丧事，连夜赶回湖北收拾残局，曾国藩则奉命援皖。

正如曾国藩所言，军情变幻不测。按原计划，曾国藩将由南昌坐船，然后经湖口沿江入皖。可他还未启程，就接到江西巡抚的咨文——请他派兵攻打景德镇。

原来，石达开率军进入福建后，其内部再次发生分裂，杨辅清与石达开决裂，率军由福建折回江西，于咸丰八年（1858）十一月占领了江西景德镇。湘军来围攻景德镇，却遭太平军反击，大败。江西巡抚只得向曾国藩求助。

现在湘军面临的形势更为严峻，一方面是杨辅清在景德镇气焰嚣张；另一方面，石达开在福建也如箭在弦上，说不定哪天就将折杀回来。

接到江西巡抚的咨文，曾国藩不敢稍有迟缓，随即展开紧急部署：将萧启江四千人留在江西南部，监视石达开的行动；把张运兰的四千人从福建调回，前往支援景德镇。

曾国藩着实低估了景德镇的太平军。张运兰的加盟，并没有迅速改变形势的发展，双方依旧势均力敌，处于胶着状态。

景德镇久攻不下，曾国藩只好仍然把大营留在建昌。

打仗还须亲兄弟，上阵还靠父子兵。曾国藩带兵作战，除得湘军各路将领的鼎力支持之外，自家兄弟更是与他生死相随。咸丰六年（1856），曾国藩被困江西南昌，“道途久梗，呼救无从”，正在家乡读书的曾国荃接到大哥的家书，毅然弃笔从戎，在家乡招募了三千湘勇，于这年八月带兵远赴江西援助兄长。曾国华更是为兄长命殒疆场。

同是书生带兵，曾国荃却似乎天生为军而生。他作战勇猛，敢于攻坚，且注意方法和谋略，指挥打仗不慌不忙，尤善于使用看起来简单但却很实用的挖壕围城战术，让太平军谈“曾”色变，私下里皆称他为“曾铁桶”。

咸丰八年（1858）八月十五日，曾国荃率吉字营一举攻陷吉安府，打响了出征以来的第一战。

曾国荃与曾国藩不同，在他看来带兵打仗的目的很明确，升官发财是他在疆场上刺激将士们立功杀敌的主要手段。所以，在后来的战争中，曾国荃每攻下一处城池，都要请假回湘乡老家一次——运送财产回乡，置田造屋。攻陷吉安府后，曾国荃将原先的旧湘勇遣散，他自己也押送战争中得到的钱物回了一趟家乡。

为了支持大哥，十月十一日，曾国荃再次由建昌返湘，回去招募新湘勇。

这一次，曾国荃回乡招募新勇一千八百名，仍称吉字营。这一支由曾国荃亲自挑选招募的吉字营军队，彻底脱离了湖南巡抚的指挥，成为曾国藩的嫡系，在日后扫平太平军的战场上发挥了重要作用。

这年十二月，在建昌府曾国藩的大营内，来了一位气度不凡的壮年人。他宽额大耳，鼻梁高挺，双目有神却不犀利，一副温文尔雅的样子。他的出现，给曾国藩带来了一份新的惊喜。

他就是曾国藩最为得意的门生——晚清名臣李鸿章。

这一年，李鸿章三十六岁。

李鸿章（1823—1901），字少荃，安徽合肥人，年纪比曾国藩刚好小一轮。李鸿章的父亲李文安与曾国藩是道光十八年（1838）的同年进士，二人交情颇为不错。当年曾国藩在京做官，李鸿章便时常到曾国藩府上走动。道光二十五年（1845），李鸿章以“年家子”的身份，跟随曾国藩学习应试诗文，因其天资聪颖，深受曾国藩的喜爱与器重。道光二十七年（1847），李鸿章中进士，改庶吉士入馆学习，两年后散馆授翰林院编修，此时的曾国藩已升任礼部侍郎，二人仍然经常来往，关系极为密切。

曾国藩一生提携的门生不计其数，但真正亲赴门下问业受其亲点者，只有李瀚章、李鸿章兄弟二人。而李鸿章终生都以自己是曾国藩的学生为荣，这也是曾国藩日后不遗余力地提拔重用他的原因之一。

咸丰二年（1852），曾国藩离京，师生二人也就此分别，但他们之间的书信却未曾断绝。此后，曾国藩走上办团练、创湘军的戎马生涯，李鸿章也于咸丰二年底三年初，随工部侍郎吕贤基回籍办团练，对抗太平军。

与老师曾国藩的坚忍不拔颇不相同，年轻的李鸿章显然缺乏这些特质。咸丰七年（1857），李鸿章因一再临阵脱逃，把安徽巡抚福济惹恼了，福济一气之下令其离开安徽，回京叙职。李鸿章从此失去立足之地，终日无所事事，四处游荡。

彼时，李鸿章的兄长李瀚章正在曾国藩幕府内，负责总理粮台、报销等事，正随报销总局驻扎南昌九江间的吴城镇。这一次，李鸿章是从兄长处专程赶来拜见老师的。其实也是来探听一下口风，为自己找个新的出路。

数年未见，忆往昔，说眼下，师生二人有说不完的话。听说李鸿章目前闲居无事，曾国藩随即问道：“少荃可否愿意留在府中，为我拟书牍奏章？”

这正中李鸿章下怀，哪有不应之理。

自此，李鸿章就成了曾国藩幕府中重要一员。

李鸿章头脑极是灵活，善于察言观色，很会揣摩曾国藩的心事，又写得一手好文，因而深得曾国藩赏识。

兵贵精不在多，精兵一千胜过庸兵十万。曾国荃重新招募的一千八百名新勇，个个精挑细选，正是这样一支战斗力超强的军队，给江西战事注入了新的活力，也给曾国藩带来了新的希望。而李鸿章进入曾国藩幕下，不仅成为李鸿章自己日后在大清官场上飞黄腾达的开始，也让他成为曾国藩最为倚重的亲信大将。

咸丰九年（1859）初，战争形势再度发生变化。石达开由福建经江西进入湖南，一直在江西南部监视其动向的萧启江，又奉命去湖南追打石达开。

二月，曾国藩将大营由建昌移至抚州，并令朱品隆回湖南招募新勇四千人，在抚州城外训练。四月，曾国荃率新勇一千八百人也抵达抚州，曾国藩遂将新旧各勇五千八百人交给曾国荃，令其助张运兰往景德镇攻城。五月十一日，曾国荃由抚州启程，赴景德镇，此次与他同行的军事参谋即为李鸿章。

曾国藩打算集中兵力攻下景德镇之后，就携曾国荃一起带兵入皖。可战场上的形势转变，总是来得让人措手不及。景德镇还没有攻下，形式又发生了重大变化。

咸丰九年（1859）春，石达开自江西进入湖南，发动“宝庆会战”。宝庆位于湖南邵阳，被世人称为湘中明珠、资水名城，面对如此重要的一颗“明珠”，湘军自是全力救援。石达开孤军作战，久攻不下，遂生远走四川之意。

见石达开有入川的苗头，一直在着意为曾国藩谋得一个地方实职的胡林翼又动起了心思，这不正是曾国藩的机会吗？如果借此机会为曾国藩谋得川督一职，从此曾国藩就有了自己的地盘，再带兵出兵就方便得多。湖南巡抚骆秉章的想法与胡林翼不谋而合。二人一商量，遂通过官文上奏清廷，请求派曾国藩入川预为布防。

当时湖北湘军筹饷以川盐厘金为大宗，以确保湖北饷源的名义为曾国藩谋得川督一职，似乎是顺理成章的事。对这份差事，曾国藩自然也乐得接受——如果有了自己的地盘，就再不用像以往那样过那种客悬虚位的日子了。

再回看景德镇战事，有了张运兰和曾国荃的援手，形势越来越向着有利于湘军的方向发展。他们将景德镇的太平军团团围困，太平军陷入被动境地。

因军粮告罄，咸丰九年（1859）六月十三日夜，杨辅清不得不弃城逃往皖南。

景德镇不攻自破，江西困境得解。

这是曾国藩再度出山以来所参与的第一战。虽然过程比原先预想的要曲折很多，但最后的结局毕竟还是让人满意的。现在，他可以实施入川计划了。

七月初七，曾国藩率幕僚属员从抚州启程，由陆路前往南昌，登船沿赣江北上，经鄱阳湖入长江，然后溯江而上，打算经湖北入川。天热路遥，对于年近半百的曾国藩来说，此番行程并不轻松。然而，此次入川，毕竟是一件好事。心里有团希望的火苗在跳跃，山高路远也就不在乎了。

彼时，胡林翼正在湖北黄州。行至黄州，曾国藩前往会见胡林翼，准备与他商讨入川之事。谁料见面后胡林翼带给他的却是一惊——胡林翼不打算让曾国藩入川了，他正在极力请官文上奏，让曾国藩留在湖北协助他一起进攻安徽。

这又是为何？

原来，咸丰帝终究不忘祖训，仍然不肯赋予曾国藩地方实职，只让曾国藩入川督办军务，闭口不提让他任川督之职一事。这与胡林翼和骆秉章的初衷相去甚远。如此一来，有可能再度让曾国藩陷入当年坐困江西的局面。

听胡林翼如此一说，曾国藩满腔热情一下子被浇熄了。细思，胡林翼分析得在情在理。曾国藩也清醒地认识到，此次入川，一无地方实权，二无朋友相助，其情形有可能比当初在江西还要惨淡，倒不如听从胡林翼的建议，与其共图皖中战事。

咸丰帝也很痛快地同意了这一奏请。曾国藩遂开始在武昌与黄州之间奔波，与胡林翼和官文共商进军皖中事宜。

清廷的这一决定，让曾国藩走上与湖北合军进军皖中之路，这也成了曾国藩生命中又一个重要的转折点。从此之后，曾国藩一改以往在江西处处受阻的局面，兵饷有了保证，做事处处顺手，时时有人相帮，与胡林翼、官文等相处甚洽。

三河战败的阴影终于慢慢散去，曾国藩紧皱的眉头终得舒展。

曾国藩诸兄弟中，最早带兵出来打仗的是最小的弟弟曾国葆。曾国葆，字季洪，曾国藩称其为季弟。咸丰四年（1854），岳州、靖港战败之后，曾国藩对湘军进行了裁撤与整顿，其季弟曾国葆亦在被裁撤之列，曾国葆因此回家闭门闲居了几年。因为不能理解大哥当年的裁撤决定，据说曾国葆回家几年都不愿意与曾国藩通音信。

咸丰八年（1858）十月，曾国华三河战死，曾国葆扬言要为哥哥报仇，遂改名曾贞幹，奔赴湖北，再次投军。胡林翼令其募勇两营随己作战，取名湘恒营。

就在曾国藩启程赴川期间，曾国葆去抚州看望大哥，才得知曾国藩已经启程入川，曾国葆一路追到南昌，终于在南昌与曾国藩会合。不久，曾国葆与曾国藩合军一处，曾国藩又多了一个有力的帮手。

彼时的太平天国，发生石达开率军出走的分裂局面后，洪秀全又很快起用了李秀成、陈玉成等新一批得力干将。陈玉成联合河南、安徽一带的捻军往来游击，其气势也日渐壮大。

在曾国藩看来，眼下要攻陷天京，彻底剿灭太平军的老巢，必先剪除其枝叶。滁州、和县、安庆等地一直被视为天京的屏障，因此，曾国藩把攻陷安庆定为下一步的首要战略目标。安庆既失，陈玉成必全力来争，若能借此机会将陈玉成部剿灭，就为下一步攻陷天京扫除了最后一道障碍。

咸丰九年（1859）十月二十四日，曾国藩率军万人，从巴河出发，经黄梅进驻宿松，并派李榕、朱品隆带兵前往太湖，与湖北方面多隆阿、鲍超等人所率领军队会合。两军共计两万余人，欲合击太湖城。

太湖是湖北通向安庆的要道，战略位置极为重要，太平军在此布重兵把守。太湖之战，实际上是安庆之战的序幕。

十二月底，陈玉成率大军救援太湖，欲从外围包围进攻太湖的湘军。曾国藩与胡林翼商定后急改战略，只留少数兵力把守太湖，而将主要兵力用来迎击陈玉成的援军，并命多隆阿为总统帅，统一指挥湘军各部。

多隆阿，字礼堂，姓呼尔拉特氏，满洲正白旗人，原驻防黑龙江，咸丰三年（1853）调入关内，先从胜保，后从僧格林沁。咸丰八年（1858）调往湖北，隶属荆州将军都兴阿部下。后因都兴阿有病离营，改归官文和胡林翼调遣。这年秋，多隆阿被授为福州副都统，仍留安徽办军务。

作为旗人的多隆阿，剽悍骁勇，能骑善战，但因其为人傲慢，与汉人官员多不和。胡林翼素善笼络人心，多隆阿独与胡林翼配合极好，对曾国藩、曾国荃、李续宜等人则不买账。

让多隆阿担任总统帅，曾国藩心下并不乐意，但碍于胡林翼的面子，也只好作罢。曾国荃、李续宜等人则迟迟不到太湖前线，明目张胆以示对多隆阿的反对。结果，多隆阿手下指挥的湘军大将，其实只有鲍超一人。

鲍超，字春霆，四川奉节人，其父绿营世兵，鲍超子承父业，考补绿营额缺。初从广西向荣，后入长沙协标，属塔齐布，亦以勇敢剽悍闻名。咸丰四年（1854），曾国藩长沙整军，调鲍超入杨载福水师营任哨官，后因救胡林翼有功被胡重用，令其先后在湖南募勇共计六千余人，归其统领。鲍超最初亦归都兴阿，都兴阿离营后归多隆阿。同曾国荃等人一样，鲍超也不愿意服从多隆阿的指挥，但碍于胡林翼的面子不好多说，只得随从作战。

将帅不和，乃用兵大忌。多隆阿与鲍超的矛盾很快就在战场上凸显出来。面对太平军猛烈来势，鲍超欲在太湖附近阻击，多隆阿却执意要他带四千人到太湖东北的小池驿驻扎，以阻挡太平军大部援军。这里离湘军其他作战部队很远，唯离多隆阿较近，但多隆阿作战从来不顾别人，鲍超部等于孤军悬入。

从十二月二十四日起，陈玉成围攻小池驿，对鲍超部发起日夜轮攻。多隆阿却坐视不管，鲍超军差一点重蹈当年李续宾的覆辙。好在此时曾国藩派唐训方率军支援，后多隆阿也派援军进驻小池驿，鲍超才免灭顶之灾。

咸丰十年（1860）正月十九日，金国琛、余际昌率军越潜山之天堂水孔岭，至小池驿后山，袭击太平军之背，鲍超趁机冲出重围。

二十五日，太平军发动反攻，作战失利，粮储被焚，陈玉成放弃太湖，连夜撤走。

攻陷太湖之后，湘军长驱直入，直逼安庆。

现在的战争形势正向着有利于湘军的方向步步发展，曾国藩再次调整战略——决议由曾国荃围攻安庆，主任攻城任务；多隆阿驻桐城，主任阻援任务；李续宜驻军桐城、潜山间的青草塥，为机动兵力，策应两路主攻部队，迎击太平军援军。

咸丰十年（1860）五月，杨载福、彭玉麟在太平军叛徒韦俊的配合下攻陷枞阳镇，安庆陷入湘军的包围之中，与外界完全隔绝，供应中断，太平军日益陷入困境。攻取安庆，已是指日可待。

可就在曾国藩紧急部署欲一鼓作气攻下安庆时，又一惊天消息传来。这一消息让咸丰帝再也顾不得什么祖训遗志，急急下旨给曾国藩。

6. 接任两江总督

咸丰三年（1853），钦差大臣向荣领清绿营兵一万人，在金陵城东孝陵卫扎营，号称江南大营。琦善则领兵一万人，在扬州城外驻扎，号称江北大营。咸丰六年（1856）五月，太平军大破江南大营，向荣、张国梁败走丹阳。咸丰八年（1858）初，和春再度重建江南大营。

在清廷看来，清军绿营兵虽然问题重重，战斗力不强，但毕竟是国家经制之师，总比曾国藩组织起来的湘军更可倚重。尤其是咸丰八年（1858）八月，江北大营被太平军攻破之后，江南大营成了清廷最后一张王牌。将江南大营安插在天京城外，等湘军剿灭外围太平军主力，最后由江南大营的绿营兵主攻天京收功。清廷的意图，曾国藩其实看得很清楚。

可时局的发展总是出人意料。在曾国藩紧急部署将安庆死死围困之时，洪秀全也没有坐以待毙。他重用自香港归来的族弟洪仁玕，封其为军师、干王，总理太平天国朝政。

洪仁玕是拜上帝会早期成员之一，又曾接受过西方教育，视野开阔，颇有军政头脑。他认为，要摆脱天京之困，必拔除清军江南大营；欲拔江南大营，只可智取，不可强攻；宜先发兵直指杭州，将江南大营主要兵力引开，等江南大营分兵赴杭营救之时，再一举攻破江南大营。

此计为兵法中的调虎离山计。洪秀全依计而行。

咸丰十年（1860）闰三月十六日，太平军集中优势兵力，再破江南大营，和春、张国梁仓皇逃走。太平军乘胜追击，连下苏州、常州。和春自缢，张国梁落水而死，江苏巡抚徐有壬自杀于苏州，两江总督何桂清与其他江苏地方官员则逃往上海。苏浙大片富庶地区，就这样轻易落入太平军之手。

消息传来，朝野震动。咸丰帝无论如何也没有想到，清军绿营兵竟是如此不堪一击，清朝地方官又是如此腐败无能。盛怒之下，咸丰帝将两江总督何桂清革职拿问。

眼下，清军的绿营兵已溃败不堪，清廷只能倚重曾国藩的湘军，来完成包围天京镇压太平天国的重任。

咸丰十年（1860）四月，曾国藩奉命赏加兵部尚书衔，署理两江总督。

这样的结果，自是让曾国藩欣喜不已。

江南大营是清廷安置在天京城外的重要堡垒，也是湘军通往天京的一大障碍，如今，这一障碍总算被太平军拔除扫清。初闻江南大营被破的消息，湘军内部从上到下竟然欢欣鼓舞，额手相庆。

就连左宗棠和胡林翼也大发感慨。左宗棠叹曰：“天意其有转机乎？”他以为清军将蹇兵疲，根本无力对付太平军，得此一洗荡，倒为后来者提供了机会。

胡林翼更是直言不讳：“朝廷能以江南事付曾公，天下事不足平也。”

曾国藩虽未喜形于色，但他多年的夙愿终得实现，又如何不喜？

曾国藩此番能得两江总督一职，固然与清廷无合适人选可用有关，但也少不了一些人为因素——肃顺的力荐，终让咸丰帝下定决心重用曾国藩。

彼时，肃顺身为御前大臣、协办大学士、户部尚书，甚得咸丰帝信任。肃顺一向重视对汉族官员的任用。他认为，要把太平天国镇压下去，保住满人的江山，非任用汉族官吏不可。他也颇有识人之才，对胡林翼的才略和曾国藩的识量，都知之甚深。胡林翼、骆秉章能得咸丰帝重用，均与肃顺的力荐有关。

有人评价曾国藩，说他不过是中人之资，智力平平，出身卑微。但所幸他每遇坎坷，总会有人出手相助。要么是胡林翼、左宗棠那样的诤友，要么是穆彰阿、肃顺这样的朝廷要员。

人生的路很长，但关键处常常只有几步。关键处的路，曾国藩都迈得很好。也许有人要说他是命里注定有贵人相帮，但真正的贵人其实是自己。曾国藩能得这些人中龙凤的青睐有加，自然有他的理由。

咸丰十年 (1860) 四月，清廷革两江总督何桂清职，让曾国藩署理两江总督。

此时，清政府尚不知苏州、常州已经失陷的消息，咸丰帝数日之内连下几道谕旨，令曾国藩撤安庆之围，驰援苏州、常州。

胡林翼也认为，此时曾国藩应该放手大干，除原来进围安庆的部队之外，应再筹募两支武装力量，一出扬州，一出杭州，由曾国藩居中指挥，然后三路会合，将天京一举攻下。

其他幕僚也觉得时机已到，纷纷鼓动曾国藩分兵两支，一路进取苏、常，一路进取浙江，以早日实现收复天京大计。

面对来自清廷的层层压力和同僚好友的鼓动劝说，曾国藩却异常冷静。他认为，那些计划都不够稳妥现实，眼下最要紧的仍然是要把战略重点放在安庆，争取先安徽、后江浙，力争上游，以上制下，稳扎稳打，步步为营。

在给咸丰帝的奏折中，曾国藩说："安庆一军目前关系淮南之全局，将来即为克复金陵之张本……安庆城围不可遽撤。"他坚持己见，坚决不从安庆撤军。

但此时的曾国藩，毕竟身兼署理两江总督的重任，对苏州、常州的失陷和浙江方面的危机不能坐视不管，为此，在坚持不从安庆撤围的基础上，曾国藩又制订了一个在长江南岸布兵三支的计划：一支由祁门经旌德进图溧阳，由曾国藩亲自率军；一支由广信入浙江，由李元度募新勇三千，与饶廷选平江勇两千五百人一起前往；另一支驻扎芜湖，暂未做具体安排。

兵员兵饷方面，曾国藩与胡林翼商定，由湖南出兵员，湖北、江西供饷，集三省之力共取安徽。

无疑，曾国藩的这种种战略部署，比咸丰帝与胡林翼等人想的都更周全稳妥。清廷遂不再坚持让其撤围安庆援苏、常。曾国藩依旧驻营安徽。

咸丰十年（1860）闰三月底，在宿松曾国藩大营，又来了一位不期而至的贵客。这位客人的到来，得到了曾国藩最高规格的礼遇。他就是曾与曾国藩恩怨纠缠的左宗棠。

一向恃才自傲的左宗棠，此次来宿松，却是态度谦恭、神情沮丧，他前来谋差，要求领兵自效。自曾国藩创建湘军带兵出征，他曾数次向左宗棠抛出橄榄枝邀请他共谋大事，都被左宗棠拒绝了。这一次他主动登门，自是让曾国藩喜出望外。

从咸丰二年（1852）出山入幕，一直到咸丰九年（1859）底离开，左宗棠在骆秉章幕府中待了差不多有八年时间，这八年里，他虽只是一个举人师爷，但因其才气过人，精力四溢，骆秉章对他倚重有加，湖南官场中人多对他奉若神明。但树大招风、才高遭忌，加之左宗棠才高气傲，也难免会得罪一些人。

左宗棠最终不得不离开骆秉章幕府，就是因为得罪了当时的署理湖南提督、永州镇总兵樊燮。

话说某次永州镇总兵、署理提督樊燮拜谒骆秉章，骆秉章却令樊燮去见过左师爷。左宗棠虽是骆秉章器重的师爷，但在永州镇总兵眼里，却终究不过是个举人。所以，见到左宗棠后，樊燮态度极为傲慢，既不跪拜也不问安，直挺挺地杵在那里等左宗棠来跟他说话。

左宗棠也是个暴脾气，吃软不吃硬，一下子火了，道：“武官见我，无论大小，皆要请安，汝何不然？快请安！”樊燮也不甘示弱：

“朝廷体制，未定武官见师爷请安之例。武官虽轻，我亦朝廷二三品官也。”左宗棠更恼了，一恼粗话就蹦出来了，上前抬脚就要踹，并大呵斥曰：“王八蛋，滚出去！”樊燮又惧又气，急急退下。

事情并没有因此结束，樊燮不久就被找个理由罢官回家了。不用说，这定与左宗棠有关。

樊燮回家后，气得大病一场，病好，将“王八蛋，滚出去”六字书于木牌上，置于祖宗神龛之下，名为“洗辱牌”。又为儿子延请名师，发誓让儿子博取功名为自己报仇雪恨。更出格的是，他让儿子衣女衣女裤，“考中秀才进学，脱女外服；中举人脱女内服，方与左宗棠功名相等。中进士点翰林，则焚吾所树六字洗辱牌，告先人以无罪”。

他的儿子樊祥增果然发奋读书，光绪三年（1877）中进士，授庶吉士，成为晚清大名士，又官居江宁布政使，署理两江总督。左宗棠一句“王八蛋，滚出去”倒骂出樊家一个进士来，这个大约是左宗棠无论如何也想不到的。

此事见于刘禺生《世载堂杂记》，从此一事，足见左宗棠当时在湖南官场上的傲气。

左宗棠当然更想不到，一时的口舌之快，很快就给他带来了祸端。他遭樊燮弹劾，湖南一些早就对他怀恨在心的官员又趁机煽动。咸丰帝接奏后，严令查办，言若有不法情事，就地查办。

咸丰帝龙颜大怒，骆秉章也庇护不得了。左宗棠不得不离开骆秉章，结束了自己八年的幕府生涯。好在有骆秉章、胡林翼等人为左宗棠出面求情并出谋划策，左宗棠不但免遭一难，还时来运转，走上了真正的仕宦生涯。这自然还是后话。

左宗棠来宿松投奔曾国藩时，人还在上下无着的惶恐不安中。

此时，曾国藩则向他张开了热情的怀抱。

左宗棠来宿松之后不久，胡林翼、李鸿章、李瀚章、李元度、曾国荃等人也先后赶到。这是湘军各路统帅的一次大会晤，是第一次，也是最后一次。

这一次会晤，可谓集思广益，大家各抒己见，为湘军未来的发展与战略部署出谋划策，被视为一次事关湘军甚至是大清前途的重要会晤。

尤其曾、左、胡三人，几乎是朝夕相处。他们纵谈东南大局，谋求补救之法，甚至连功成之后的退路都曾谈到。此次会晤后，胡林翼更加深信曾国藩是一个善于保全之人，有圆通之术。

那一次，左宗棠在宿松待了二十多天。三人共同商定，由左宗棠回湘募勇五千人，独领一军，在景德镇一带作战。此后，左宗棠便回湘募勇去了。

咸丰十年 (1860) 五月初八，曾国藩又接一道谕旨，应胡林翼的奏请，令左宗棠以四品候补京堂襄办曾国藩军务。得此谕旨，曾国藩大喜。且不说左宗棠几次对他鼎力相助让他铭刻在怀，左宗棠出色的政治军事才华更是让他仰慕不已。

彼时，左宗棠回湘募勇尚未归来。对清政府的做法，左宗棠感激涕零。他誓与曾国藩、胡林翼合力进击，为清廷效力。

正所谓好事成双，左宗棠来宿松大营协助曾国藩襄办军务，于曾国藩来说自是第一喜。其幕府人才越来越多，力量越来越雄厚。六月二十四日，咸丰帝下旨补授曾国藩两江总督，并授为钦差大臣，令其督办江南军务。这第二喜也紧随而至。

曾国藩自率湘军出征以来，一直以“前兵部侍郎”的尴尬身份客位虚悬，让他处处受掣。如今，曾国藩终于也有了一块属于自己的地盘，他终于可以一展身手。可现实可否让他如愿以偿？危难之际接手的两江总督又能否让他坐得安稳？

7. 被困祁门

祁门，位于安徽最南部，地处黄山西麓，毗邻江西，属古徽州的“一府六县”之一，今属黄山市。祁门“环祁皆山”，山林密布，盛产茶叶，尤以红茶出名。这里不仅有红茶，还有一处名胜——洪家大屋，而让原本名不见经传的洪家大屋变得举世闻名的就是曾国藩。

咸丰十年（1860）五月十五日，曾国藩留曾国荃继续围攻安庆，他则率领鲍超、张运兰等约万人，从宿松启程奔赴祁门，于六月十一日将大营扎在祁门县城洪家大屋。接下来的十个月里，那里就成了曾国藩和湘军的指挥部。

曾国藩受命署理两江总督两个月后，咸丰帝即下令补授两江总督实职，并授为钦差大臣，督办江南军务，还令左宗棠来营襄办军务。这对此时的曾国藩来说，可谓天时、地利、人和全都占尽。而左宗棠对他的忠心相随，更是让他感动到无以复加。

原来，就在曾国藩实授两江总督的那段时间里，远在广西的石达开又有入川之意。清廷遂有意要左宗棠入川督办军务。

在曾国藩看来，以左宗棠的才华，必须独步一方方能展其垂天之翼。他为左宗棠详细剖析入川的几大好处：一是可以较快平定四川，亦能保住湖北后院，于四川、湖北均有利；二是入川督办军务，独当一面，好过在他这里做襄办，或许将来还能升任四川总督，于个人前途有利。

当然，左宗棠入川，他将失去一个最有力的臂膀，也是非常令人惋惜之事。

曾国藩与胡林翼慎重商讨后，还是决定把这个决定权交给左宗棠。

左宗棠却没有任何犹豫，他回答得干脆利落："左某志在平吴，不在入蜀，愿随曾公平吴。"

曾国藩知道左宗棠这份心意后，欣喜万分，急忙联合胡林翼，以江皖事急需人协助为由，合辞上奏，请求左宗棠督勇来皖。清廷接受了曾国藩的建议，改派骆秉章督办四川军务。左宗棠遂率楚军自南昌趋乐平，进军景德镇，开始了真正的戎马生涯。

在接下来的江西及安徽战场上，左宗棠率领着他的楚军新勇，连战连捷，杀得太平军闻风丧胆。白天，左宗棠跃马疆场，亲临前线；晚上，则通宵达旦地处理军务公事。曾国藩将其战果报到清廷请功，称其"初立新军，骤当大敌，昼而跃马入阵，暮而治事达旦，实属勤劳异常……调度神速，将士用命"。

与曾国藩相比，左宗棠更适合带兵打仗，他可将可帅，精力与勇力均过人，对战局的认识也更为宏观且有前瞻性。曾国藩率军进驻祁门，左宗棠力阻。左宗棠给曾国藩去信，认为祁门地处万山丛中，形如锅底，驻兵如处瓮中，易受敌控制，乃兵家所谓绝地，不可扎大营在此。

对于左宗棠的这番苦心劝告，曾国藩并没有听进去。

后人多以为曾国藩进驻祁门属一意孤行，缺乏战略思考所导致。事实上，在进驻祁门之前，他早已对此地的地势做过考察，还曾专门派人丈量过祁山的高度。进驻祁门之后，他亲自登上祁山顶。站在祁山顶举目四望，曾国藩不由倒吸了口凉气。

左宗棠及其他的幕僚们所言丝毫不差，此地果真是“兵家绝地”。祁门“形如釜底”，仅有一条官道与外界相连，阊江河绕城而过，却是河道狭窄，水师不能进入，只能停靠在一百多公里外的长江上，运兵运粮皆不方便。

可即便如此，曾国藩还是执意将大营驻扎在祁门。在曾国藩看来，皖南地连赣、浙、苏三省，是战略要地，湘军守之则可以使安庆城中湘军与江西后方连通一气，还可固景德镇、湖口之防，太平军得之则隔湘军三面之气，阻止湘军进兵之路。

再者，来之前，他已将整个战略部署上报给咸丰帝，对他这个新晋两江总督来说，朝令夕改恐怕会让他日后陷入被动。此时的曾国藩已无退路。

“守城不如守山”，这是曾国藩将自己置身绝地时的应对之法。他将县城的部分城墙拆毁，在城西、北门建碉共三座，城西桃峰山建垒一座。同时，在祁门附近的羊栈岭、榉根岭、大赤岭等几处险要山口，设立卡垒，派兵驻守。他还让人置木匭于营门外，许军民人等投书言事，广开言路。

然而，曾国藩万万没想到，左宗棠的可怕预言很快就变成了现实。

为解安庆之围，这年八月初，李秀成、李世贤等率数十万众，分三路扑向祁门。

战场上，太平军来势汹汹，湘军则节节败退。

八月十二日，宁国府失守，原督办宁国军务、湖南提督周天受丧命。

八月二十五日，太平军又在徽州大败李元度的平江勇，平江勇溃散，李元度出逃。

李元度原本就是一介文弱书生，只擅文不擅带兵，对部下任人唯亲，一味放纵。曾国藩因李元度曾有恩于他，对他一味迁就袒护。但他亦深知李元度的弱点，让他出兵驻守徽州之前，他曾反复叮嘱李元度，遇太平军攻城，只可力守，不可出城决战。

战场上，李元度却将曾国藩这番话抛之脑后，在李世贤率领大军攻城时，他轻率地出城迎敌，此后见战争形势不利，又率先弃军逃跑，致使平江勇全军溃散。

曾国藩用兵皖南全靠江西供饷，徽州失守，浮梁、乐平、景德镇一线成为祁门大营唯一的对外通道，如果此线失守，祁门将陷入孤立无援的死地。李元度把曾国藩苦心布置的第一道防线拱手让与太平军，彻底打乱了曾国藩的作战计划。

曾国藩闻听徽州失守，又惊又气，彻夜绕室徘徊，茫然不知所措，方才痛悔当初不该不听左宗棠等人的建议，可惜为时已晚。

一波未平，一波又起。正在曾国藩困守祁门，为前方不断传来的失利消息而惊慌不安之时，更大的难题又降临了。八月二十六日，曾国藩接奉廷寄，令其速派鲍超率勇两三千名兼程前进，火速赴京。

皇家大院起火，英法联军逼近北京。

咸丰帝彻底慌了，他令恭亲王奕䜣留守北京，准备与外国人谈判，自己则带领嫔妃宫监和亲信大臣，由圆明园仓皇逃往热河。逃跑途中，咸丰帝接连发布谕旨，令各地督、抚、将军迅速带兵前往北京勤王。其中最早的一道谕旨，就是发给曾国藩的，令曾国藩派鲍超带湘勇两三千人，速往京城交胜保调遣。

这封谕旨八月十一日发出，快马加鞭到安徽也要半个月。直到八月二十六日，方交到曾国藩的手上。彼时，正是徽州失守的第二天，这无异于火上浇油。曾国藩自身尚且难保，他又如何分得出兵力北上勤王？

这道谕旨让曾国藩陷入巨大的焦灼与矛盾中。

平心而论，他是极不愿在此时分兵北援的，尤其是让鲍超带兵北上，更是让曾国藩万分不愿。自李续宾的湘军六千精锐在三河全军覆没之后，鲍超所率领的霆字营成为湘军一支最为重要的机动兵力。那时，在战场上，敢于同太平军陈玉成作战的唯有多隆阿和鲍超。在此危难之际，曾国藩还在急盼鲍超前来祁门救援，若将鲍超放行北上，曾国藩等于自断生路。

再者，胜保与曾国藩及湘军素来不和，将鲍超交胜保手下，对鲍超来说，恐将凶多吉少。

如此思来想去，鲍超绝不可北上救援。

可这次北援毕竟是护驾勤王，是反抗外国武装侵略的行动，国难当头，天子危急，此时不出手相助，莫说社会舆论会压死人，自己甚至会被扣上一顶“卖国贼”的罪名，永世不得抬头。

一边是祁门被困，事关湘军及自身生死；一边是社稷天子的安稳，事关自己的前途名誉。在这两者中间，到底有没有一条折中的路可走？

那几天里，曾国藩通宵达旦地思索寻找，却终无良策可寻。

面对北援之事，曾国藩百思不得其要，只得集幕中文武参佐共同商定。其实，在这样的抉择面前，但凡有血性晓大义的人都会以国家大局为重。

所以，当时很多人都一致提出：当速北援。

唯李鸿章，他摸透了曾国藩的所有心思，站出来力排众议，他认为，不过“金帛议和，断无他变”。就是说夷敌入侵已是铁定的事实，即便此时北援，也为时过晚，再说西方列强此次来京，也不过就是想夺点钱财，对朝廷天子并无什么大威胁。但眼下楚军却关乎天下安危，举措要特别谨慎才是。

李鸿章最后给了一条绝妙建议：按兵请旨，且无稍动。让曾国藩先上奏，向咸丰帝言明目前难处，再听咸丰帝旨意。其实，也无非就是拖延时间，静观时局。从祁门到北京，再从北京到祁门，一来一回一个多月时间，这样既可让曾国藩摆脱抗旨的罪名，又能为他们在江西、安徽战场上争取时间。到时，说不定清政府也早已与英法侵略者定下盟约，危机度过，不再需要北援。

不得不说，在某些方面，李鸿章确实是青出于蓝而胜于蓝，他出色的外交斡旋才华及权谋之术，在此时已初见端倪。

曾国藩采用了李鸿章的建议，于九月初六上奏清廷，言鲍超虽为战将，但终归非独当一面之才，北上勤王事关重大，必须由曾国藩、胡林翼二人中指派一人统兵北上，但到底由谁去，还要由咸丰帝定夺。彼时的曾国藩，完全有权力决断谁去谁留。实际上这完全是一种推诿与观望的态度，他聪明地把这个皮球踢给了咸丰帝。

曾国藩做事一向谨慎，从不打无备之战，虽然给咸丰帝发去奏折，但他还是在做着咸丰帝准行的准备。自然也是两手准备：万一由他带兵前去，则由左宗棠随行，大军退守江西暂不进兵皖南；万一由胡林翼前往，即由李续宜随行，大军退守湖北，暂不进兵皖北。

无论是哪种情况，鲍超的军队都不能动，安庆之围也不能撤，以确保整个战局不乱。

虽已如此周密布局，可曾国藩还是陷入不可名状的焦虑与苦恼中。洪家大屋内，夜深人静之时，曾国藩净手焚香，一次次地占卜问卦。他想知道，咸丰帝到底会不会派他北援，更想知道，鲍超、张运兰战场上是否能顺利……

在忐忑不安的等待中，曾国藩终于等来了新的廷寄。咸丰十年（1860）十月初四，曾国藩接廷寄一道，称“和议”已成，曾国藩、胡林翼、鲍超无须北援。

曾国藩这才长长地吁了口气。但他此次拒绝北援，还是在他的人生履历表上涂上了不光彩的一笔，引得后人对他非议频频。

第二次鸦片战争，清廷与英法联军签订了更加丧权辱国的《北京条约》，这让每个爱国之士无不痛心疾首。曾国藩听到和议消息后，却在当天的日记中写下这样的话：“旬日寸心扰扰无定，因恐须带兵入卫，又须进规皖、吴，兵力难分也”；今接奉此旨，“可专心办南服之事矣”。在给胡林翼的信中，他也难掩那份暗自庆幸：“奉到寄谕，言抚议就绪，鲍军可不北行，初六日请派入卫之疏殆不准行，吾辈得以一意筹议南事，岂非至幸！”

回看那段历史，即便曾国藩和他的湘军当时能迅速北上勤王，也不一定就能力挽狂澜，扭转时局，但至少他的行为可以表明他是一个有血性的中国人，他一向所标榜的忠于君王、忠于朝廷也绝非虚言。可他在这样的历史关头选择了退避三舍，纵有为东南战局全盘考虑的堂皇理由，也难逃世人对他的指责。

北上勤王的风波就这么过去了，这不过是曾国藩驻守皖中围攻安庆期间发生的一段插曲。可此时的曾国藩并不能稍松一口气，因为更坏的消息接踵而来。宁国府、徽州相继失守后，又传来李世贤的太平军攻占景德镇的坏消息。

景德镇是此时祁门唯一的一条对外联系通道，景德镇的失守，导致祁门、黟县、休宁驻军米粮接济全部中断，与外界的联系也中断了。

曾国藩再陷当年江西困局，被死死困在祁门。

咸丰十年（1860）十月十九日，李秀成大军由羊栈岭进山，攻克黟县，进逼到离祁门只有六十里的地方。

如此困局之中，军心大乱，很多僚属们甚至背着曾国藩准备随时逃走。

曾国藩见人心已散，遂声言，愿走者不强留，他给大家发放路费，危险过后仍可回来。听曾国藩如此一说，有很多人倒不好意思走了。他们又悄悄把收拾好的行李放回原处，留了下来，愿与曾国藩同生死。

环顾四周，祁门被太平军围得水泄不通，无助无援。再看自己，身边既无得力大将，自己又不擅临阵指挥。这一次，曾国藩觉得自己难逃此劫，他再次写好遗嘱，将佩刀日夜悬于帐前，准备一旦城陷，便杀身殉国。

如果说此时的曾国藩还残存着最后一丝希望的话，那便是寄希望于左宗棠和鲍超，还有曾国荃。如果左、鲍二人能够收复景德镇，或者曾国荃能攻占安庆，祁门还有解围之望。

彼时的安庆城内，曾国荃正在挖壕筑墙，准备与太平军决一死战，又哪里分得出余力来回援他的大哥？

事实上，曾国藩此时的唯一救星，就是左宗棠和鲍超。

当初景德镇失守，是因为左宗棠不在，被太平军趁机占领。左宗棠得知后，带兵回援，却为太平军所败，他只得退到乐平驻守。太平军以为，此番战败后，左宗棠已无力再战，遂分派一部分军队攻祁门，只留主力与左宗棠作战。在景德镇，太平军以十倍于左宗棠楚军的兵力，与楚军激战数日。左宗棠沉着应战，调度有方，督率楚军慢慢扭转了战局，最后大败太平军，太平军弃景德镇而走。

此时，鲍超的援军也刚好赶到。左宗棠与鲍超合军，乘胜追击，一举收复景德镇、浮梁、乐平等地，打通了祁门粮道，祁门大营遂转危为安。

曾国藩逃过祁门一劫，左宗棠应占首功。事后，曾国藩上奏力为左、鲍二人表功。也正是因为此次战功，左宗棠得赏三品京堂候补，鲍超得赏白玉等珍物。

话说当时鲍超与左宗棠合军将太平军赶走，前来祁门大营与曾国藩相见，行至大营门外，鲍超下马，曾国藩早已迎候门外。鲍超欲上前行礼，曾国藩则早一步跨上前把鲍超紧紧抱住："不想仍能与老弟见面！"说完就涕下如雨，竟不能自持。

祁门之困，对曾国藩来说，是终生难忘的一次痛苦经历。祁门也是曾国藩军事生涯中的重要节点。在这里，他获授两江总督兼钦差大臣实职，为后来的一番作为打下了至关重要的基础。也是在这里，曾国藩上奏保举了左宗棠、李鸿章等人。左宗棠自此独领一军，日后主政浙江，李鸿章则主政江苏。两人的命运为之改变，整个太平军战场上的形势也为之改变。因此，今天的洪家大屋还有"半部清史稿"之誉。

8. 攻陷安庆

曾国藩不擅前线带兵打仗，他只适合遥控指挥。这一点，不光别人看得清楚，他自己也看得清楚。

在祁门惊险而痛苦的经历，已让曾国藩荣任两江总督一职的所有骄傲与荣光都一扫而去。那些天里，他如一只惊弓之鸟，无时不处在惊恐之中。尤其是徽州失守、李元度溃逃，对他的打击更是沉重。祁门之围被解后，他决定尽快离开祁门这块险地。

咸丰十一年（1861）三月二十七日，曾国藩自祁门启程，于四月初一到达东流，将大营设置在靠江岸停泊的大船上，由水师护卫。

回望祁门之围，它给曾国藩带来的不仅仅是军事上的困厄连连，还有人际交往中的重重打击。其中给曾国藩打击最重的，就是李元度与李鸿章的相继离幕。

在曾国藩几次危难之中，连郭嵩焘、刘蓉这些老朋友都对他避而远之的时候，唯有李元度这个文弱书生，对他始终不离不弃，陪他度过了最为艰难的五六年光景。

三次大危大难面前，李元度三次渡他于危难之中，这份深情大义，让曾国藩没齿难忘。可他又哪里想到，此次将他弃于祁门，差点命丧此地的，正是他的这位恩人呢！

李元度自徽州溃逃之后，曾国藩曾一度焦急地等他归来。那时，若李元度及时返回大营，或不至于发生后来曾国藩怒而弹劾他的事。

李元度离开徽州后，一直在浙、赣边境游荡徘徊，经月不归。后来回到大营，不但没有向曾国藩束身请罪，还擅自向粮台索还欠饷，径回湖南去了。对李元度的这一举动，曾国藩又惊又怒，他决定将李元度参劾革职。

曾国藩的这一决定，遭到了湘军文武参佐的群起反对。其中，尤以李鸿章反对声浪最高。他苦苦向曾国藩谏言，做人不可忘恩负义，向曾国藩大讲特讲昔日李元度对曾国藩的种种恩情。

对于李鸿章所讲的这些，曾国藩又何尝没有想到？但军有军规、国有国法，李元度此举，影响实在太坏，不严惩不足以正军心。

见曾国藩不为所动，李鸿章又率领全体幕僚给李元度求情，求情不得，遂成威胁——如果曾国藩执意要参劾李元度，他将拒绝代拟上疏。

曾国藩也恼了。师生二人第一次发生如此激烈的纷争，李鸿章“力争之不能得，愤然求去”。曾国藩“立遣之”，让李鸿章赴延建邵道任职。

其实，自入驻祁门之前，曾、李之间已产生分歧。同左宗棠所见略同，李鸿章也认为祁门是兵家绝地，不可驻军。李鸿章曾反复与曾国藩争论，曾国藩最后一句话就把他打发了：“诸君如胆怯，可各自散去。”

李鸿章只得硬着头皮随曾国藩来到祁门。他早就不愿意在这位刚愎自用的老师身边待下去了，现在，借着李元度一事，他索性一走了之。

自己最为信任的朋友在战场上弃他于不顾，最得意的门生现在也弃他而去。曾国藩除却恼恨还有伤心：在这个世界上，能与他共患难的到底还有谁？

李元度回湖南之后，自湖南募勇八千人，名曰安越军，投奔浙江巡抚王有龄。在王有龄的帮助下，不但撤销了革职处分，还很快升为浙江按察使。这是与曾国藩公然的决裂。

同治元年（1862），曾国藩再次参劾，李元度被判充军，终受重罚。这自然是后话。

曾国藩如此不顾往日恩情，不顾众人反对，甚至不惜与幕僚门生决裂，也要对李元度重劾，除了李元度所行触动了曾国藩的底线之外——曾国藩平生最恨人对他的背叛，也是为了杀一儆百，严明湘军军纪。因为此时的安徽战场上，湘军与太平军的交战已到了最为关键的时刻——安庆攻坚战。

安庆，这座位于天京上游的城市，现在关乎太平天国安危全局，也是湘军是否能顺利攻陷天京，剿灭太平军的关键所在。与以往的攻城略地不同，从决定进攻安庆的那天起，曾国藩与胡林翼就不仅把目光盯在攻陷这座军事重镇上，他们力图在此进行战略决战，通过围攻安庆这样一个必争之地，引太平军主力前来救援，然后一举将太平军的主力部队——陈玉成精锐在此歼灭，为进军天京扫除障碍。

为了这一战略计划，曾国藩一次又一次顶住了来自外界的种种压力。

咸丰十年（1860）三四月间，太平军采取围魏救赵之策，先取杭州，又出其不意回马攻破清军江南大营，接着连下苏州、常州，江南半壁江山尽入太平军之手。咸丰帝惊惧之际连发圣旨，让曾国藩放弃围攻安庆转而赴援苏、常。为此，清廷甚至不惜赐曾国藩兵部尚书头衔，授他以两江总督之职。曾国藩却以兵力单薄为由最终拒绝。

咸丰十年（1860）九月，曾国藩祁门被困，咸丰帝下旨令其北援勤王，曾国藩依旧未曾动摇过围攻安庆的决心。

由此可知，对安庆这块战略重地，曾国藩看得有多么重。

为了实现这一意图，曾国藩、胡林翼一再调整战略部署，在安庆布下重兵大约五六万人。多隆阿、李续宜、曾国荃率陆师负责围城，杨载福、彭玉麟率水师负责封锁水道。

为攻下安庆，曾国荃可谓不惜血本。他率人在安庆城外开挖了两道深、宽各一两丈的长壕，内壕困安庆守军，外壕拒外来援兵。如此一来，安庆城三面都被包围在长壕之内，唯临江一面和东门外菱湖一段未修壕墙，由水师负责巡守。

智者千虑，必有一失。正因为曾国藩和胡林翼把安庆看得太重，几乎把所有的精锐兵力都部署在围攻安庆之上，却忽略了后方兵力的空虚。

彼时，江西尚有景德镇的左宗棠五千楚军，九江还有数千人，湖北自黄州以上竟无湘军一兵一卒，仅有官文率少数绿营兵驻防。这不能不说是湘军整个部署上的一个巨大漏洞。

这样的漏洞自然逃不过太平天国的眼睛，尤其是洪仁玕总理政事之后，他虽无实战经验，却能总揽全局，有较高的战略目光。在他的建议下，太平军再次启用围魏救赵之策，于咸丰十一年（1861）正月发动了第二次西征。

咸丰十一年（1861）正月二十二日，陈玉成自安徽桐城出发，开始第二次西征。二十九日，陈玉成军大败湖北余际昌军，占霍山。二月初八即占领黄州，逼近武昌。

彼时的武昌，只有官文率领的三千绿营兵，兵力空虚，加上绿营兵没有丝毫战斗力，闻太平军来攻，武昌三镇的官员、富户逃徙一空，散兵游勇趁机抢掠，武昌陷入一片混乱不堪的局面。

此时，曾国藩集团内部也开始产生分歧。

胡林翼，这个一直坚定地同曾国藩并肩作战的老朋友，面对此情此景，也发生了动摇。武昌是胡林翼的大本营，如果武昌失守，他将难辞其咎。彼时，胡林翼正在太湖大营，闻讯之后，他后悔不迭，连骂自己是“笨人下棋，死不顾家”，急调彭玉麟、李续宜水陆两军回救武昌。因为气急攻心，胡林翼连日呕血不止，生命垂危，连后事都准备好了。

曾国藩却依旧清醒坚定，紧盯安庆，不为浮议所动。在分析了当时的形势之后，曾国藩做出了自己的判断：太平军重心远在江浙，围攻武昌也不过意在解安庆之围，千里迢迢进入湖北的太平军即使有破湖北之势，也无守湖北之力。所以，即使武昌一时失守，也还有收复的机会。而安庆之围一旦放弃，整个大局就被破坏，一举剿灭太平军的机会将不再复得。

为了稳定守在安庆的湘军军心，曾国藩频频给弟弟曾国荃去信，让他一定坚持力守："此次安庆之得失关系吾家之气运，即关系天下之安危。"

于国于家来说，安庆这一战都必须打赢。

在曾国藩的一再鼓励下，曾国荃拼尽全力，在安庆苦守作战，挖壕筑墙，顶住了陈玉成大军一次又一次的猛烈进攻。

咸丰十一年（1861）六月初一，曾国荃开始向安庆城外的太平军堡垒发动猛攻。太平军不敌湘军，各处堡垒均被攻破，太平军八千将士殉难。

七月十九日，太平军集各路援军再入集贤关，向曾国荃湘军外壕猛攻。此时，安庆城内的太平军守军已断粮多日，沿江炮台亦被湘军水师陆续攻破，处境极为艰难。湘军士气大振，曾国荃兵分两路，一面迎击外来援军，一边加紧开挖地道，准备埋炸药攻城。

开挖地道，埋炸药攻城，是湘军创建以来围攻太平军屡试不爽的方法。太平军也在努力破坏湘军的战壕，他们冒着湘军的炮火，抱着扎成束的稻草填壕，但旧壕未破，新壕又成，层层重重，终将太平军城内守军与城外援军死死地隔开。

咸丰十一年（1861）八月初一，曾国荃率湘军炸塌安庆北门城墙，越壕而入。湘军开始了对安庆屠城似的残暴烧杀淫掠，据赵烈文《能静居日记》载，当时太平军将士被杀万余人。男子被杀，女子命运更为悲惨，除太平军各官眷属妇女自尽者数十人之外，其余妇女全被湘军掳掠而去。

实际上，安庆失陷，当时的死伤人数远远不止这个数。曾国荃及湘军将士却捞个钵满盆满。自此之后，纵兵抢掠就成为曾家兄弟招募士兵和鼓舞士气的主要手段。每一次攻城之后，曾国荃的腰包都要变鼓一些。到攻陷天京时，曾国荃和湘军更是将这种抢掠发挥到令人发指的地步。

曾国荃攻克安庆的消息传来，曾国藩喜不自禁，在安庆攻克当日就给曾国荃写信道贺。

安庆克复，安庆和整个安徽尽在湘军之手，太平天国天京上游再无屏障。洪仁玕后来在反思总结太平天国失败的教训时，认为太平天国最大的失误之一就是安庆落入湘军之手。

而这一事关湘军与太平军命运前途的关键之战，若没有曾国藩的远见与坚持，怕也早已撤围。

曾国藩曾说："凡发一谋，举一事，必有浮议摇撼。"他当初围攻安庆，何止是浮议摇撼，朝廷的圣旨一道又一道，都被他冒死顶了回去，他坚信"天下事只在人力作为，到山穷水尽之时自有路走"，更坚信"凡事皆有极困极难之时，打得通的，便是好汉"。

与他相比，胡林翼的谋略才华并不在他之下，但胡林翼最终的成就却不及曾国藩，很重要的一个原因就是因为胡林翼缺乏曾国藩这样的定见。

尽管曾国藩一再向后人说起，带兵本非他所长，但他身上的这股"倔强之气"却弥补了他在这方面的欠缺。其实，关键时刻能坚持定见，不为浮议所动，即是一种超常的见识。

安庆克复，攻陷天京，剿灭太平军已是指日可待。但是，那位可怜的短命天子咸丰帝，却连克复安庆的喜讯都没能听到就驾崩了。

伴随着咸丰的驾崩，清廷内部也掀起一股新的政治风浪。

而在这股浪潮中，曾国藩又将何去何从？

第六章

攻陷天京

1. 慈禧登台

咸丰帝只有与那拉氏懿贵妃所生的一个儿子载淳，这年仅六岁。时局动荡，幼子登基，咸丰帝只得病榻托孤。临终前，他召集在承德的八位大臣——肃顺、端华、载垣、景寿、穆荫、匡源、杜翰、焦祐瀛，宣布立载淳为皇太子，并将八位大臣命为顾命大臣，辅佐幼主。

彼时的大清王朝，正处在风雨飘摇之中——太平天国虽已遭受重创，但天京未破，前景依旧阴晦不明。英法等西方列强，虽已与大清签订了《北京条约》，但仍不时提出种种条件与清廷为难。

八大臣可谓是临危受命，但他们此时最大的忧虑，却不在太平天国和西方列强，他们把目光聚焦在宫廷内一个女人的身上——载淳的亲生母亲——懿贵妃那拉氏。

懿贵妃那拉氏，小名兰儿，祖先叶赫那拉氏，满洲镶黄旗人。其曾祖父吉朗阿，曾任户部员外郎。祖父景瑞，曾任刑部员外郎。父亲惠政，官至安徽徽宁太广池道候补道员。

兰儿出身仕宦之家，自小受家风影响，又跟着做官的父亲南来北往，与同龄的女孩相比，兰儿算得是见多识广。加之她天性聪慧，父亲将她视为掌上明珠。在兰儿年纪很小的时候，家里就给她请了老师，教她吟诗作文。

兰儿命运的转折点大约来自于父亲的去世。那一年，兰儿的父亲死于安徽任上，留下一妻二女，连进京的路费都拿不出。后阴差阳错，得到一位知县相助，母女三人才得以还京。

咸丰皇帝二十岁登基，立后选妃，广招秀女，兰儿以秀女的身份入选进宫，开始了她的宫中生涯。

兰儿在皇后钮祜禄氏居住的坤宁宫当宫女，她不仅会做事，手脚勤快，任劳任怨，还极会为人处世，待人温和，处处谨慎，深得皇后的欢心。入宫三年，得到咸丰帝的宠幸，封为贵人。再三年，封为嫔。之后，兰儿生下儿子载淳，母凭子贵，被晋封为懿妃，后又被加封为懿贵妃。彼时，皇后因婚后久无子嗣，对懿贵妃也不得不礼让三分。

倚仗着咸丰皇帝的宠爱，懿贵妃在后宫的地位越来越无人可替。她聪慧伶俐，能言善辩，不但常替咸丰帝解闷儿，有时还替咸丰帝出谋划策、批阅奏章、代写御旨。因此，她对朝廷的军政大事和人际关系也慢慢有了更多的了解。

咸丰帝驾崩后，八大臣奉旨扶载淳即位，定年号为祺祥。因钮祜禄氏无子，尊其为“母后皇太后”，因居东宫，又称东太后。尊那拉氏为“圣母皇太后”，因居西宫，又称西太后。

懿贵妃的所作所为，八大臣早已看在眼里。如今咸丰帝驾崩，这个对政治怀着极大的热情与野心的女人，决不会甘心大权就此旁落他人之手。除掉那拉氏，就成为八位顾命大臣眼下最紧急要商讨的事。

八大臣所料没错，彼时的懿贵妃，虽然年纪轻轻——只有二十六岁，但丧夫的悲痛并没有在她身上流连太久，倒是让她越发清醒地意识到自己眼下的危险处境。咸丰帝临终托孤八大臣，载淳年幼尚不懂事，皇后钮祜禄氏性情温和不问政事，如若不为自己力争一席之地，日后只能任人宰割。

那拉氏不甘心就此听任摆布，她决定先下手为强。

她先说服东太后，与她联手导演了一场垂帘听政的戏——她指使亲信上疏，奏请两宫太后垂帘听政。八大臣自然不从。

那拉氏只得进行下一步的计划——发动宫廷政变。

一个封建帝王宫中的女人，纵再如何工于心计，再怎样翻手为云覆手为雨，离开男人的支持，也难成大事。大唐女皇武则天，先征服男人再征服天下。那拉氏深谙这一点。她欲成功发动那场政变，少不了得力的同党支持。六爷奕䜣，自是最合适的人选。

奕䜣，道光帝第六子，咸丰帝同父异母的弟弟。道光帝遗诏封恭亲王，宫中称六爷。咸丰三年至咸丰五年，奕䜣为领班军机大臣。第二次鸦片战争打响，咸丰帝携家带口逃往热河时，把北京的烂摊子交给了奕䜣，授他为全权钦差大臣，与英、法、俄谈判。《北京条约》正是由奕䜣主持与西方列强签下的。

因为经常与洋人打交道，奕䜣甚至比咸丰帝还要了解西方的对华政策与真实意图。经过慢慢的观察与了解，奕䜣意识到西方列强对华用兵的目的，只不过是为了迫使清政府屈服，从而可以获得更多的政治、经济特权，并无推翻清政府改朝换代之意。相反，为了最大限度地维护自己的在华利益，他们甚至有意帮助清政府镇压国内的农民起义，维护大清的封建秩序。

在这一点上，咸丰帝显然不如他的这个弟弟更得洋人的欢心。《北京条约》签订之后，法、俄就曾明确向清廷表示，愿意出兵帮助他们镇压太平天国，但咸丰帝对此疑虑重重，并未答应。

咸丰帝死后，八大臣坚定执行咸丰帝生前对外策略，这使得西方列强极为不满，他们急需在清廷内部扶植起一股新的政治力量。奕䜣便成了首选。

对于奕䜣和那拉氏的政治图谋，八大臣自然也不会毫无觉察。为防不测，咸丰帝去世一个月之后，八大臣才令奕䜣前往热河吊唁。

在热河那段时间，奕䜣除了“沉浸”在丧兄的悲伤中，深居简出，与两宫太后都极少联络。当然，那不过是蒙蔽八大臣的一种假象而已。

在来热河之前，奕䜣已在京中将一切准备就绪。他与西方列强接触，率先取得了他们的支持。又与京中其他官员串通一气，尤其是在取得了手握重兵的胜保和僧格林沁的支持之后，发动政变的条件已然成熟。

奕䜣幕后准备，慈禧前台唱戏。趁送咸丰帝的梓棺回京之际，那拉氏向八大臣提出：在承德的人马分两路回京，肃顺带军队护送先帝灵梓走大路，小皇帝以及端华、载垣等七人随西太后走小路，他们一行先行回京，以便率领文武百官迎接灵梓。

八大臣明知这是陷阱，却无任何理由反对，只得照办。

在回京的路上，肃顺等人曾试图在古北口派侍卫兵将那拉氏刺死，谁料那拉氏早有防备，一路上戒备森严，刺客根本无从下手。

咸丰十一年（1861）九月二十九日，西太后一行先肃顺等人抵达北京。此时的奕䜣已在京城将一切都准备妥当，向几位顾命大臣张开了铺天大网。

那天早朝，文武百官向小皇帝朝拜请安之后，奕䜣突然站出来，让侍卫将载垣、端华等人拿下，并宣读了早就拟好的谕旨。谕旨中列出八大臣数条罪状，条条款款，有依有据。事情来得太过突然，可怜几位顾命大臣还没反应过来，就被侍卫们一拥而上拿下了。

八大臣被解职，交宗人府定罪。

早被奕䜣笼络好的文武百官，则趁机联名上本，要求皇太后临朝听政。

那时，肃顺还在返京的路上，才行至密云境内。他对京城发生的一切还一无所知，直到西太后派去的人在密云驿站将他捆绑起来。

咸丰帝临终重托的八位顾命大臣，瞬间就成了那拉氏的阶下囚。为了最大限度地笼络人心，对八大臣，那拉氏也有所区别地对待：将军机处的景寿、穆荫等五人革职，发配新疆效力赎罪；载垣、端华赐令自杀；肃顺斩立决。

随后，在太和殿，为新皇帝载淳举行了即位仪式，废除“祺祥”年号，改用“同治”年号（为两位皇太后与小皇帝共同治理国家的意思）。同时，为两位皇太后加徽号，东太后“慈安”，西太后“慈禧”。两宫太后开始正式垂帘听政。东太后不问政事，实际上是慈禧一人开始独断专行。

这一年是农历辛酉年。这场宫廷政变遂被称为“辛酉政变”。晚清从此开始了长达四十八年的慈禧统治时代。

据传，清太祖努尔哈赤当年攻破叶赫部，叶赫临死时对努尔哈赤称：数年之后，吾叶赫族只留存一女，也将灭你建州。又传努尔哈赤曾掘出一古碑，上刻“灭建州者叶赫”六字。

彼时，太祖皇后是叶赫国公主，却深得努尔哈赤喜爱，姻缘早已注定，也无力再行改变，但努尔哈赤却告诫后世子孙，不得与叶赫氏联姻。顺治等皇帝皆遵祖训，到咸丰帝，因年久岁深，这条祖训便被抛诸脑后。

载垣却记得清晰，临死前他恨道：“灭清朝者叶赫，此话要应验了。”

野史传说，不足为凭。后人据那拉氏所作所为而杜撰附会也未可知，但事实上，那拉氏确实是一步步将清朝引向了穷途末路。

在这场政变中，肃顺是八大臣中的核心人物，也是受罚最重的一个——斩立决。

一直以来，肃顺对曾国藩等汉族官员都非常重视，曾国藩后来的几次升迁都得力于肃顺的力荐。听到这样的消息，对曾国藩来说自是一份沉重的打击。这场宫廷政变的消息直到两个月后才传到曾国藩的耳朵里，当他通过一份私人信件了解到这场政变的详情，不由扼腕长叹：“此冤狱也，自坏长城矣。”

但他随后又表现出一股欢欣鼓舞之状，在其后他和亲友的通信交谈中，都对那拉氏赞不绝口，说那拉氏之英断，为自古帝王所仅见，又言自此以后“朝廷清明”“人心思治，自是中兴气象”。

一朝天子一朝臣，自古如此。曾国藩的过人之处大约就在于，他总是能审时度势，很快选择好自己的方向与位置。

这从他初任京官跟随穆彰阿时就已开始。他以附和穆彰阿在鸦片战争中的投降政策而敲开了穆彰阿的大门，受其举荐一路平步青云。他又以一名封建统治阶级的忠实代表与追随者，而深得肃顺赏识重用。奕䜣力主学习西方，与洋人合作，欲兴办洋务，在这一点上，曾国藩亦与奕䜣的想法不谋而合。

肃顺与奕䜣关系微妙，曾国藩在二者之间巧妙周旋。所以，肃顺的倒台并没有给曾国藩带来丝毫的不利影响，相反，那拉氏与奕䜣的上台倒给他带来了福音。

安庆大捷的消息传到京城时，慈禧已开始垂帘听政。这个消息让整个清廷都兴奋不已。议政王兼军机大臣奕䜣趁机启奏，为曾国藩请功。慈禧听罢，念曾国藩一介汉人官员却对清廷如此忠心，为嘉其功劳，又授他以协办大学士衔。

在此之前，曾国藩已奉旨督办江、皖、赣、浙四省军事，四省巡抚、提、镇以下文武官员皆归其节制。一人被赋予如此重任，莫说一汉人官员，就是皇亲国戚，自清朝开国以来都未曾有过。也许正是那拉氏的这种信任与鼓励，大大鼓舞了曾国藩，让他加速了向天京进军的步伐。

2. 左宗棠和李鸿章皆得重用

把目光再由京城转回到安徽战场。

安庆失陷，太平军人心散乱，士气大跌。陈玉成反攻的希望终成泡影，只好率残部几经辗转退守庐州一带，很快又遭到多隆阿的围困。曾国荃攻陷安庆之后，乘胜进取，在杨载福、彭玉麟水师的配合下沿江东进，直指太平天国首都天京。

自此，战局逆转，太平军开始转入战略防御，湘军则开始了全面的进攻，两军交战的主战场由安徽转向江浙。

慈禧太后与奕䜣登台执政，更是给曾国藩集团带来了巨大的福音。与咸丰帝处处谨慎小心、畏首畏尾、不敢放手信任汉人官员不同，慈禧太后一上台就向各大汉族地主官员大放军政大权。李续宜获授湖北巡抚，彭玉麟获授安徽巡抚，沈葆桢获授江西巡抚……放眼望去，彼时整个大清东南的半壁江山，几乎全是曾国藩昔日的部下和同僚。他们如今都被委以重任，曾国藩既喜且忧。位高权重，树大招风，羽翼过分强壮，未必就是好事。

曾国藩的忧伤，还有另外一重原因——这样大好的形势，有一个人却是永远没有机会看到了。

"赤心以忧国家，小心以事友生，苦心以护诸将，天下宁复有似斯人者哉！"这个人就是曾数次救曾国藩于危难之中，与他在战场上同进共退的好友胡林翼，他看到了安庆攻克，却没有等到清廷的封赏。

连年的征战操劳，损毁了胡林翼的健康，在攻克安庆之前，他已是积劳成疾。尤其当听到太平军乘虚再占武昌时，胡林翼气急攻心，连续数日呕血不止，连后事都准备好了。此后，胡林翼回武昌养病，才稍稍好转。

胡林翼得的是痨病。用医生的话说：此病凶险，有事则病，无事则安；心忧则病，心悦则安；用一分心即增一分病，用一日心即增十日病。医生再三劝诫，不可忧心劳神。但彼时，安庆未能克复，前线后方，大小事务，胡林翼都要过问。尽管他终日发热、咳嗽、吐血，还是坚持每天阅文批奏，终致气竭血尽。

咸丰十一年（1861）八月二十六日，在安庆大捷二十多天后，胡林翼与世长辞。这一年，胡林翼不过五十岁。

世人皆知曾国藩的丰功伟绩，殊不知，若无胡林翼的扶持帮助，也许就没有声名赫赫的曾国藩。自曾国藩创办湘军以来，多少危难关键的紧要关头，都是因为有胡林翼的力挺，曾国藩才转危为安。

组建湘军之初，众人对曾国藩满怀疑忌，时常诽谤。咸丰四年（1854）以后，曾国藩困守江西几年，更是为人人诟病，几乎成为众矢之的。咸丰八年（1858）曾国藩复出以后，时而入川，时而援闽，丝毫没有自主权。直到咸丰九年（1859），曾国藩与鄂省湘军会合，身为湖北巡抚的胡林翼对曾国藩处处照顾、事事提携，这才让曾国藩开始大展身手，有所作为。

这一幕幕，曾国藩又如何能忘？

胡林翼的去世，对曾国藩及其同僚们，甚至对整个清廷来说，都是沉重的打击。此后，清廷失去了“天下巡抚”，湘军失去了德帅，曾国藩失去了最亲密的战友。

胡林翼去世的消息传到左宗棠那里时，左宗棠正在婺源军中，也正患着疾疫。闻此噩耗，左宗棠当场恸哭不绝，抱病为胡林翼写了一篇哀婉深情的祭文，连曾国藩读了也不禁为之潸然泪下。

胡、曾、左并称为晚清三大名臣，三人相帮相扶，共谋共划，才让清廷在内忧外患中又挣扎着走下去。胡林翼因病抱憾而逝，他将未竟的事业与心愿交给了曾国藩和左宗棠。

安庆之战后，太平军在安徽已无法立足，遂将主要战场由安徽移向江浙。江浙地区形势又变得紧张起来。

如同当年的胡林翼极力想为曾国藩谋得一块地盘一样，自左宗棠受命襄办军务以来，曾国藩也一直在寻机为左宗棠谋求一个独当一面的机会。在曾国藩受命管辖四省军务之先，曾国藩就曾向清廷发出奏折，拟派左宗棠援浙，并将广信、饶州、徽州各军归其节制。

咸丰十一年（1861）十一月，太平军围攻杭州，杭州频频发来告急求救的咨文，清廷也接连发布几道上谕，让曾国藩令左宗棠速速援浙，解杭州之困。曾国藩反倒不急着让左宗棠发兵，他认为左宗棠若过早出兵，准备不充分，有救援不力之责；倘若救下杭州，杭州无险，左宗棠自己将没有位置，如当年在江西的自己一样客军虚悬。

当然，这其中也有曾国藩的私心在作祟。当时的浙江巡抚是王有龄，曾国藩与王有龄一向不睦。当年李元度离营出走，王有龄厚禄吸引，等于是公然挖了曾国藩的墙角。那笔账，曾国藩一直记在心里。所以，王有龄危急之中发来的求救咨文，都被曾国藩无视了，让左宗棠按兵不动。

咸丰十一年（1861）十一月二十八日，杭州被太平军攻克，杭州将军瑞昌、浙江巡抚王有龄皆死。消息传来，曾国藩不忧反喜。这正合了他的心意，他急忙一边密折保奏左宗棠为浙江巡抚，一面写信令左宗棠火速带兵入浙，并奏调当时正在广西作战的蒋益澧率八千人赴浙增援。

十二月二十四日，清廷依曾国藩保奏，补授左宗棠为浙江巡抚。

曾国藩力荐左宗棠出任浙江巡抚，统领浙江军务，除了要为左宗棠谋得实职之外，也有自己的打算。彼时，大清的东南半壁江山都是汉人统辖，曾国藩督办东南四省军务，担子重，权势也大，他意识到，此种情形之下，分权卸责才是保全之策。

左宗棠却极为珍惜这个机会。不管是在骆秉章幕府当师爷，还是入曾国藩幕襄办军务，左宗棠都没脱开幕僚的身份，直到他任浙江巡抚，这才算走上真正的仕宦生涯。

这一年，左宗棠已经五十岁。

曾国藩极力举荐，给左宗棠的并非一块肥肉，却是一块烫手的山芋。彼时的浙江其实是一个难以收拾的烂摊子。连年的战争破坏，已让昔日的富庶之地几乎变成荒原。由战争而引发的饥饿、瘟疫肆虐流行。当时，左宗棠的楚军只有八千人，太平军却有李秀成兄弟的五十余万兵力遍布全省。左宗棠入浙江，等于孤军深入，楚军如陷汪洋。兵力对比如此悬殊也就罢了，当时楚军几千人的兵饷还欠着。

尽管赴浙困难重重，左宗棠还是迎难而上。他先拟定了一份奏折，奏明督办浙江军务的困难与要求，由曾国藩代交后，他率军从江西一路向浙江进军。

左宗棠很清楚自己和眼下楚军的处境，每每向部下告诫："我军人少势弱，只能智取，不可硬拼，先求不败，每得一块地决不轻易放弃。"在与太平军交手的战场上，楚军步步为营，稳扎稳打，占领的地盘越来越多。

不得不说，无论在军事方面还是在政事方面，左宗棠都是不可多得的奇才。面对浙江当时错综复杂的局面，左宗棠决定鞠躬尽瘁，死而后已。也正因为有左宗棠督抚浙江，曾国藩才能分出更多的精力调兵遣将，分路出剿太平军。

花开两朵，另表一枝。再来看看彼时正在上海的李鸿章。

上海，自古为长江下游一块膏腴之地。尤其是第一次鸦片战争之后，上海被开辟为对外口岸，对外贸易中心由广州移往上海，西方列强更是将上海开辟为自己的乐园。他们在这里强占租界、驻扎军队，从政治、经济、文化等方面建立据点，上海很快就成为西方列强在中国最大的侵略基地。

在上海，侵略者与清政府相互勾结，先是镇压了上海的小刀会起义，又转而联手对付太平军。

咸丰十一年（1861）十月，李秀成带兵进入上海，引得当地官绅富户一片惊慌，他们急派代表钱鼎铭来向曾国藩求救，并称上海士绅可自愿每月筹饷六十万两，以助剿太平军。

六十万两的饷银，对曾国藩来说实在是不小的诱惑。为了将这笔厚饷揽入囊中，也为了借机争得苏抚一职，曾国藩对派往上海的人选做了慎重选择。他的目光自然首先落在自己的亲兄弟曾国荃身上。彼时的曾国荃正把所有的注意力都盯在天京城中，对大哥给他安排的这份肥差根本不感兴趣，拒不前往。

曾国藩只得退而求其次，让自己的得意门生李鸿章出山。

当年，李鸿章因李元度事件与曾国藩闹翻，愤而离开祁门大营，却既不敢去福建延建邵道上任，又不敢回到曾国藩幕中，只好在江西无所事事地游荡了七八个月。后来，郭嵩焘出来替他解围，让李鸿章到老师面前主动认错，遂继续回曾国藩门下效力。

此番事件之后，李鸿章在曾国藩面前越发毕恭毕敬，再不敢随意撂挑子、发脾气。曾国藩慢慢也就原谅了他，仍予以重用。他放手由李鸿章在家乡募勇，称淮军。

先有湘军，后有楚军，现在又有了一支淮军。太平军所面对的对手越发强大。

同治元年（1862）始，为慈禧太后所掌控的清廷，对曾国藩集团再次大加重用。

正月初一，曾国藩奉旨领两江总督兼协办大学士。

正月十七日，鲍超还被补授浙江提督。蒋益澧被补授浙江布政使，陈士杰被补授江苏按察使，曾国荃被补授浙江按察使。

三月初八，李鸿章率湘、淮军八千人乘轮船由安庆赴援上海。

三月三十日，李鸿章全军抵上海，奉旨署理江苏巡抚。自此，李鸿章也开始了独当一面的政治生涯。

在上海，如何借助洋人的力量来对付太平军、如何处理与洋人的关系，曾国藩曾在信中对李鸿章做过明确的指示："与洋人交际，其要有四语：曰言忠信，曰行笃敬，曰会防不会剿，曰先疏后亲。"

就是说，对洋人，要以诚以信相待，不可存民族界限，要言必行、行必果，不可虚情笼络，更不可傲慢。但刚开始时关系也不可过于亲密，只可与洋人共同防守上海，不可与洋人共同会剿太平军。

李鸿章谨遵老师的教导，与洋人关系越来越密切，借助洋人的力量一步步在军事上战胜了太平军，在上海立稳了脚跟，还将苏州、常州等地夺回手中。

李鸿章的淮军，在上海开辟出另一片对付太平军的坚实阵地，也为曾国藩兄弟进军天京进一步扫除了障碍。

3. 曾国荃孤军进驻雨花台

与大哥曾国藩的带兵理念不同，在曾国荃看来，带兵打仗不为升官发财才是不可理喻之事。他和他的部下们转战南北，在疆场上奋力厮杀，一次次完成攻城略地的艰难任务，为的就是每一次战后他们都可以赚得钵满盆满。

对于弟弟的贪婪与纵容部下烧抢掠夺的行为，曾国藩曾不止一次地劝诫过，但曾国荃听不进去，湘军也离不开这批敢打敢拼的兄弟，曾国藩甚是无奈。

攻下安庆之后，曾国荃立即率军自安庆出发，沿江东下，一路向太平天国的首都天京进发。进至离天京城不远的巢县后，因为兵力不足，曾国荃不得不停止攻势，与太平军隔河对峙。

曾国荃所带的湘军吉字营，均是他从湖南招募，连年征战，兵源损失不少，招募越来越困难。在巢县进攻受阻，曾国荃不得不再次回乡募勇，以补充兵源。

当时，曾国藩极力想安排曾国荃前往上海，也有这样一重原因——希望曾国荃能在上海开辟出新的募勇之路。沪、浙一带自古也是民风强悍之地，在那里招募新勇应该也不是难事。曾国荃却不理会大哥的这番苦心，现在唯一的目标就是攻下天京，这是他带湘军出征以来最大的心愿。

同治元年（1862）二月十五日，曾国荃带着从湖南新募的湘勇重返安庆。经过一段短暂的集中训练和准备，二月二十四日，曾国荃率军重返前线。

曾国荃所部有一万八千人，曾贞幹四五千人，兄弟俩兵力总计也不过两万二三千人。人数虽少，战斗力却并不差。此时的天京城像一个闪闪发光的聚宝盆，在向这些来自穷乡僻壤间的湘勇们频频发出召唤。

三月中旬，曾国荃部连占巢县、含山、和州。与此同时，曾贞幹军亦攻占荻港、繁昌等城镇要隘。他们兄弟二人，联合彭玉麟率领的湘军水师，一齐向天京城外围的太平军发动攻击。面对湘军水陆师的联合攻势，太平军节节败退，连连丢城失地，被湘军一直逼到天京城下。

五月初四，曾国荃率军进驻雨花台，彭玉麟水师亦进泊护城河，天京已被湘军团团围困。

这座令曾国荃及多少湘军将士梦寐以求的繁华江南古都名城，此刻就在眼前了。曾国荃贪婪的目光越过护城河，落在高高的古城墙上，他的心沸腾了。他无法想象，在高高的城墙里头，到底聚集着洪秀全这些年来搜罗的多少金银财宝——那一定是一个无法估量的数字。想到这些，曾国荃恨不得立即率领大军冲进城去。

事实当然远没有他想得那么简单，洪秀全举近十年之力打造的这座人间乐园，虽然此时被步步紧逼的湘军围困，但困兽犹斗，接下来等待湘军的必将是一场殊死之战。

对这些，曾国藩早想到了，那些没有被急功近利蒙蔽了心智的人都会想得到。所以，曾国荃的急功遽进，在湘军内部引起一片舆论大哗。

天京城外，湘军内部的不和谐再次抬头。

有了围攻安庆的经验，在制订围攻天京的计划时，曾国藩采取的仍然是围城打援的老办法——鲍超、多隆阿、曾国荃、李续宜兵分四路，由东、西、南、北四个方向，同向天京进发，等四路大军在天京会齐，共取天京。其中，曾国荃的南路担任主攻，其余三路均为游击之师，担任打援任务。

曾国藩的设想很好，四路齐发，按既定时间在既定地点会合，同时发动攻城战，然后将天京一举攻下。然而，在实际的行军过程中，却常常有许多的意外与不可控发生。

四路当中，曾国荃最急不可耐，他所率领的南路进度最快。一路上，曾国荃军袭占太平府、芜湖、金柱关等要隘，为进围天京一再扫雷除障时，李续宜的北路军正受阻于寿州；鲍超的东路霆军尚未到达宁国；多隆阿的西路军攻陷庐州，他本应挥师东进，却故意按兵不动。

这样一来，提前赶到雨花台的曾国荃军就成了一支孤军，孤零零地驻扎在天京城下。

三路打援部队中，以西路多隆阿部力量最强也最为重要。多隆阿攻下庐州之后却按兵不动，自然是事出有因——他用这样的方式来表示对曾家兄弟安排的不满。

数年来，曾国荃仗着曾国藩的权势，在军中贪婪跋扈，不把任何人放在眼里。他与当时的湘军将领鲍超、杨载福、彭玉麟等都时常发生冲突，与旗人将领多隆阿等更是势同水火。

鲍超等湘军将领毕竟是曾国藩亲手提携的，他们即使对曾国荃有什么意见也仅放在心里。但多隆阿不同，他连曾国藩的账都不买。湘军集团中唯一让他信服的德帅胡林翼已经去世，曾国藩就更加指挥不动他了。

曾国藩的围攻部署，明眼人一眼即可明了——各路打援部队不过都是为曾家兄弟收功受赏出力而已。这样的教训，在围安庆时多隆阿已经领受过一次。当时他领桐城一路，处在陈玉成等援师冲击的最前沿，他打得最辛苦，出力最大，结果安庆攻陷后，占首功受封受赏的是曾国荃，却没有他什么事。

这一次，多隆阿再不肯傻愣出力。

面对曾国藩的致函要求，多隆阿毫不客气地以“军事权宜专一”为由拒绝了。

刚巧，此时四川一支农民起义军入陕，官文即以陕西形势紧张上奏朝廷由多隆阿带兵入陕。多隆阿随即以钦差大臣的身份，统军西征，名正言顺地脱开会攻天京之约。

原定的三路援军少了力量最强的西路，其他两路还被太平军阻在路上，曾国荃的处境更为凶险莫测。

同治元年（1862）五月初六，曾国藩收到军报，得知曾国荃已于四月二十五日率军进扎到离天京城外不远处的板桥一带，因担心九弟贸然轻进，曾国藩心急如焚，急急去信令曾国荃原地驻扎，等待援军。

此时的曾国藩哪里知道，已经被功名利禄烧昏了头的曾国荃，早已在五月初三急行至雨花台，将大军驻扎在了天京城下。

闻听曾国荃已驻雨花台的消息，曾国藩又气又急，急令人通告湘军诸将：他的九弟这是轻踏死地，若有不幸也是咎由自取，其他将士万万不可随他一起送死。

但无论多么惊气交加，曾国荃毕竟是他的手足兄弟，为了替这个不知天高地厚的弟弟尽力拓出一条生路，曾国藩随后就展开了紧急斡旋——他一面令曾国荃筑垒自固，等待多隆阿率军到来；一面又急书致官文，要求派人追回西行的多隆阿。

此时，多隆阿并未行远，倒真有回援的可能。但官文却以“业建议，不肯止”敷衍了事。让多隆阿西行原本就是官文的主意，他同很多人一样，亦极不愿看到攻陷天京的大功被曾家兄弟独占。此时，他等着看曾家兄弟的笑话都来不及，又怎会追回多隆阿。

在曾国藩想方设法追回多隆阿支援九弟时，他的九弟却正在为多隆阿远走陕西而暗自庆幸。诸路援军里，最有可能与吉字军争功的就是多隆阿部。多隆阿不肯回转与曾国荃会攻天京，正中他的下怀。

与大哥曾国藩相比，曾国荃也许要算是一位能征善战的出色将领，他比曾国藩勇猛，战场上策马杀敌是员猛将。但要讲对大局的宏观掌控与运筹帷幄的能力，他比曾国藩又差了许多。他不知道，自己的孤军冒进，已完全将曾国藩先前的部署打乱，不仅让他的吉字军置于险境，还让他们兄弟二人陷入政治危机的沼泽中。

曾国藩原本打算仍用打安庆的老办法，由曾国荃担任主攻，多隆阿苦战打援，兄弟二人收功。因多隆阿部人多兵壮，多隆阿本人亦剽悍善战，若他肯配合攻城，再加上其他水陆各师，攻下天京也许不是难事。

可多隆阿的远走陕西却将这一部署彻底打乱。曾国荃的两三万人马屯兵城下，进攻无力，退守不甘，完全将自己置于太平军的眼皮子底下，陷于被动挨打的境地。

曾国荃不顾大局，不听从曾国藩的劝诫，一意孤行，急行猛进，争功夺利的心思暴露无遗。他的做法在湘军内部引起极大的不满，众湘军将领纷纷将矛头指向曾国荃。多隆阿远走陕西，更是把曾家兄弟二人推到了风口浪尖上。

多隆阿曾公开放言，不愿打援攻城的原因，是因为与曾国荃不好合作。在外人看来，多隆阿疑是被曾家兄弟挤对走的。这就给外界造成一种曾氏兄弟二人不能容人的坏印象。

曾国藩的第三重担忧，也最让他揪心的就是清廷的态度。

他们这次得罪的，不是普通的汉人将领，而是旗人将领。清政府是满人的政权，虽然那拉氏执政后大用汉人官员，但也难保她不像咸丰帝那样对汉人官员保持一定的戒备之心。当初，为了争得清政府的信任，曾国藩刻意重用塔齐布等旗人。对多隆阿，他虽看不习惯他的傲慢，但也一直对他礼遇有加。如今多隆阿被"逼"走，清廷将如何看待这件事？

那段时间，曾国藩为此日夜忧心，焦虑不安。他一直在想，用什么样的办法，可以试探一下清廷对他的态度，但一直苦无良计。

转眼就到了同治元年（1862）秋天，曾国荃已在雨花台驻军几个月。这年秋天，长江南岸各军传染病流行，其中鲍超的霆字军最为严重，曾国荃、张运兰、左宗棠各军及杨载福、彭玉麟的水师也无一幸免，鲍超、张运兰、彭玉麟也纷纷病倒，湘军上下顿时被一股阴郁之气笼罩。

曾国藩倒觉得这是个试探清廷态度的大好时机，他趁机上奏清廷，言自己人微力轻，难当眼下重任，要求清廷派人来江南主持军务，自己改当助手。

对于曾国藩的用心，慈禧自是心知肚明。她急发谕旨，对曾国藩温言相劝：瘟疫流行非他之过，或是朝政阙失，惹怒上天。总之，就是让曾国藩安心处理江南军务。

慈禧的做法让曾国藩感激涕零，也把那颗高悬的心放了下来。在曾国藩看来，这段政治危机算是有惊无险地渡过了。

但多隆阿不来支援攻城，下一步的军事计划又该如何调整部署，这又是让曾国藩头疼的事。

再来看太平军方面。曾国荃驻军雨花台，兵临天京城下，自然引起了城内太平军集团的恐慌，可此时洪秀全能依靠的也只有李秀成一支力量。同治元年（1862）四月，多隆阿攻陷庐州，陈玉成率亲兵奔走寿州，并在寿州被诱捕，同年五月初八，在河南延津英勇就义。

陈玉成是太平天国年轻的得力干将，他的死对太平天国和洪秀全无疑是一个沉重的打击。

与陈玉成相比，李秀成私心颇重，常不顾大局，与洪秀全也是矛盾重重。曾国荃驻军雨花台时，李秀成正率领大军在上海郊区与英法侵略联军、华尔洋枪队（又称“常胜军”）及李鸿章的淮军大战。

李秀成以为，眼下他们的军队亦无法与围城的湘军对抗，不如等两年之后力量壮大再去解天京之围，当前只要保证天京城内的粮食及弹药物资的供应即可。李秀成的想法自然遭到洪秀全的否定。湘军都打到他们的老窝来了，哪里还能等到两年之后？

洪秀全令李秀成火速从上海撤军，驰援天京。天王之命，不得不从，但李秀成心里的疙瘩并没有解开，这就为后来战争的失败埋下了隐患。奉天王洪秀全之命，李秀成兵分三路，展开了救援天京的军事计划：一路由杨辅清、黄文金率领，攻打宁国，阻止鲍超援军；一路由陈坤书率领，进攻芜湖、金柱关，断曾国荃粮道；他自己则亲率大军前往天京，围攻曾国荃。

曾国藩最担心的事终究还是发生了。

同治元年（1862）闰八月二十日，李秀成率大军向驻扎在雨花台的曾国荃发动了猛烈攻击，曾国荃终为自己所做的一切付出了惨痛的代价。

4. 陷入困境

原本制订好的围攻计划，被曾国荃全盘打乱。为消除清廷对兄弟二人的疑忌，曾国藩可谓煞费苦心。好在清廷对他们的态度让他倍感欣慰，可他还没来得及松口气，李秀成就已向曾国荃发起了进攻。

自建湘军以来，曾国藩也是身经百战，什么样的大风大浪不曾见过？甚至连生死都已看淡。可这一次，他还是坐不住了。

"余两月以来十分忧灼，牙疼殊甚，心绪之恶甚于八年春在家、十年春在祁门之状。"同治元年（1862）十月二十四日，在给儿子曾纪泽、曾纪鸿的家书中，曾国藩如此写道。他甚至急切地盼望儿子能前来，父子一叙，或可稍减他的忧虑。

彼时，曾国藩担忧九弟曾国荃的安危是其一，他更关注的是整个湘军的命运。如果这次曾国荃军一旦顶不住，为李秀成大军所灭，接下来的后果将不堪设想——攻陷天京城也许又将变得遥遥无期，而他数年的苦心经营也许因此毁于一旦。

在这种急剧的忧灼中，六神无主的曾国藩再次向清廷奏请简派亲信大臣前来督办江南军务。也许，那是曾国藩目前能为自己寻找的唯一一条退路。

可那条退路还是被堵死了——清廷驳回了曾国藩的奏请。

环顾四周，此时能支援曾国荃的力量要么远走，要么被太平军阻断在来天京的路上，曾国荃军成了名副其实的一支孤军。而围攻他的李秀成，显然是抱着要将他一举歼灭的目的来的。天京城外，李秀成大军枪炮齐鸣，对曾国荃部日夜轮番攻击，一波退下，另一波又围攻上来，以数十万大军的绝对优势将曾国荃的两三万人马团团围困。

更为糟糕的是，彼时，军中正疫病流行，很多湘军将士都已病倒病死，战斗力严重削弱。这种种困境，曾国藩都了如指掌。曾国藩相信“谋事在人，成事在天”，他甚至对湘军将士们说过九弟是自踏死地之类的气话，但不到最后一刻，他也从不轻言放弃。这是曾国藩做事的一贯风格。

眼下能解曾国荃之困的，也许只有在家丁忧的李续宜了。

同治元年（1862）七月，时任安徽巡抚的李续宜回籍丁忧，曾国藩兼署安徽巡抚，李续宜所部军队，悉归曾国藩调度。但曾国藩深知自己无带兵打仗之才，纵有军队在手也徒劳无益，此时唯有请李续宜夺情出山。

在给李续宜的信中，曾国藩将自己在那段时间的惊恐与痛苦描述得淋漓尽致：“鄙人心已用烂，胆已惊碎，实不堪再更大患。”

关键时刻，向部下大打感情牌，曾国藩屡试不爽。

除向李续宜写信求助求他出山之外，曾国藩又派幕僚赵烈文前往上海，向李鸿章求助，要求李将原属曾国荃指挥的程学启四千人调往天京支援曾国荃。彼时的程学启正被李鸿章重用，他哪里肯放行，但老师的面子又不能驳，李鸿章最后派出原有的守城部队开赴天京，算是给了曾国藩一个交代。

曾国荃却远没有哥哥想象的那般不堪一击。也许是攻陷天京争得头功的强大心理支撑，也许是背水一战的艰难处境，让他们不得不拼死迎敌。面对李秀成大军的疯狂进攻，曾国荃一边迎战，一边奋力开挖长壕阻击。

李秀成以数倍于曾国荃的兵力，对曾国荃先后围攻长达四十六天，竟然不能攻破曾国荃的长壕。太平军损失惨重。李秀成遂萌生退兵之意。

听到李秀成欲退兵的消息，曾国藩又惊又喜——曾国荃此时不退兵，更待何时。他火速致信九弟，让他以追击太平军退兵为由，赶紧从雨花台撤兵。

经此雨花台一险，曾国藩再不肯让九弟冒险，故力劝他趁此机会退兵。那些天里，在曾国藩发往雨花台军营的家信中，劝曾国荃退兵几乎成了唯一的话题。

其实，因为曾国荃的孤军轻进，当时执退兵之念的不止曾国藩一人，他身边的很多幕僚及湘军将领也认为曾国荃行事太过急进莽撞，恐不能胜任攻克天京的重任，退兵实为上策。

当时，与曾国荃同样坚持不撤兵的只有水师统领杨载福。

曾国藩力劝无果，只得向左宗棠讨教，想让左宗棠帮劝一下曾国荃。孰料左宗棠竟赞成曾国荃的做法，以为目前湘军不可轻撤。

曾国藩再次陷入为难之中。

好在，这年十月，李秀成从雨花台撤军，转攻江北。天京城下的局势稍得缓解，曾国藩稍稍松了一口气。

就在曾国藩为让曾国荃退兵的事左右为难之时，又一噩耗传来——曾国藩季弟曾贞幹病死军中。

曾贞幹是曾国藩最小的弟弟，却是曾家投军最早的一个。咸丰八年(1858)十月，曾国华战死三河之后，曾贞幹更名换字，再次募勇出征，扬言要为哥哥曾国华报仇。几年来，他随哥哥们转战南北，是曾国荃和曾国藩的得力助手。如今天京未下，曾贞幹功名未成即抱憾离去。这是继曾国华殒命三河之后曾国藩第二次痛失手足。在湘军急需用人之际，曾贞幹的去世对驻扎雨花台的湘军来说，无异于雪上加霜。

曾贞幹病死军中的消息传到雨花台，曾国荃万分悲痛，但仍要强打精神带兵驻防。于情于理，曾国藩都应去趟金陵，把季弟后事料理一下，再帮九弟分析部署一番，共商进退大计。

同治二年(1863)正月二十九日，春寒料峭，曾国藩从安庆启程前往金陵。

在曾国荃驻防的雨花台大营，当曾国藩看到大步向他走来的九弟曾国荃时，眼眶一热，喉咙就堵了。他习惯性地往曾国荃的身后一瞟，心口猛然一阵绞痛——不会有他们亲爱的季弟了。他已躺进漆黑冰冷的棺材里。而眼前这个又黑又瘦、胡子满脸的男人，可还是他们家那个健硕爽朗的老九吗?

在给曾国荃的家书中，曾国藩多少次恨铁不成铁钢，可真的在军营中与他相见，万千滋味还是让曾国藩一时语哽。曾国荃更是。多少艰辛委屈，还有痛失手足的悲痛，此刻，都化成滚滚热泪。叫一声“老九”，叫一声“大哥”，兄弟二人急步上前，紧紧地相拥在一起……

那一次，在曾国荃雨花台大营，曾国藩每个角落都走了一个遍。

这才发现，自己真的小觑了九弟。在这里，曾国荃挖壕筑垒，将营盘打造得十分坚固，难怪连李秀成也束手无策，只得退兵。

此后，曾国藩又对滁县、和州、巢县、无为等地的湘军大营进行了视察。前后共用了近一个月时间，直到二月二十八日才重返安庆。

这一趟行程之后，曾国藩心里踏实了许多。湘军各部，尤其是弟弟曾国荃的雨花台驻军，并没有他想象得那般脆弱不堪。在带兵打仗、挖壕驻营等方面，曾国荃确实有比哥哥高明之处。

自此之后，曾国藩打消了让曾国荃撤军的念头。

为支援围攻天京，曾国藩又开始陆续增募新勇，曾国荃所部军队很快就增加到三万五千人。同时，曾国藩又将李续宜所部萧庆衍、毛有铭及太平军叛军韦俊等一万五千人调至天京城下助战。五万大军驻军天京城下，已解决了围城兵力单薄的问题。

这年五月，曾国藩又派鲍超率军攻占江浦，随后与水军联合攻陷九洑洲。九洑洲是天京与下游联系的唯一通道，运往天京城内的粮食及各种物资都要通过此处。九洑洲失守，天京城便仅余天堡城下一线山间小路与外界相通，基本已无济于事。至此湘军实际上已基本完成了对天京的合围。

天京之外的战场上，太平军也连连失利败退。

同治二年（1863）十月底，由于叛徒出卖，苏州城陷落于李鸿章的淮军之手。

同治三年（1864）二月底，杭州也被左宗棠率军攻陷。

随着天京外围的大部分地区相继被湘军、淮军攻占，天京城彻底成了一座孤城。但这里毕竟是太平天国的心脏，在洪秀全的领导下，全城军民齐心协力加固城防，在各种物资缺乏的艰苦条件之下，一直同湘军英勇对抗，竟让曾国荃的数万大军屯兵坚城之下，陷入困境。

湘军同太平军交手数年，攻占城池无数，采用的也不过两种手段——军事进攻与政治瓦解。绕城开挖地道埋炸药轰城，派兵乘夜偷爬城墙，这两招湘军屡试不爽，可在天京城却没有效力。

天京城周长九十六里，曾国荃的五万兵力要沿城散开，如杯水车薪，根本无法守住如此长的战线。他们开挖地道埋炸药，常常前边刚挖好，后边就被太平军破坏。长期的作战过程中，太平军已掌握了一套行之有效的防御体系。且天京城墙体坚固，墉堞高峻，城墙最低处都有七丈高，要攀爬过墙绝非易事。

李秀成的回援则让攻城变得更加困难。同治二年（1863）十一月初十，李秀成由苏州回到天京，专门负责守城。

前期战场上，因为与陈玉成争功夺利，李秀成曾一度与洪秀全产生矛盾，消极殆战。但在太平天国生死存亡之际，这位作战经验丰富的太平天国将领，还是出色地发挥了他的领袖作用。他恪尽职守，率领大军严防死守。

为对付湘军，太平军也发明了许多以前从未用过的方法。在以前的攻城战中，湘军都以开挖地道埋炸药，再炸开城墙、攻入墙内取得最后的胜利。为应对湘军此番招数，李秀成除了让人在城头严密布哨紧盯湘军动向外，他也在天京城内沿城墙挖了很多地窖，地窖内放大缸，人蹲在大缸内，城外湘军开挖地道的声音便可清晰传来。用这样的方法来确定湘军开挖地道的方向与方位，然后再对湘军的地道进行破坏。

太平军用此种手段对付湘军，致使湘军埋炸药轰城的手段屡屡失手。偶然得手几次，轰开一段城墙，由于人力分散人手不足，很快就被太平军堵上了。

军事进攻不顺利，政治瓦解来辅佐。在进行军事进攻的同时，湘军派出大批间谍，利用各种关系打入天京城内，试图对城内的军民进行劝降，有时也会把一些策反书和劝降书射进城内。

面对湘军的这些政治瓦解活动，天京城内的太平天国方面自然也不会等闲视之。洪秀全严令全城军民，有得敌人文书者必须上报，不准私拆，违者严惩。

湘军苦心部署的政治瓦解也宣告失败。

军事进攻不下，政治瓦解不凑手。曾国藩所料不错，天京不同于以往他们攻下的任何一座城池。现在，他只能寄希望于这座城池里的人粮尽自毙了。

可曾国荃却如杀红了眼的赌徒，他从来就没有放弃过攻城的决心与打算。

同治三年（1864）正月二十一日，曾国荃再次向城内太平军发起猛攻，他率军一举攻陷位于钟山第三峰顶的天堡城，相继封锁了天京东、西、南三面的进出之路，又在太平门、神策门外筑垒，完成了对天京城的四面合围，完全中断了天京城中的粮食来源。此后，太平军援军不得入城，守军不得出城，处在生死关头。

如此形势下，攻下天京城似乎已指日可待。然而，事实的发展却完全出乎曾家兄弟的预料。处在湘军包围中的太平天国，在接下来的几个月时间里展开了更为可歌可泣的自救自卫行动。虽然最终的结局还是走向无可扭转的灭亡，但在天京城内的太平天国军民，却在走向血色黄昏之前，在人类历史上留下了极为悲壮绚烂的一笔，也把曾家兄弟拖了进更大的旋涡。

5. 两军僵持

同治三年（1864）四月二十七日，天京城的天王宫殿内，太平天国最高领袖——天王洪秀全，进入了最后的弥留时光。他是病死的，也有人说是饿死的。

彼时的天京城内，已断粮数月。

洪秀全号召全城军民：多食甜露，可食饱长生。

何谓“甜露”？这一名称出自《圣经·旧约·出埃及记》。据说，当年逃出埃及的以色列人来到荒野，饥寒交迫却无物充饥。但清晨醒来，以色列人惊喜地发现，营地四周普降朝露，露水干后，荒原上出现了一层鱼鳞状的地衣。

他们问摩西：“这是什么？”摩西回答：“这是主赐给你们的食物。”这就是甜露，其实就是野草。

洪秀全令人把野草收割，制作成草团当米粮充饥。洪秀全自己也吃，因而得病。

这不过是野史传说，或许只为宣传颂扬洪秀全不搞特殊与民同甘共苦。

历史的真相并非如此。纵使当时的形势再紧迫，作为太平天国最高首领的洪秀全，也不至于沦落到吃草团充饥的地步。事实上，当时天京城内的很多王府包括天王府内都藏有粮食，这些粮食专用来供给太平天国的高层和他们的家人。即使洪秀全偶尔真的吃过甜露，想来也是作秀而已。

洪秀全晚年身体还算不错，多年养尊处优的生活让他变得慵懒肥胖。偶尔会生些小病，经过调理也很快就好。所以这次洪秀全患病，他依然没有把它放在心上。不信医，不吃药，以为像往常那样调理一下就好。可他却不能不为天京越来越严峻的形势日夜忧虑，这让他的病情很快恶化。

洪秀全在病榻上躺了二十天，不治而亡。

彼时，正是太平天国的生死存亡之秋，天京城内人心惶惶，李秀成等领导人严密封锁了天王的死讯，悄悄地把天王的尸体葬在新天门外御林苑东边山上，打算日后天京危机过去再为他举行隆重的葬礼，只是没有等到后来。这已是后话。

洪秀全死后第五天，幼主洪天贵福在湘军隆隆的攻城炮火声中继位，称幼天王。他是太平天国第二代王，也是最后一代王。这位生不逢时的幼天王，在天京城内只做了四十九天的天王，就不得不被人携带着踏上了逃亡之路。

老天王已撒手西去，幼天王懵懂无知，天京城被彻底截断生路。如此种种的打击，却并没有让太平天国轰然倒塌，湘军的进攻依然异常艰难。

因久围不下，驻兵城下的湘军内部也出现了重重危机，其中最突出的是：疾疫流行、粮饷缺乏及由此导致的士气低落。

自同治元年（1862）秋天，湘军内部即发生流行性疫病，大批的湘军将士病倒。由于当时条件艰苦，缺医少药，很多湘军将士不治而亡。曾国藩的小弟曾贞幹就被那场疫病夺去了生命。那场疫病持续的时间很长，从同治元年（1862）秋天一直到第二年秋天，让湘军损兵折将，对湘军的战斗力和士气形成了最直接的威胁。

同治三年（1864），那场疫病终于慢慢过去，得病的湘军将士也日渐好转，但更为严峻的形势却摆在了湘军面前——缺粮的问题日益严重。

当初湘军围攻安庆时，水陆军不过六万，还大部分由湖北、湖南方面供饷，由曾国藩发饷的不到两万人。到同治三年（1864）初，湘军人数大增，由曾国藩直接指挥的湘军就有十二万人，而由他直接供饷的则有九万人。

九万人，每月即便只发一半的饷也需要近三十万两白银，这对曾国藩来说是一个巨大的数额。

人员增多，饷源却越来越少。由于连年战争破坏，沿江厘金日益减少，自同治三年（1864）以来，各省也以种种理由，不再向曾国藩解送协饷。

再者，由于曾国藩的私心，对兵饷分配不均，引得内部矛盾重重。左宗棠就对他力倾曾国荃部颇有怨言，二人之间也由此再起嫌隙。

兵饷缺乏，尚可暂时拖欠一阵。几十万大军，却不可一日断粮断炊。比兵饷缺乏更为严重的粮荒很快就来了。

由于战争的破坏和自然灾害频发，原本富饶的苏皖鱼米之乡，生产遭受极大破坏，米价飞涨。湘军不但筹米困难，拿银两去买米都变得不易。当时连曾国藩最倾囊相助的曾国荃军，到最困难的时候，士兵们也只能领四成饷，每天以稀粥充饥。

同治二年（1863），这种情况更为严重。

缺饷少食，将士们个个饿得有气无力，面有菜色，自然谈不上什么战斗意志与战斗力。曾国藩视察雨花台大营时，湘军士气尚可，可久驻坚城之下，这一连串的困难又触发了湘军内部的矛盾，将士们越来越不服管束。

尤其是曾国荃的湘军，几无纪律可言。为笼络人心，曾国荃对兵士们一再纵容，对他们犯下的过错不闻不问。湘军士卒变成土匪一般，到处烧杀抢夺，见到财物就抢掠，见到妇女就奸淫。在天京被合围之初，天京城内曾将大批妇女儿童从城中放出，让他们自寻生路。不料他们刚走出城门，就遭到湘军的抢掠，大批妇女都被湘军留在营中，年轻妇女更是无一幸免。那些渡江耕种的江北农民，也屡遭抢劫，甚至连做饭的锅铲都被湘军抢走。

还未进城，湘军就已惹得天怒人怨。而湘军内部索饷闹饷的纷争更是此起彼伏，时时都有引起哗变的危险。

面对此种情形，曾国藩忧心如焚。在对天京城的军事进攻、政治瓦解相继失败之后，曾国藩唯一的希望就是等城内太平军粮尽自毙。现在，太平军没有粮尽，湘军却已先行告急。

为稳定眼下一触即发的危势，曾国藩只得再次向他的学生李鸿章伸手求助。他致函李鸿章，向他借粮。

此时的李鸿章已实授江苏巡抚，手握军权与地方实权，与洋人打得火热，也正日渐受到清廷的重视。李鸿章羽翼渐丰，已远非当年在曾国藩面前那个恭恭敬敬的门生了。对于攻打天京的头功，李鸿章虽不敢明目张胆与曾家兄弟争夺，可对此也垂涎已久。

对曾国藩借粮一事，他表现得并不积极。不敢明说不借，又不愿真心相帮。最后，他竟以霉变不堪食用的陈米敷衍了事。

收到那样的借粮，曾国藩气得暴跳如雷，他当场就要遣人把那批陈米退送回去。

人不求人一般高，人一求人，哪怕是昔日高高在上的曾国藩，也不得不向李鸿章妥协。最后，他还是忍气吞声，收下了那批陈粮，把它们卖给饥民，又用卖陈粮的钱去别处另行购买，算是苦度饥荒。

对于曾国荃军中纪律大坏问题，曾国藩在家书中多次提醒，也曾试图让赵烈文对其九弟进行劝诫。

赵烈文去找曾国荃，却被他一通话呛得无言以对：“现在军中欠饷那么多，勇丁们连饭都吃不上了，只能以稀粥度日，此等情形之下，我们这些做将领的，又怎好意思再去管束他们？”

常年的军旅生活，已把这个湖南硬汉折磨得形销骨立。言罢军中窘况，曾国荃又忍不住跟赵烈文谈起自己前一夜做过的梦。他梦见登到山顶，回视山下却无路可回，进退不得。“此梦恐非吉兆。”曾国荃对此耿耿于怀。

日有所思，夜有所梦。此时的曾家两兄弟正处在那样的尴尬境地。在他们面前，太平天国正是那座巍峨耸立的高山，他们千辛万苦攀至山顶，却发现依然无力实现最后的征服。

欲寻退路，却已无路可退。

正在这艰难的关头，又传来一个对湘军极为不利的消息——江西巡抚沈葆桢突然来了个釜底抽薪，不经与曾国藩的任何函商就径直奏请，将原来解往雨花台大营充作军饷的江西厘金全部扣下，留作本省军饷。这对原本就亏空极大的湘军来说，无疑是雪上加霜。

曾国藩闻讯大怒，但他却并不觉得震惊。他与江西地方官的关系紧张，已非一日。

曾国藩看得很清楚，江西争厘之事，胜与不胜对他都极为不利。

此种困境之下，曾国藩故伎重施，又以自己体弱才蹇为名，向朝廷告假退隐。其实也是给清廷施压，他欲在江西厘金问题上再为自己夺回些许利益。

谁料这次沈葆桢也是铁了心，也向朝廷提出开缺，一副不得江西厘金不罢休的架势。

朝廷正当用人之际，两大地方官员互掐起来，一个要引病退隐，一个要开缺回籍，哪一个都不能得罪。清廷只好折中，将江西厘金一分为二，曾、沈二人各得其半。又为曾国藩拨款五十万两，这才算把此事平息。曾国藩的兵饷问题总算得以解决。

从同治元年 (1862) 五月曾国荃率军进驻雨花台，一直到同治三年 (1864) 四五月间，曾国荃的湘军仍驻兵城下，无法攻破天京城。近两年的时间已经过去。在这艰辛的两年中，曾国藩除了要面对兵粮饷筹集等问题外，还要面对来自外界的种种质疑与议论。当初曾国荃急军进驻雨花台，已引人多有不满，可他耗时耗力却久攻无果，更是引得当时群情愤然，物议沸腾。

清廷对曾家两兄弟的不满也已流露出来，清廷曾数次商讨欲增派援兵攻城，都被曾国荃拒绝。眼看就要煮熟到手的鸭子，曾国荃怎肯轻易与他人分享?

驻扎坚城之下两年多，劳心劳力，曾国荃的健康也受到极大损害。他“肝病已深，痼疾已成，逢人辄怒，遇事辄忧”，无论从肉体还是精神上，都已临近崩溃的边缘。

曾国藩也好不到哪里去，他本来就毛病丛生，肝郁火旺，癣疾顽绕，视力也一天不如一天。

同治三年 (1864) 四月间，天京内外的攻守双方都已差不多走到山穷水尽的地步——城内的太平军弹尽粮绝，城外的湘军也已成强弩之末。

而彼时的外围战场上，太平军的大路援军四十万雄师，正从汉中出发，兵分三路，星夜兼程，急赴天京而来。如若这支援军赶到，曾国藩兄弟数年的心血或许就真的要毁于一旦。

6. 曾国荃屡拒援军

曾国荃大军在天京城外一驻两年多，久攻无果，与多隆阿不愿意合作攻城而远走陕西有一定的关系，但更大的原因还在于：为抢得攻占天京的头功，曾国荃对围攻天京一事独揽把持。

多隆阿远走陕西之后，鲍超的霆字营和杨载福的水师，还有其他数支援军，都曾参加过对天京的围困，但后来又都离开——曾国荃不允许任何人有抢夺头功的机会。

同治元年 (1862) 闰八月间，李秀成大军围攻雨花台，向曾国荃所率部队展开了长达四十六天的攻势。当时曾国藩生怕九弟顶不住李秀成的攻势而前功尽弃，情急之下曾让赵烈文赴沪向李鸿章求援。李鸿章除派出部分淮军增援外，还派出洋枪队赴天京城外驻守。

这下，曾国藩更紧张了。

他知道这种新式武器的厉害。如若洋枪队攻陷天京抢占头功，再对天京来一场抢劫，这对曾国荃及湘军来说是得不偿失的事。可是想阻拦已经来不及，曾国藩只能私下指示曾国荃：决不能让洋枪队进入长壕之内与湘军共守，更不可令他们对天京进行围攻。洋枪队只可在外围游击协助，分散吸引太平军的注意力。

洋枪队的首领白齐文，一个既想捞肉又想喝汤的人，一眼就看穿了曾国藩兄弟二人的心思。曾家兄弟没让他如愿，他就率先闹腾起来，鼓噪索饷，抢劫粮台银两，还把苏松粮道杨仿殴伤，简直一副强盗做派。这让李鸿章在曾家二兄弟面前颜面大损，一气之下，李鸿章将白齐文革职，一场增援以闹剧告终。

从此之后，曾家兄弟对外援之事更是讳莫如深。之后又发生了几次洋人欲增援围城之事，都被曾国藩以各种借口拒绝了。

清政府却没有那么大的耐心，天京一日不破，剿灭太平天国的任务就不能算完成，清廷的心腹大患就没有除去。

何况，此时的大清国土上，除了洪秀全领导的太平天国，其他地区的农民起义也此起彼伏。最让人头疼的北方捻军，正在不断壮大。若他们有机会与太平军联手对付清政府，后果将不堪设想。因此，清廷几次下旨，严斥曾国荃攻城不力，欲派人前来援攻。

同治三年（1864）四月，李鸿章在攻陷苏州之后又攻陷江苏重镇常州，清廷再次下旨，命李鸿章援攻天京。清廷三番五次欲派人增援，其意已明显：除却担忧曾国荃不能顺利攻陷天京城外，清廷更不愿曾家兄弟独占攻城大功。

平心而论，对天京这块肥肉，李鸿章巴不得前去分食一二。但毕竟碍于曾家兄弟的面子，摸不清曾国藩的真实意图，李鸿章也不敢轻举妄动，只得先给曾国藩去信试探。

见李鸿章来信中有增援之意，曾国藩倒真想来个就坡下驴，于是对曾国荃极尽劝导。

在曾国藩看来，曾国荃如此执拗坚持独攻，无非就是为了独占利益与美名，但其坏处却远比这大得多——倘久攻不下或攻城不利，将难脱不能尽责之罪名；若侥幸独自攻陷了天京，功名太盛，又恐遭人嫉妒。倒不如趁此机会让李鸿章前来支援，尽快攻下天京城，也将两大风险都降到最低。

谁料曾国荃此时是吃了秤砣铁了心，一心要独攻天京。他听不进兄长的劝，拒绝任何的援助。

曾国藩在弟弟那里碰了钉子，只得再想措辞来跟李鸿章周旋。

当时李鸿章所率淮军饷源充足，其兵饷比曾国荃的湘军高很多。曾国藩现在却以湘、淮两军平均发饷为条件来为难李鸿章，又以湘军功高气盛来给李鸿章施压。这封信，绵里藏针。

李鸿章是何等聪明之人，接读曾国藩的信就明白了他的意思。他赶紧上奏清廷："曾国荃军两年围攻，一篑未竟，屡接来书，谓金陵所少者，不在兵而在饷。"又以天气炎热士卒疲惫为由，极力拖延赴援之期。

随后，李鸿章又给曾国藩去信，言明不便前去援攻的原因：曾国荃军历尽千辛万苦守到现在，在这功到垂成之际，他李鸿章怎能前去争功分赏？

曾国藩暗喜自己果真没看错人，先前对他的疑虑也慢慢打消。李鸿章前来支援的事就这么不了了之了。

曾国藩一生视李鸿章为自己最为得意的弟子门生，其原因大概就在此。在利益纷争面前，李鸿章总能在老师面前表现出他"存心忠厚"的一面，从而取得老师的信服与赏识。事实当然并非如此，李鸿章的让功之举，也不过是综合权衡，最终也是从自身的长远利益出发，才做出这样一个两全的抉择。

曾国藩的频频劝诫没有说服曾国荃，倒越发坚定了他攻城的决心。同治三年（1864）五月三十日，天京城外最后一个要塞——地堡城被曾国荃攻陷。

天京城西、北、南三面濒临长江和秦淮河，水道纵横交错，无路进兵；东面峰峦起伏，以钟山为最高，虽山势巍峨险峻，却为历代陆路攻城进兵之地。

钟山有三大高峰，太平军在靠天京城最近的一座山峰上建了一坚固的大碉堡，取名天堡城。天堡城至太平门一段山峦俗称龙脖子山，太平军又在其东南麓贴近太平门城根的地方，建立另一大碉堡，称地堡城。

两大城堡一高一低，成了守卫天京城安全的重要屏障。

尤其是天堡城，地势高于城墙，上装有多门重炮，另备有滚木礌石等，居高临下，易守难攻，对城内外的动静一目了然。因天堡城的存在，致使好长一段时间，湘军只能远远地扎营，而无法对太平门实行封锁。

同治元年（1862）正月二十一日，李秀成在出朝阳门（今中山门）袭击开挖地道的湘军失利后，部分太平军向天堡城撤退，打乱了天堡城原有的防守部署，曾国荃乘机猛攻并占领了天堡城。天堡城失陷后，湘军占领了制高点，天京城内情况一览无余。地堡城也因孤立于城外一隅，无所依托，终于也在同年五月三十日失陷。这对湘军来说无疑是大为振奋人心的消息。

然而，地堡城的攻陷，并未能从根本上扭转战局，曾国荃面对的形势依旧不容乐观：

其一，随着围攻天京形势的日益紧张，曾国荃大军军心越来越散，士气越来越差。重压之下的曾国荃会不会鲁莽行事？若其身体支撑不住，当年塔齐布九江城下的悲剧会不会再度出现？

其二，彼时的清廷看似已失去了对曾国荃的最后耐心。清廷生怕太平军西路援军赶到，前期的围攻将前功尽弃。同治三年（1864）六月以来，清廷连下六道谕旨，让李鸿章火速前往金陵，同湘军一起攻城。

此等关头，倒真不如借李鸿章之手攻下这座难攻之城。

这一次，他不顾曾国荃的反对，直接上疏，让李鸿章带兵来援，并咨请先派炮队来金陵。同治三年（1864）六月初十，曾国藩在安庆衔署给曾国荃写信，再度对其进行劝说。

其实，无论曾国藩是否上疏，都已更改不了李鸿章援攻天京的事实。那时，淮军已攻陷常州和天京周边的金坛、句容、溧阳等地，其主力部队已驻扎在天京附近，随时待命。

传闻天京之富，富甲天下，李鸿章垂涎久矣。虽然他曾在曾国藩和朝廷面前对援攻一事一再谦让，但时机合适，他也决不会轻易错过。李鸿章一面派出炮队及刘铭传、潘鼎新等二十七营一万四千人赶赴天京城外，一面致信曾国荃，告知他已率军来援的消息。

同治三年（1864）六月十五日，正在天堡城行营的曾国荃接到李鸿章的信函，他又惊又气，拿着信就急赴大营，给营中湘军诸将一一传阅。他情绪激动，大声对他们道："他人至矣，艰苦二年，以与人耶？"

众将阅信也极为激动气愤。他们齐声回答："愿尽死力！"

也许，从常理上来说，曾国荃他们的想法可以理解。两年多来，在天京城下，他们忍饥挨饿，一次次击退太平军的进攻，也顽强地躲过了疫病的袭击，终于挺立到现在。在那道高高的城墙之内，有一个他们向往的璀璨世界。那里的金银珠宝，那里的美色女人，是支撑着他们一路走来的最大力量源泉。就在这一切即将唾手可得的时候，别人却要来与他们争名夺功。莫说曾国荃不答应，整个湘军上下的将士们也全不答应。

在曾国荃的鼓动下，笼罩湘军多日的萎靡之气一扫而光，他们决定不顾一切，要抢在淮军到达之前攻陷天京，独占奇功。

富甲天下的天京城，终于还是迎来那一场史无前例的浩劫……

7. 天京陷落

为了尽快打开天京城门，在攻城前夕，湘军还在紧张地挖地道、埋炸药。湘军将士们一扫往日的萎靡不振，冒着六月的炎炎酷暑，他们个个挥汗如雨，埋首猛进。狂热的梦想，让这些疲惫病躯迸发出了惊人的力量。

天京城上空，已被战争的阴云层层笼罩。

天京城内，尽管守城的太平军进行了艰苦卓绝的抵抗与还击，但终因弹尽粮绝而渐渐不支。久困之中，人心浮动，有一些原本就不坚定的人开始叛变投敌。加之两道屏障——天堡城、地堡城相继失陷，此时的天京城已是岌岌可危。

攻陷地堡城之后，曾国荃派人在龙脖子山上架起百余门大炮。百余门大炮层层排列，日夜不停地向城墙上猛轰。与此同时，湘军又将大批柴草掷于城墙之下，摆出一副马上攻城的样子。

湘军尚未攻下地堡城时，湘军将领李臣典就曾试图在太平门外、龙脖子山下开挖一条地道，埋炸药攻城，后被太平军发现只得中止。如今，城墙上的太平军守军完全看不到城下的情况，又担心湘军马上攻城，一直疲于防守。加之有炮火和大量柴草的掩护，李臣典又带人日夜轮班开挖，花了五昼夜的时间，终于在六月十五日把地道挖成。

六月十六日上午，湘军已在地道里填好炸药埋好引线，约定于这天正午点火。这天正午时分，大批湘军齐聚龙脖子山下的地道口旁，准备引爆成功就一齐攻城。

可想而知，这是一场生死决战。城内的太平军会不惜一切代价来保卫他们最后的家园。所以，攻战的最后阶段，一直摩拳擦掌跃跃欲试的湘军将士们反倒怯阵了，无人肯打头阵。

无奈之下，曾国荃只得派部将朱洪章一一询问各营营官："何营愿做头队，何营愿做二队？"

回答朱洪章的却是一片死一样的沉默。

征求意见不成，只能以职位高低来定先后。

仍然无人作答。

当时的萧孚泗已实授福建陆路提督，李臣典已实授河南归德镇总兵，他们两个的职位最高，论理应该担任一、二队。朱洪章走到萧孚泗面前，萧孚泗把头低下不看。朱洪章又转身走向李臣典。李臣典倒大方："拨给我精兵一二千人，我就带头冲进去。"

"与其拨兵给你带，何如我自己带兵攻进去？"朱洪章脸都气紫了。

原本是一番气话，在场的营兵却趁机起哄道："好，好——"弄得朱洪章骑虎难下。那天，朱洪章就担任了头队。后又部署了二队、三队，分兵三路，依次推进。

为了保证战斗打响后有序进行，曾国荃亲自坐镇指挥。一向对部下极尽纵容的曾国荃，那天却极为庄重严肃。他全身披挂，目露凶光，一把寒光闪闪的长剑斜挎腰间，浑身上下都笼着一股凛然杀气。他让每位带兵将领在他面前立下军令状，并声言道："若有后退者，就地正法！"

原本胆怯退缩的官兵，在那股杀气威慑之下，纷纷立下了军令状，表示战争中定要绝对服从指挥。

一切都布置就绪，就等曾国荃一声令下点火引爆了。

这天天气晴朗，午间时分的一阵雷雨并没有给攻城带来任何影响。大约在下午两时左右，曾国荃大手一挥：“点火！”长长的引信便如一条条火蛇一样呼呼地燃烧起来，随后，是一声冲天的巨响……伴随着一股腾空而起的烟尘，龙脖子山下的城墙被撕裂了一条二十余丈长的口子。

巨大的冲击波几乎把半个金陵城都晃动了，朱洪章的先头部队四百余人全部殒命烟尘之中，后面的二队、三队踩着同伴们的尸体蜂拥而上……

巨大的爆炸声早已传到城中太平军的耳朵里，可此时的他们已饿得头晕眼花、四肢无力。城中断粮已多日，野菜也早被他们吃光了。尽管如此，太平军还是组织了几次大规模的反击。但此时的湘军来势太猛了，他们根本无力抵挡。到这天下午五点左右，天京九道城门皆破，天京陷落。

曾国荃终于夙愿得成，他抢占了攻陷天京的头功。

这一天，曾国荃和他的湘军士兵们等得太久了。此时的湘军完全是一群被贪婪与报复所控制的恶魔。他们踩着同伴与太平军的尸体，冲破一道道城门，冲进天京城内，见人就砍，见物就抢。

为给自己顺利开路，他们走到哪儿就把火放到哪儿。城内外两年多的对峙，今天是面对面的赤身肉搏。湘军杀红了眼，太平军殊死反抗。天京城里，喊杀声一片，哀号声一片。

洪秀全临死前曾交代城中守军：“弗留半片烂布与妖享用。”反抗无效，太平军也纷纷放火自焚，以捍卫最后的节操。不过多数大火还是为湘军所纵，湘军以火开路，也以火毁灭他们抢掠的罪行，在将各王府抢劫一空后，湘军又放火将那些抢带不走的东西付之一炬。

这天傍晚时分的天京城，已身陷一片火海之中，绛紫色的数十道浓烟，如巨绳扭结着冲向天空，在空中屯结不散。

这一天，曾龙盘虎踞也曾歌舞升平的金陵古城，在浓烟烈火中战栗哭嚎。

从六月十六日下午攻陷天京城至接下来的数十天里，湘军在这座古城里展开了十余天的烧杀抢掠。曾国荃曾以天京城内富甲天下的财物，作为诱惑湘军攻城的诱饵。然而，攻城之后湘军士兵们所表现出来的野蛮，还是连他自己也被吓到了。

局势已经处于完全失控状态，他只好听天由命，由了他们去。

现在，城中已不分太平军、老百姓、湘军，利益面前，人性的自私与丑陋暴露无遗。湘军手中的屠刀不仅挥向太平军，也毫不留情地向城内老百姓甚至是同伴的身上挥去。人为财死，鸟为食亡。谁都想在这样的时刻多争多抢一点，连军中的长夫、雇工等勤杂人役都参与到抢劫队伍中来。

天王府、忠王府和其他几乎所有的王府、馆衙，都被洗劫一空。

如此，湘军仍有不甘，怀疑各府有暗室秘道。遂掘地三尺，再行搜索。

天京城内，湘军将人性中的凶残与贪婪发挥到极致。

萧孚泗率先带兵赶到洪秀全的天王府。他在血洗天王府后，毫不心痛地一把火将这座豪华的王府点燃。熊熊的火光中，洪秀全积十余年心血打造的天堂化为灰烬。正所谓：“十年壮丽天王府，化作荒庄野鸽飞。”建设与毁坏如此不对等，才导致多少千年的烟雨楼台毁于一夕，多少文明被野蛮瞬间吞没。

此次浩劫中，饱受劫难的还有天京城里的女人们。以湘军中高级将领李臣典为例，他年轻好色，攻入城中之后，接连强奸了两个女人，因用力过猛竟至脱阳而死。在后来的奏章里，曾国藩为掩盖其丑行，以作战勇敢受伤而死为他请攻城首功。

将领尚且如此，兵士们就更可想而知。

天京城破时，城中太平军不过一万人，能作战的也不过三四千人。后来李秀成又率领千余人破城而走。被俘虏的太平军都被用来为湘军抬箱抬物、挖地寻宝，充当了杂役。所以，在被杀的人当中，太平军并不是很多。

但当时天京城内却是尸骸塞路，死人如麻，死的多是一些衰弱无用不能为湘军所役的妇女、儿童和老人。

据曾国藩幕僚赵烈文同治三年（1864）六月二十一日、二十三日的日记载："计城破后，精壮长毛除抗拒时被斩杀外，其余死者寥寥，大半为兵勇扛抬什物出城，或引各勇挖窖，得后即行纵放。城上四面缑下老广贼匪不知若干。其老弱本地人民，不能挑担，又无窖可挖者，尽遭杀死。沿街死尸十之九皆老者，其幼孩未满二三岁者亦斫戮以为戏，匍匐道上。妇女四十岁以下者一人俱无，老者无不负伤，或十余刀，或数十刀，哀号之声，达于四远。其乱如此，可为发指。"

咸丰五年（1855）曾国藩坐困江西时，赵烈文受人举荐进入曾国藩幕府。因其对军事和政事的远见卓识，渐渐得到曾国藩的赏识，二人后来成为无话不谈的朋友，曾国藩将赵烈文视为心腹。赵烈文在自己的日记里丝毫不加掩饰地记录下了湘军在天京城内所犯下的罪行，可见湘军当时的行径是多么令人发指。

曾国荃忍辱负重，几乎搭上了全部身家性命，就为等到城破的这一天。他身为攻城的最高将领，不用亲自参与抢劫，无尽的金银财宝通过下属们的手源源不断地送到他的帐下。

十几天的抢掠烧杀之后，天京城已成一座死城。抢得钵满盆满的湘军将士们，开始往城外运送他们的战利品。他们骑着马，押送着为他们抬送箱奁的太平军浩浩荡荡地出了城，他们将那些货物送上船，沿长江逆流而上。

这其中，抢掠得财最多的自然是湘军各级将领。同他们的职位职权一样，位高权重者得财也多。湘军诸将领中，得财十万以上者，竟达百人之多。攻占了天王府的萧孚泗最得实惠，他发了一笔大财，连官也不做了，弃官回乡逍遥去了。曾国藩后来还是为他请功晋爵。

萧孚泗尚得如此巨额财产，曾国荃就更不用说了。据当时的上海报纸报道，他用了十几条大船运送财物回乡。攻陷天京后，曾国荃在老家大建私宅，置肥田百亩，曾家遂成了富甲一方的大乡绅。

不管是在自己的日记里，还是给兄弟儿女的家书中，曾国藩从来都是以一副儒家卫道者的形象自我标榜。事实上，他也确实在现实生活中努力实践奉行了。曾国藩身为朝廷大员，确是两袖清风。他教导家人不以奢华为荣，要牢记父辈们勤俭持家的家训，不以发财为做官目的。据说，做了两江总督的曾国藩生活还十分节俭，他用的箱子还是十几年前从老家带出来的。在给曾国荃的书信中，他也屡次劝诫，要爱兵爱民，为人不可贪图功名利禄。

攻陷天京城之后，曾国荃纵容部下大肆烧杀抢夺，曾国藩不是不知，但他在象征性地派出赵烈文对其弟进行了一番无效的劝说之后，就再也没有去管束，而是听之任之。

所以，那场让山河失色的天京浩劫，曾国藩虽未直接参与，却终归难辞其咎。

曾国荃大批大批运往湘乡老家的财产中，无疑也沾着曾国藩屠杀太平军及民众的鲜血。

8. 被篡改的忠王供词

天京城陷落了。

其实，天京城原本可以不被攻破，至少不会这么快被攻破。

洪秀全还在世时，已经做好了与湘军打持久战的准备。粮道被封，他让人在城中空地上种上稻谷，准备自给自足。从西北来的四十万大军也正星夜兼程往天京而来。江西的李世贤等部，将于三月后前来支援。

那时的天京城内，各王府也都储备有一定的余粮。

综合分析当时的形势，如果太平军内部上下齐心团结一致，等到援军前来也许不成问题。

可关键时刻，人性中的自私占了上风，那些鼠目寸光的王爷们不愿意拿出粮食。这不仅影响了太平军的战斗力，更令太平军将士们心寒。

同治三年（1864）六月十九日，曾国荃攻陷天京城时，洪天贵福和四位幼娘娘还在天王府的楼上赏光。这座高几十丈的三层望楼，琉璃黄瓦做顶，四周环以朱漆栏杆，栏内置雕花长窗，四角风铃叮当。那是老天王洪秀全生前极爱的地方，他常常在此凭栏远眺。

数年来深居宫中，洪天贵福与他那个从战争和血雨腥风里打杀出来的父亲完全不同。这一年，他已十六岁，丝毫不关心政治也不懂政治。洪秀全在世时独揽朝中一切，洪秀全死后有李秀成等王爷操心，他要做的不过是每日里陪着幼娘娘吃喝玩乐。

那天，他在望楼上看见湘军从被炸开一角的太平门蜂拥而入，就从望楼上跌跌撞撞地一路跑下来。

很快，洪天贵福就在天王府中见到了从太平门败退回来的李秀成。李秀成的出现并未给小天王带来丝毫慰藉，洪天贵福就那样由李秀成带着，稀里糊涂地踏上了逃亡之路。

众王爷中，李秀成算是有远见的。还在湘军破城之前，他已把退路想好——保护幼天王洪天贵福让城别走，远赴广德、湖州。只要幼天王在，太平天国的旗帜就不倒，他们可以重整河山，重开太平天朝。

天京城失陷，湖州遂成为各路太平军的投靠点。当时，湖州及其周边的广德、四安、孝丰、安吉等城镇，有来自江苏、浙江等地的十余万太平军将士。太平天国的另几位重要领导人黄文金、杨辅清和洪仁玕等都已在湖州了。

离开天王府后，李秀成先赶回忠王府，与母亲、弟侄做了短暂的告别，然后只带了为数不多的金银财物轻装上路。他换上湘军的服装，一路寻找机会出城，很快又与主力部队会合。

那天天黑时分，借着夜色的掩护，李秀成一行人带领洪天贵福冲出太平门被炸开的缺口。彼时的太平门缺口处，几乎无人把守——湘军上上下下都在忙着分赃抢劫，这才给他们提供了一线生机。李秀成他们出太平门一直向东走，从孝陵卫层层叠叠的湘军营垒旁穿过，竟无人发觉。

当时随李秀成杀出来的大约有一千余人，冲出湘军包围圈之后，李秀成将他们分为两队，前队刘庆汉、吉庆元等及卫护幼天王的其他诸王等三百余人先行；他和林绍璋等七百余众做后队，抗击阻截追军。只可惜，兵荒马乱中他们被冲散了。林绍璋等很快被湘军赶上，全军覆没。

与其他诸将走散后，李秀成趁乱躲进方山。在山中，被当地一位猎户发现时，李秀成已是饥累交迫，原本的警惕性尽失。他听信了来人的话，轻易就向他吐露了自己是忠王的实情。天京城被破的第四天，即同治三年 (1864) 六月二十二日，在天京城东南方山，李秀成被人出卖，遭湘军逮捕。

另一支护送幼天王洪天贵福的队伍，乔装改扮，夜行昼藏，总算躲过湘军的重重封锁，几天后到达湖州，与洪仁玕等人接上了头。

期待天京城破的这一天太久了，曾国藩听到曾国荃湘军攻陷天京的消息时，人还在安庆，他等不及确认，即以六百里加急的红旗报捷奏折向皇帝报喜："……城破后，伪幼主积薪宫殿，举火自焚。"

曾国藩此时并无得到确报，幼天王洪天贵福丧身火海。他也许只是凭着一份想象，更是凭着一份侥幸心理。天王府被攻陷，湘军在天王府内堆积起如山的柴薪点燃。以他多年的阅世经历，洪天贵福，一个十六岁的少年，即使没有葬身那场大火，也早已死于乱军之中。又因急于向皇上邀功，等不及弄清楚真相，曾国藩就急匆匆把奏折发出去了。

可曾国藩毕竟是谨慎的，没有见到洪天贵福的尸体，他心里始终不踏实。

曾国荃更不踏实。

活要见人，死要见尸。天京城中，曾国荃曾让部下掘地三尺，搜寻洪天贵福，可连洪天贵福的影子都没见到。想起城破当晚从太平门缺口处涌出的那一股力量，曾国荃的心里便升起莫名的焦虑与恐慌。他终究不敢确信那里面有没有幼天王洪天贵福。在给大哥曾国藩的信中，曾国荃毫不隐瞒自己越聚越浓的疑虑。这让曾国藩的一颗心也越发悬起来。

湘军没有找到洪天贵福，却找到了忠王李秀成。这对曾国藩兄弟来说更是一个巨大的意外之喜。他们总算能对清廷有一个交代了。

曾国荃听到李秀成被捕的消息是在六月二十三日清晨，他当时连官服都来不及穿，仅穿短衣就急急赶来对李秀成进行审讯。

此时的李秀成破衣烂履，浑身疲惫之态，却依旧居高临下，对曾国荃傲然视之。面对曾国荃的百般审问，他只用沉默回答。

曾国荃被惹恼了，令人拿来铁锥，对李秀成一通猛刺。鲜血自李秀成身上喷涌而出。李秀成这才对曾国荃大声呵斥起来："曾九，各为其主，且兴灭无常，今偶得志，遽刑我乎？"

曾国荃被触到了痛处，气得面红耳赤、青筋暴跳，当即就要把李秀成拉出去砍了。好在旁边的赵烈文及时站出来阻止了他："李秀成身为朝廷要犯，没有朝廷旨意，私自拉出去砍了恐怕不妥。"曾国荃罢手，耐着性子继续审下去。可他一审再审，李秀成软硬不吃。最后，盛怒之下，他只得把李秀成锁进笼子，等曾国藩来了再做处置。

彼时，李秀成知道曾家兄弟和清廷都不会放过他，已抱定必死的决心。他唯一的要求，就是给散落在江南各地的旧部写封信，让他们自行解散，各归各家，以免无辜死去。

同当年陈玉成、石达开临死时一样，在生命的最后关头，他们都想着保全部下。

六月二十五日，曾国藩由安庆抵达金陵湘军的陆军营地，他将在这里亲自审讯李秀成。

在来金陵之前，曾国藩已设想过，战后的金陵一定是满目疮痍惨不忍睹，但当他亲临城中，双脚踏上金陵古城的土地时，还是被深深地震撼了。

昔日的楼台亭榭，如今已是断壁残垣；昔日的鸟语花香，如今却连一丁点的绿色生机也找不到了。到处是黑炭，到处是血腥，到处是肿胀变形的尸体。曾国藩一直期盼着攻陷天京城的这一天，可这一天到来了，那份惊喜却被现实冲击得无影无踪。他不得不承认，这是一场空前的浩劫，其程度之劣之重已远远超出他的想象。而这一切的始作俑者，是他的弟弟曾国荃，带领着湘军亲手毁了这座古城。

可当他看到从破屋矮棚里大踏步向他走来的九弟时，他差点落下泪来。两年多时间里劳心劳力，在战场上与将士们摸爬滚打在一起，昔日强壮威猛的九弟，已经憔悴不堪。他又黑又瘦，须发蓬乱，跨步上前叫一声“大哥”，眼圈已经发红。

他又如何忍心再去指责他？

可面对这样一座空城，他又该如何向清廷汇报解释？

为这场持续两年多的攻城战，清政府耗费钱粮百万，湘军战死九千多人，得疫病死了两万五千多人。花费如此大的代价，最终得到的却是一座空城死城，莫说别人，就是曾国藩自己也觉得说不过去。

何况如赵烈文所说：“而破城之日，全军掠夺，无一人顾全大局，使槛中之兽，大股脱逃。”那是有目共睹的事实。不管他在信中如何安慰九弟，让大股太平军从湘军眼皮子底下脱逃，他和曾国荃都难逃其责。

李秀成被五花大绑，囚禁在狭小的笼中，只等生命的最后一刻来临。他无论如何也没有料到，曾国藩的态度与曾国荃有天壤之别。曾国藩身居高位，却如此和善。见到李秀成的那一刻，他就急令人给李秀成松绑，安排人来给他疗伤。他甚至亲自上前，和颜悦色对他说："忠王实乃人杰，若不是道不同不相为谋，也许曾某人可以与忠王成为知己。"

曾国藩此话一出，李秀成眼泪都要涌出来了。

硬汉不怕严刑拷打，但怕温情感化。面对突如其来的温情，李秀成无以招架。曾国藩几番抚慰之后，他真的把这个亲手指挥剿杀太平天国的人视为知己，开始坐下来静静地写他的供词。

曾国藩说，若他交代周详，他会向朝廷为李秀成请功减罚。

这样，曾国藩就成了李秀成能抓住的唯一一根救命稻草。

李秀成并不想死。

李秀成的供词写得并不顺利，他要字斟句酌。供词写了太平天国发展始末，总结了太平天国失败的十大原因——"天朝十误"。

曾国藩对此似乎并不满意，再次找李秀成深谈。

李秀成又写了"招降十要"。

李秀成原本料定像自己这样的要犯必死无疑了。尤其是被曾国荃刺伤之后，李秀成更抱定了宁死不折的决心。可他万没有料到曾国藩竟然又给他带来了一线生机，他去除他的镣铐，给他换上干净舒适的衣服，又派人来给他疗伤，还好酒好菜地好生招待。

李秀成举笔写供词时，都忍不住满心的感恩流露，他在供词中云"中丞大人（曾国荃）有德之人，深可佩服，救世之人"，又夸曾国藩"中堂恩深量广，切救世人之心……老中堂大义恩深，实大鸿才，心悔未及"，对湘军，李秀成也大肆夸奖了一番，说他们稳练不摇，在战场上能冲锋猛战，而对其他如淮军、楚军、绿营等，则充满诋毁之意。

此时的李秀成，只想一心取悦曾家两兄弟，遣词造句皆要揣摩二人的心思。

供词写得极长，一直写了九天，共计约六万余字。但现今所存的李秀成手迹却只有两万七千余字。其余的部分，都被曾国藩毁掉了。据说，这其中很大一部分都是劝曾国藩做皇帝，阿谀曾家兄弟与湘军，诋毁清绿营军和淮军、楚军的。

李秀成终究是没有摸透曾国藩的心思，他用错了情，也表错了意。彼时，曾国藩正唯恐树大招风引起清廷的猜疑，欲低调都来不及。

尤其是李秀成劝曾国藩自立做皇帝的言论，更是让曾国藩意识到此人的不可留。关于这一点，明里暗里劝他的其实不止李秀成一人，左宗棠、曾国荃都曾试探性地探触过，都被曾国藩巧妙避开了。

曾国藩所受的传统儒家教育，将他最高的人生理想与自立为王做皇帝割裂开来。他要做圣人完人，不为称王称帝。李秀成却看不透这一点，急于表白邀功，反倒加速了自己的死亡进程。

这样一个曾经跟随洪秀全转战十余年，也跟着洪秀全享尽荣华的人，一转眼就可以在他的供词中对太平天国大肆毁谤，谁又敢保证某一天他在皇帝面前不反咬湘军一口，把前面的供词全部推翻？湘军有太多内幕，李秀成都了如指掌，尤其是湘军攻陷天京城后的种种表现，李秀成都曾亲历。这些都是不能为外人尤其不能为清廷所知道的。

按正常的程序，像李秀成这般高级的战俘，曾国藩无权做最终的裁决，理应移交清廷。可他不敢再冒此险。他耐着性子等李秀成每天伏案写供词，每天一写毕就急急索来看，边看边删改。

九天之后，李秀成供词写完，他的死期就到了。曾国藩决不能将其活着送交朝廷。清廷急送李秀成去京的旨意抵达，这加速了李秀成的死期。曾国藩决定先处死李秀成，来个先斩后奏。但李秀成未看出半点端倪，李秀成临刑前夕，曾国藩还对他设宴款待。

李秀成对此中内幕完全不知情，对曾国藩依旧感恩戴德。

同治三年（1864）七月初六清晨，曾国藩命人通知李秀成要处决他。

李秀成也许早有准备，他面色从容，对来人说："中堂厚德，铭刻不忘；今世已误，来生愿图报。"

这天傍晚，李秀成谈笑自若，从容走上了刑场。

曾国藩对他最仁慈的照顾，就是没有采取凌迟极刑，而是让他一刀毙命。

天王洪秀全死了，陈玉成、石达开、李秀成等一个个封王也早已魂归天外。轰轰烈烈的太平天国运动，战火曾燃遍大半个中国，终归以这样的方式黯然落幕。这其中的内因外因，错综复杂，孰是孰非，令多少专家学者都为之着迷，也大伤脑筋。不论也罢。

只说曾国藩，如果没有洪秀全这个对手，没有太平天国这十四年，他的人生轨迹也许就会完全被改写。

李秀成被处决了，暂时除去了曾国藩的心头大患。但他要面对的棘手问题远不止这一个，攻城告捷，论功行赏，是天经地义之事，可曾国藩接下来却做了一个几乎出乎所有人意料的选择……

9. 裁湘军，留淮军

曾国藩官封太子太保，授爵一等侯，世袭罔替。

曾国荃官封太子少保，一等伯。

兄弟二人皆赏穿黄马褂、戴双眼花翎。

在封赏曾国藩的上谕中，清廷历数曾国藩的卓著勋劳，对他大加赞扬。另外，其他的一些湘军将领也广受封赏。

这是攻陷天京城之后不久的事。

那些天，湘军上上下下都笼罩在一片喜气当中，唯有曾国藩和曾国荃兄弟二人满腹心事。

曾国荃对朝廷的封赏一肚子的不服。论战功，他是湘军诸将领里功劳最大、出力最多的一个，可与朱孚泗、李臣典、朱洪章、彭玉麟等人相比，朝廷对他的封赏明显是太轻了。

曾国藩却忧不在此，他的目光远比他的九弟看得更深远。朝廷的封赏，表面上看去热烈隆重，内里却已暗藏玄机——清廷明显在抑制曾家兄弟，而有意扶植湘军其他将领。

数年辛苦，一朝功成，封也封了，赏也赏了，曾国藩却不喜反忧，眼前的封赏又勾起了他的无限伤心事。其实，回首望一下，在整个咸丰朝，曾国藩都不甚得意。

咸丰帝在位，对他欲拒还迎，从来就没有放下过对他的怀疑。朝廷起用他带兵打仗，却又不授予他地方实权，以致让他那些年里处处碰壁，步履维艰。直到咸丰十年（1860），清军的江北、江南大营都被太平军攻破，清军绿营武装几近垮塌，黄河以南清廷基本再无什么力量可以与太平军抗衡，这才不得不依仗曾国藩和他创建的湘军。

那拉氏掌权，一改咸丰朝的谨慎，大力起用汉族地主阶级官员。她任命曾国藩为两江总督，让他统领南方四省军务。可这并不代表清廷对他完全信任，不过是情势所迫而已。尤其是在曾国荃驻军雨花台之后，湘军人数迅速扩展，曾国荃所率军队由原来的两万人增至五万人，曾国藩指挥的部队由原来的数万人增至十二万人，这必然让清廷感觉到一种压力。这种压力在攻陷天京城后达到了巅峰状态。

曾国藩知道，清廷很快就要出手了。

对于湘军的去留，对于他们兄弟二人与清廷的关系，早在天京城未破之前，曾国藩就已前前后后想了很多。他早已意识到，他们兄弟二人已经陷入两难境地——攻城不下，难逃其责，清廷的斥责与板子肯定躲不过；攻城得手，功高盖主，势必又会引起清廷的疑忌。所以，当曾国藩在安庆听到天京攻陷的消息时，他又喜又惧，竟绕室彷徨，彻夜不眠。

果真，攻城之后的大赏，不过是清廷举起板子之前给曾家兄弟的一个笑脸。

还在攻陷天京的当天夜里，曾国荃抑制不住满心的兴奋，连夜向清廷上奏报捷。如此艰辛漫长的一场围攻战，终成正果，曾国荃满心以为上奏之后会得赞美表扬。谁料，传回的谕旨却给了曾国荃当头一棒。谕旨措辞严厉，斥责曾国荃身为湘军的总头领，不应在破城当晚返回雨花台大营，以致让千余太平军突围。

收到清廷谕旨后，曾国荃极为不爽。他责怪当时为他拟奏折的赵烈文，怀疑他在奏折中措辞不当惹恼了朝廷。但赵烈文心里很清楚，这根本与措辞无关，甚至连那破城而去的一千余太平军，也不过是清廷借题发挥而已。当时左宗棠攻陷杭州，太平军陈炳文部等十余万人破围而去，清廷都没有说什么。与攻陷天京城的大功相比，逃脱一千人余又算得了什么？

这仅仅是一个开始。

数日之后，清廷就开始了更严厉的追问——天京金银的下落。这才是最让曾国藩心虚头疼的一个问题。

清廷严令曾国藩迅速查清天京金银的数量与去向，登记造册，向户部上报，以备拨用。上谕中，清廷直接点到了曾国荃的名字，并对他提出严重警告："曾国藩以儒臣从戎，历年最久，战功最多，自能慎终如始，永葆勋名。唯所部诸将，自曾国荃以下，均应由该大臣随时申儆，勿使骤胜而骄，庶可长承恩眷。"

清廷的意思很清楚，若你兄弟二人继续如此不知禁忌，就难再承恩眷了。

清廷警告的意图是相当的明显，偏偏曾国荃就读不懂，他仍然坐在攻陷天京的功劳簿上吵嚷不止，以为攻陷天京全是他一人之功。

对这个被胜利和功名物欲冲昏了头脑的弟弟，曾国藩有时也显得颇为无奈。就曾国荃攻陷天京后的表现，曾国藩曾对赵烈文如此说："沅浦之攻金陵，幸而成功，皆归功于己，余常言：'汝虽才能，亦须让一半与天。'彼恒不谓然。"

做人谨慎，力戒过满，凡事留余，让一半与天。这是曾国藩在多年的官场生涯中总结出的一条官场生存法则，也是他信奉一生的做人之道。尽管曾国藩一再提醒，可曾国荃却似乎并不以为然。

还在同治元年（1862）六月，曾国荃刚率军进驻雨花台时，曾国藩就在给曾国荃的家书中向他提出过劝诫。那时曾国藩奉旨任两江总督协办大学士，独掌江南四省军务，可谓声高望隆，他却在给曾国荃的信中说："阿兄忝窃高位，又窃虚名，时时有颠坠之虞。吾通阅古今人物，似此名位权势，能保全善终者极少，深恐吾全盛之时，不克庇荫弟等；吾颠坠之时，或致连累弟等。唯无事时常以危词苦语互相劝诫，庶几免于大戾。"

曾国藩饱读诗书史书，对于历史上那些因功高盖主而不得善终的忠臣良将，他太过熟悉了。他不能步他们的后尘，所以，不管曾国荃内心有多少委屈与不甘，他来天京之后很快就做出几个抉择。

第一就是自剪羽翼，主动裁撤部分湘勇。曾家兄弟手握重兵，乃清廷最大的心腹之患。自己不动手，清廷很快也要动手，倒不如自己先下手，还能消释清廷疑忌。

曾国藩裁军的原因有很多，总体概括大约有以下几条：

首先，湘军本就是为镇压太平天国而临时招募的，非国家经制之兵，而今太平天国的首都天京已经攻陷，湘军的使命也已基本完成，理应遣散回籍。

再者，自安庆大战之后，湘军人数日益增长，军队整体质量却日益下降，一万多人的部队，战斗力甚至不如以前几千人，湘军已是一支暮气沉沉的军队，此种军队留之无用，不如遣散回籍，也可为国家节约军饷。

让曾国藩痛下决心裁军的另一个重要原因，是当时湘军内部哥老会日益活跃，士兵们闹饷、哗变的事件时有发生，湘军已经越来越难驾驭。尤其是攻陷天京城后，一些湘军将士已变得与土匪无异。

但不能不否认，在这种种的原因里，自削兵权，以消解清廷的疑心才是最重要的。

毫无疑问，在湘军各部中，曾国荃所领的五万湘军是清廷最为戒备的。曾国藩最先要裁撤的就是这一部分人。这五万人中，原属曾国荃吉字营、曾贞幹湘恒营的约三万五千人，其余由萧庆衍等人统领的原属李续宜的部队及太平军叛徒韦俊的部队共约一万五千人。同治三年（1864）七月二十日，曾国藩奏请裁撤湘军两万五千人，其中曾国荃部队裁撤一万余人，但其嫡系部队还是基本上保留了下来。

对于曾国藩的这一决定，曾国荃万分不能理解。他和湘军弟兄们出生入死两年多，才打下这座坚固的城池，保得了大清天下的平安。功成之后，封赏不公也就罢了，竟然还要来个过河拆桥。而这个带头拆桥的不是别人，却是他们湘军的最初创立者，是他的亲大哥。

曾国荃去找曾国藩，先是劝，劝不动就闹，到最后兄弟二人几乎要吵起来。

曾国藩却依然不改裁军的决心。

他相信，总有一天，沅弟会理解他的一片苦心。

其实，莫说当时曾国荃不能理解，就连清政府也未料到曾国藩会如此快地就做出裁军决定。大战刚刚过去，湘军将士们甚至还没有来得及好好喘息一下，此等关头就提出裁军，会不会引起湘军内乱，继而引起整个大局的不安？

清廷接曾国藩奏折后，并未准奏，而是提出留精壮兵勇来补充绿营额。

曾国藩没有依奏，他坚持自己原来的主张，先后对湘军进行了几次裁撤。

到同治四年（1865）五月，曾国藩奉命北上镇压捻军时，可以调动的人竟然只有老湘营六千人了。可见其当时裁军的力度与决心之大。尽管曾国藩后来也为自己当时的裁军之举而后悔。

曾国荃对曾国藩的裁军已是满腹怨言，他大约怎么也不会想到大哥下一步要做的就是为他奏请开缺回籍——变相地收回他的兵权。

同治二年（1863）三月，曾国荃已授浙江巡抚，只是当时他正驻军雨花台，遂没有到浙江赴任。如今天京之围已解，按常理，曾国荃应该到浙江赴任了。曾国藩却在这时候向清廷奏请，说曾国荃病情严重，需回籍调养。这个决定，曾国藩既是以湘军最高统帅的身份，又是以曾家长兄的身份向曾国荃颁布的。曾国荃纵有满心的不服，也只得遵从。

曾国藩于同治三年（1864）八月二十七日上奏，九月初五就获批准。清廷还赏了曾国荃六两人参，对他示以关怀。这样的结果，无论如何都是曾国荃无法接受的。曾国藩也没想到清廷的回复竟是如此之快。说出去的话，泼出去的水。纵有不甘，也只能忍了。

天京城破，百废待举，现在，曾国藩也没有过多的精力在个人恩怨中纠结浮沉。九月初八，曾国藩由安庆抵达江宁，将两江总督衙门暂驻原英王府内。他将在那里亲自督促金陵城的重建。

那天，英王府内宾朋云集，都是前来探视拜访曾国藩的。曾国荃当着众人的面对曾国藩大发牢骚，其无礼之状让曾国藩大为难堪，几乎无地自容，却又不好发作。他能理解九弟的委屈，但他又怎能当众向他解释：奏请开缺回籍，不过是权宜之计，是为了韬光养晦，为了曾家更加稳妥的未来？

其实，在准备奏请让曾国荃开缺回籍之前，曾国藩已经对九弟进行了一番劝慰。曾国荃四十一岁生日那天，曾国藩专为沅弟作了七绝十二首为他祝寿。据说，当曾国荃读到“昆阳一捷天人悦，谁识中军染血衣”“刮骨箭瘢天鉴否，可怜叔子独贤劳”等句时，一下被触痛心事，当时就号啕大哭。但他还是没忍住，在大哥来金陵的当天就让他下不来台。

这年十月初四，曾国荃带着满腹委屈和怨愤从金陵启程回乡。由于怨气未消，回乡之后的曾国荃大病一场。

同治四年（1865）二月，清政府令病势已减的曾国荃进京陛见，曾国荃托词未去。同年六月，清政府又授曾国荃山西巡抚，曾国荃依旧以病未痊愈而拒绝从命。直到同治五年（1866）三月，清政府又调其为湖北巡抚，曾国荃才前往赴任。

尤见曾国藩当时的种种举措对曾国荃的打击之重。

除裁撤湘军、让曾国荃开缺回籍之外，曾国藩还大削自己的地方权力。他先后向清廷奏请停解广东、湖南等东南地区的厘金，这些地区都曾是湘军的重要饷源地，湘军被裁，奏请停止部分厘金的征收倒也属情理之中。

曾国藩原本一介书生，在朝中虽得清廷眷顾，但最终让他由一名在籍侍郎跃为清代著名封疆大吏的，还是从他创建湘军带兵打仗开始。于他来说，军队就是他赖以生存的基础，是他在官场上腾空而起的双翼。如今他自剪双翼，难道就不为自己留条后路吗？这就是曾国荃自始至终都不能理解的地方。

以曾国藩的远见与谨慎，他当然不会凭意气鲁莽行事。事实上，他在裁军时也是做过周密的考虑与部署的，所裁之军仅限于江宁和皖南各军，而成大吉、鲍超等老湘营基本上保留下来，这些部队虽不直接归他管，但有事仍然可以调用。

曾国藩能如此放手裁撤湘军，还有一个重要的原因——李鸿章的淮军已经雄起。清廷当时已经流露出明显的扶淮抑湘之意，曾国藩索性来个顺水推舟，力裁湘军的同时又极力表示对淮军的欣赏。在裁撤湘军时，曾国藩致信李鸿章说："湘军强弩之末，锐气全销，力不足以制捻，将来戡定两淮，必须贵部淮勇任之。……淮勇气方强盛，必不宜裁，而湘军则宜多裁速裁。"

作为曾国藩最为器重的弟子，李鸿章和他的淮军一样，正在茁壮成长，这是让曾国藩极为欣慰的事。在他看来，裁湘留淮，扶持李鸿章，可以稍解清廷疑心，战时李鸿章与淮军仍可与湘军联手作战，可谓一举两得。

事实证明，曾国藩果断采取的这一系列措施有效地缓和了曾国藩兄弟与清廷的紧张关系，化险为夷，在某种程度上获得了清廷的再度信任，巩固了自己的政治地位。

10. 恢复江南乡试

“江南佳丽地，金陵帝王州”，金陵，这座有着“六朝古都”“十朝都会”之称的繁华古都，曾被洪秀全花费十余年时间打造成他的人间天堂。可曾国荃率湘军破城之后，这座美丽的古都就被战争彻底毁掉了。那个带头毁城的人，已经带着满腹的委屈和愤懑离开了，他把偌大的一片废墟死城留给了他的兄长。

作为两江总督，重新在废墟上建起一座新的金陵城是曾国藩义不容辞的责任。这是一项繁复浩大的工程，无论在建筑工程还是文化工程上。

无数被烧毁的亭台楼榭、官衙巷道都要修复起来，没有巨额的费用肯定不行。清政府的算盘原本打得很好，攻陷天京城后，就用太平军留下的财产来重振两江。曾国荃却把清政府的这一如意算盘给彻底打乱了，他给清政府留下了一座几成废墟的空城。

尽管清廷一再下旨，要曾国藩严查天京金银的下落，曾国藩到底还是替曾国荃强顶了下来——天京金银早在城破之前就被太平军转移或者挥霍殆尽，曾国荃攻下的就是一座空城。又有被曾国藩动过手脚的李秀成供词为证，加之曾国荃也因病开缺回籍，对于这个问题，清廷最后也只能睁一只眼闭一只眼，没有再继续深究下去。

一座城池被毁，修复起来容易，无非是多花费些银两。若是人心被毁，想要修复就难了。自从从安庆移驻江宁，曾国藩几乎无一日不在为这个问题而苦苦思虑。

现在，两江总督衙门、江宁布政使衙门和江宁知府衙门都要兴建，曾国藩和他的幕僚们连一处完整的办公场所都没有。但曾国藩考虑再三，还是把那些费用挪做两项在他看来更重要的事情上：一是修复满城，这自是为了讨得清廷的欢心；二是修葺江南贡院，恢复乡试。此举乃为了笼络江南士子民心，尤其是江南的士绅们，他要以此平息他们对湘军劫掠天京的不满。

安徽省与江苏省在康熙六年以前合称江南省（与江西省同属两江总督管辖，两江即江南省与江西省），江南乡试例于江宁举行。

大清国自入关以来，对江南士子们就采取既拉拢又打压的双重政策。江南富庶之地，亦是人杰地灵人才辈出，江南乡试曾被清人称为天下之盛。因每次乡试中，不仅录取名额多，且参加会试者在参试人员中往往名列前茅。

这种胜景却在洪秀全建都天京后被中断了。十余年间，清廷仅于咸丰九年（1859）在杭州借闱开科一次，且录取名额极少。作为科举经仕的过来人，曾国藩能深刻地体会到江南士子们盼望恢复江南乡试的迫切心情。

同治三年（1864）是大比之年，按规定，其他各省已于这年八月中旬结束秋闱，唯安徽、江苏例外（两省虽然后来分省而治，但乡试并没分开，两省士子均在江宁参加乡试）。到同治三年（1864）八月，安徽、江苏两省的士子已经连续三次未能参加朝廷的科考了。在那个以科取士的年代里，这意味着成百上千的人失去了步入仕途飞黄腾达的机会。

咸丰十一年（1861），曾国藩曾试图在安徽专设一个上江考栅，专供安徽士子乡试，后因安徽仍在太平军手中，故未能成行。曾国藩现在要做的就是这样一件顺乎士子之心的事。他从安庆来到江宁，简单地安排修整之后，最先视察的地方就是江南贡院。好在与其他地方相比，贡院所遭受的破坏程度并不算严重，房舍基本都在，稍加修整即可启用。

这年十一月，中止了十余年的江南乡试又得以恢复。

这对于江淮大地苏南苏北的士子们来说，自是一个大快人心的好消息。有近两万士子由四面八方涌进江宁城。其年龄老少皆有，年长的有八十多的耄耋老人，年少的有十几岁的风华少年，甚至有一家祖孙三代共同赴试的。此次江南乡试，可谓盛况空前。曾国藩此举，无疑为他的“卫道者”的形象加了分，尤其是让他赢得了江南读书人的心。

除积极促成这年的江南乡试之外，曾国藩又对江宁城内的书院进行修复，同时也组织一部分知识分子刊印书籍，努力恢复被破坏的封建文化教育事业。

作为两江总督，在两江地区的政治、经济、文化等各领域，曾国藩都相应地采取了一些措施。为促进江宁经济的恢复与发展，曾国藩曾以免税等各种优惠政策吸引四方工商人士赴江宁开业。

“生缚名王归夜半，秦淮月畔有非烟。”在曾国荃四十一岁生日时，曾国藩咏七绝十二首，作为送给九弟的寿礼，以宽慰弟心，其中这句足见他对秦淮河的印象之好之深。

十里秦淮，多少名门望族、富贾大商、文人雅客，都曾醉倒在它的桨声灯影里。尤其是明末清初以来，苏小小、步非烟、柳如是等秦淮八艳的芳踪事迹，更是让十里秦淮的声名达到鼎盛。

一场天京浩劫，打碎了秦淮河的桨声灯影，也黯淡了多少倾慕秦淮芳踪的眼眸。为了尽快营造出一番金陵繁华之象，一向以理学桎梏来严格束缚自己的曾国藩，竟下令恢复秦淮河的灯船，并亲自带头上船召妓饮酒，宴请宾客。

一时之间，四方之工商咸集江宁，战后一度荒凉无人的江宁再度热闹起来。

曾国藩为恢复江宁的政治、经济、文化而做出种种努力，每日沉浸在繁忙的公务之中。朝廷对他的种种奏请都给予准奏：裁军，奏请曾国荃开缺回籍，恢复江南乡试，修葺贡院、书院……

攻陷天京城后所余留的种种遗患，已渐渐让曾国藩淡忘，尤其是关于幼天王洪天贵福的下落，他甚至相信了李秀成的话。李秀成曾说："幼天王虽已出城，定然被追兵所杀；若被杀死路中，亦无人知晓。"曾国藩深为这种结局而欣慰——死无对证，清廷也奈何不得。

谁料就在曾国藩以为一切都已尘埃落定时，半路里又杀出一个左宗棠来。左宗棠狠狠向清廷奏了他一本，杀得曾国藩措手不及。当左宗棠得知幼天王已混在难民中随太平军逃往广德，又从广德逃往湖州之时，他一面函告曾国藩，一面不等与曾国藩商量，就将此事报与朝廷。

这让曾国藩极为恼火，他认为左宗棠这是刻意报复。

左宗棠此举到底有无私心，有多少私心，后人无从得知。但曾国藩这样的推测也不是全无道理。事实上，在曾家兄弟围攻天京之前，左宗棠就已对曾家兄弟二人极为不满。待曾国荃攻陷天京，将天京洗劫一空，左宗棠更是不满，洪天贵福的出现让他找到了一个参劾曾国藩的绝好机会。

清廷得到左宗棠的奏报，遂寄谕曾国藩，说幼天王逃走已是不争的事实，让曾国藩从重参办防范不力之将领，其意非常明显——

让他追究曾国荃的责任。

这一次，曾国藩决心公开站出来替他家老九说话，他在奏折中强硬回复道：湘军入城后巷战终日，无兵弁守门缺口，无法参办。又翻出当年杭州失陷时左宗棠曾让太平军十几万人脱逃的旧账来。当时左宗棠破杭州后，十几万人逃脱，清廷都没说什么。

这下，倒把清廷驳了个无言以对。

可一波未平，一波又起。幼天王并未如人所愿地死在逃亡路上，同治三年（1864）九月下旬，幼天王与太平军大队走散，在江西被湘军所捕获，同洪仁玕一起被押送南昌。江西巡抚沈葆桢本就与曾国藩不和，如今得到真凭实据，遂与左宗棠联合起来，大肆张扬渲染幼天王走脱的严重性，并建议将幼天王押解京城。其实就是为了扩大此事的影响，以加重曾家兄弟让幼天王走脱的罪状。

当时，清廷只意在挑起左宗棠与曾国藩的矛盾，从而达到分化湘军、楚军的目的，二人果真为此事争吵起来。一个逃走的幼天王又能掀起何等风浪？最后，清廷采取了轻描淡写的姿态，把幼天王和洪仁玕等人一并在南昌就地处决，此事就算过去了。

这件事成了曾、左交恶的一个重要导火索，此后，曾国藩深深怨恨左宗棠，与左宗棠数年不通音信。

在处理幼天王走脱这件事上，清廷的选择当然不仅仅是因为曾国藩是两江总督，且为朝廷屡立大功。那拉氏看得很清楚，对曾国藩仍宜恩威并施，不可逼之太急。当时的曾国藩虽然自剪羽翼大裁湘军，但他在湘军中的号召力，在东南数省的威望依旧不容小觑。何况彼时的清政府，又为一股正在日渐兴起的农民起义力量而烦恼不安。

大清朝的平稳安定，依旧少不了曾国藩。

两江总督任上，正准备加大力度对两江大加整饬的曾国藩，又将被清廷派上新的战场。

第七章
剿捻无功

1. 捻军兴起

在东南大地上，曾国藩、胡林翼、左宗棠等人在竭力与太平军周旋作战时，大清的北方中原大地上也并不安宁，一股名为捻军的农民反抗组织，正搅得清廷不得安生。此时，担任剿捻和保卫中原、保卫京师任务的是僧格林沁所率领的清军。

僧格林沁，蒙古科尔沁旗人，原为科尔沁郡王，道光帝驾崩时曾被任命为顾命大臣，咸丰帝登基，由于镇压太平天国有功被封为亲王。僧格林沁带兵打仗勇猛，他所统领的三盟骑兵曾是捍卫京师的主要力量，极为清廷所倚重。

同治四年（1865）四月二十四日那天，在山东曹州一个叫高楼寨的地方，僧格林沁竟然一命呜呼，他和他的大军全军覆没于捻军。

消息传来，朝野震动。

僧格林沁，如此悍将，所率领的亦是保卫京师的精锐部队，却于旦夕之间全军覆没于捻军。捻军到底何其厉害？

说起捻军的历史，虽然始终没能像太平天国那样发展壮大起来，发轫却比太平军还要早。早在清仁宗嘉庆年间，在安徽梅山、阜阳、颍上、亳县等地与河南之商水、汝南、光山等接壤处就已有捻军在活动，当时的御史陶澍还曾亲自剿拿过“捻匪”。

捻，原本为来自乡村农民所玩裹纸燃烛耍龙的一种游戏组织。因为耍龙人的手里都拿着纸捻，故而称为捻。“捻”也有股的意思，每一股谓之一捻子，小捻子数十人，大捻子一二百人左右不等。

自嘉庆年间，这股来自于民间的群众反清力量兴起，其活动势力范围主要在山东、河南、江苏、安徽一带，俗称“捻子”，史家称之为“捻党”。

与太平军的公开、大范围作战行动不同，捻军从一开始就因为势单力薄、力量分散而不得不处于半秘密的状态，他们分散作战，互不统属，没有明确的作战目标，打一枪换一个地方，故而发展一直缓慢。

鸦片战争之后，阶级矛盾和民族矛盾日益尖锐，捻党再次活跃起来，反抗清政府的封建压迫。其活动规模与活动地区都有所扩大。尤其是太平天国兴起之后，捻党大受鼓舞，在各地组织群众起义，并逐渐与太平军联起手来。

至咸丰五年（1855），各路捻军聚集在安徽亳州河集，推举张乐行为盟主，祭告天地，举起反清大旗。另一个在此时举旗而起的首领叫龚得树。他们都曾接受太平天国的领导，却又各自为政，互不统属，他们行动自由，“听封不听调”，依旧以游击形式与清军作战。

咸丰六年（1856）天京内讧之后，太平军之所以很快又恢复战斗力，扭转了不利局面，很大程度上就得益于河南、安徽一带捻军对他们的支持。尤其是陈玉成在世时，与捻军互相支持、互相鼓舞，使得双方都军威大震。可惜，这样的局面没有维持太久。同治元年

(1862)，随着庐州的失守和陈玉成的被俘牺牲，捻军在皖北陷入孤立无援的境地。

捻军虽然不像太平军那样来势凶猛，但也颇让清廷头疼。十余年来，清廷派大臣、遣重兵，耗财耗力，损兵折将甚多，却效果不大。数次剿捻失败之后，僧格林沁就成为清廷最为依赖的剿捻力量。

清廷如此重视僧格林沁，一方面是因为曾国藩等人所部湘军、淮军都在与太平军作战，无暇他顾；另一个重要的原因，事关大清皇室的面子——曾国藩他们再厉害，毕竟是汉人，僧格林沁才是有着正宗大清血统的皇室贵族，若由他率军剿捻成功，才足以证明大清政权的朝气与活力。大约僧格林沁也有这种心理，才最终导致了他急于求成，一意孤行，最终命丧捻军之手。

同治三年（1864）六月，天京陷落，这对正赶赴天京支援的西征太平军和捻军来说，是一个巨大的打击。闻讯之后，捻军全军上下一片沮丧，军心大动，组织随之涣散，几乎濒临瓦解的边缘。

僧格林沁觉得这是剿灭捻军的大好时机，遂与官文联手进攻，在湖北麻城和安徽霍山接连打败太平西征军和捻军。最后，捻军的主力部队被歼灭，只剩下人数不多的两支部队，一支退回陕西南部，一支在赖文光的领导下转战于鄂、豫、皖地区，继续坚持战争。

赖文光，原本是广西农村的小知识分子，咸丰元年（1851）参加金田起义，次年被选拔为太平军文职官员，天京事变之后弃文从武，开始带兵打仗，曾属陈玉成部。

捻军与太平军被僧格林沁大败之后，赖文光遂成为江北太平军和捻军的最高领导人。多年来在太平军中与清军作战，赖文光积累了丰富的作战经验。在当时主力被歼的艰难形势之下，他很快对捻军进行了重组与改编，建立起一支精锐骑兵，以骑代步，大大提高了战斗力与行军速度。

赖文光还调整了战略战术，一改过去那种半兵半民的分散状态，把捻军的优势与太平军的优势相结合，在原有的流动战术基础上，又采取骑兵两翼包围、步兵配合紧逼压阵的方法与清军周旋。

捻军迅速成为一支有战斗力的正规化野战部队。他们来去迅疾如风，不战时策马纵横，清军力追不及；一旦停下来作战，又骁勇异常，常让清军身陷重围而无法逃脱。

《孙子兵法》讲：知己知彼，百战不殆。僧格林沁却对捻军的这一形势变化毫无察觉，他用老眼光看待捻军，也坚持用老办法对付捻军。又因急于向清廷邀功，在跟捻军作战的过程中，产生了急躁冒进的情绪，一直对捻军穷追不舍。

僧格林沁如此急于在剿捻战场上立功，说来也与曾国藩、李鸿章、左宗棠等人不无关系。作为一名清廷贵族大将，僧格林沁一直对曾国藩等汉人官员看不上眼。可剿灭太平军那样的赫赫大功，却终究还是被这帮汉人官员摘走，僧格林沁自然不服。

彼时，捻军所采用的战术，清廷和曾国藩等都看得很清楚。他们且战且停，与僧格林沁的大军始终隔着一二日的路程。僧格林沁追得近了，他们再继续前行一阵，却故意避而不战，摆明了要把僧格林沁的清军拖垮。

为此，早在同治三年（1864）十月，清廷就曾命曾国藩赴鄂、皖一带，协助僧格林沁共同剿灭捻军。接到上谕，曾国藩极为不悦。他不愿意与那个目中无人的清廷大将僧格林沁合作，却又敢怒不敢言。正踌躇不决间，捻军撤围，清廷下旨撤销前令，曾国藩“毋庸赴皖”。这算给曾国藩解了围，也让僧格林沁大松了一口气。

与当初曾国荃天京城外拒绝一切外援时一样，僧格林沁也生怕剿捻之功再落入曾国藩等人之手。清廷也有此意，希望能完全凭借僧格林沁之手将捻军镇压下去，让清军扬眉吐气一回。

同治三年（1864）十月至十一月间，清廷下旨又随之将前命撤销，愚顽自大的僧格林沁不忧反喜。殊不知，死神已张开羽翼向他步步靠近。

这年冬天，捻军在邓州唐坡大败僧格林沁部，僧格林沁率数十骑随从逃进邓州城内，才免于一死。可自此之后，在与捻军交手的过程中，僧格林沁开始转入极度的劣势，屡屡被捻军打败，其得力爱将恒龄、苏伦堡也被捻军斩杀。

这让僧格林沁大为光火。

为给部将报仇，僧格林沁已全然不顾兵家之战略战术，开始对捻军穷追不舍。一月之间，竟连行三四千里。长途行军，兵疲将衰，这已犯了兵家大忌。可僧格林沁没有丝毫危机意识，仍听不进任何人的劝告。连清廷的警戒也置若罔闻，只一心追击捻军。

新整编后的捻军原本就是精挑细选的擅骑擅战之人，他们战马充沛，每人备有两三匹马，交替骑乘，行军速度远远超过僧格林沁所率清军，这样也为他们赢得了更多的休整时间。

相反，僧格林沁每天疲于追击，长途跋涉，人困马乏，毫无战斗力可言。僧格林沁虽是一员猛将，可也是一名莽夫。他策马冲在队伍的最前端，致使自己常常孤立于大部队之外。

最初，僧格林沁尚虎虎生风，跃马驰骋，勇猛无比。可随着时间的一天天过去，他的体力已渐渐不支。到最后，他累得连马缰绳也举不起来了，只好在脖子上挂条布带子，将手吊着，以驾驭马匹。有时候连饭也来不及吃，饿极了就下马，在道旁喝数杯酒后继续上路，不少清军就那样被拖累死了。

这一切正中捻军下怀，他们在等一个机会的来临，将这支疲惫不堪的劳军一举歼灭。机会真的很快就来了。同治四年（1865）四月，捻军在山东曹州对僧格林沁部布下天罗地网，将僧格林沁步步引入他们的包围圈。四月二十四日，在山东曹州一个叫高楼寨的地方，僧格林沁全军覆没，僧格林沁也被一名捻军士兵杀死在麦田里。

清廷护卫京师的长城顷刻倒塌，顿时陷入一片新的恐慌。放眼打量，此时能与捻军作战的，唯有曾国藩的湘军和李鸿章的淮军了。

曾国藩将不得不再次踏上剿杀农民起义的战场。

面对这样的谕旨，曾国藩又一次陷入一片愁苦之中……

2. 北上剿捻

僧格林沁战死，其率领的清军全军覆没，捻军力量却日益壮大，清廷不得不再次起用曾国藩和他的湘军。

同治四年（1865）五月初三，曾国藩接奉上谕，让他立即带兵前往山东一带剿捻，两江总督暂时交由李鸿章署理。

曾国藩还未来得及交接清楚，五月初五至初七，接连三道谕旨又发下来，令曾国藩统带各军星夜出省，赶赴山东。

曾国藩连跟清廷讨价还价的余地都没有。

事实上，彼时的曾国藩正满心惶恐，他哪还敢跟清廷讨价还价？尽管他满心不愿再踏上行军之路。

就在大约两个月之前，同治四年（1865）三月，清廷再次发生了一次政变。其涉及人员与波及范围虽不比当年的那场宫廷政变，但它对曾国藩的震动却远远要大于当年。因为这次政变的主要对象是奕䜣——一个与曾国藩目前的政治前途息息相关的人。

奕䜣与那拉氏，当年在共同的政治利益面前联手击败了肃顺等八大臣，但那拉氏的狐性多疑，奕䜣在朝中声望势力的日益隆盛，注定这一对政治合作伙伴不会在同一条路上相携太久。

同治四年（1865）三月初七，慈禧太后亲拟诏旨，以恭亲王奕䜣妄自尊大、目无君上、暗使离间、诸多挟制等理由，革去其议政王和其他一切差事，不准干预政事。

这样的结果不但让一向高傲的议政王奕䜣震惊，对曾国藩来说更是一个晴天霹雳。

四天之后，曾国藩在江宁城外的中关见到彭玉麟。二人独登一舟，于舟中密谈良久，说到伤心处，二人竟至无言，相对而泣。可见，奕䜣被革职对曾国藩的打击极大。

此后，那拉氏虽又恢复了奕䜣首席军机大臣的职务，仍令其掌管总理衙门，却闭口不提恢复议政王封号的事。

经过此事的打击，奕䜣在那拉氏面前完全屈服下来。他变得唯唯诺诺，处处谨慎，遇事再不敢像以前那样直言。

自从那拉氏当政，曾国藩数次违背朝廷旨意，很大程度上都是因为有奕䜣在为他求情撑腰。现在奕䜣这棵大树被剪枝折茎，连自身都尚且难保，对曾国藩等人就更谈不上照应了。

这也正是那拉氏的本意。那拉氏正是通过直接打击奕䜣的方式，间接地打击了曾国藩集团。

奕䜣被革职之后，曾国藩所上的几个保案接二连三被吏部反驳，清廷对曾国藩的冷淡与疏远之意已显而易见。

在这种情形之下，收到清廷让他剿捻的谕旨，他又如何能心甘情愿奔赴剿捻前线？

除了政治原因之外，曾国藩不愿急赴山东剿捻的原因还有一个，就是在军事方面的忧虑。

捻军的发展势头及僧格林沁的惨败都已证明，捻军绝非一般的草寇流匪。它纵横千里，行踪不定，却又像当年的太平军那样有自己的根据地。而且又跟太平军的作战方式不同，不能用以前那种攻城守地的办法来歼灭他们。要在漫长的作战阵线上部署，没有庞大的兵力支撑根本不可能。可攻陷天京后，曾国藩已把湘军裁掉了一大部分，如今就出现了兵力严重不足的局面。

然而，军情就是火情，朝廷的三道加急谕旨，让曾国藩没有任何退路。

当时清政府唯恐山东曹州一带的捻军乘胜渡过黄河，袭击北京。遂一面令直隶总督刘长佑、山东巡抚阎敬铭亲赴黄河沿岸督办防务，严防捻军北渡；一边连发谕旨催曾国藩启程，所有直隶、山东、河南三省绿旗各营及文武官弁，统归其节制。

这谕旨听起来像是给曾国藩很大的权力，是个肥缺，实际上是一块烫手的山芋。当时的曾国藩要兵无兵、要粮无粮，上面谕旨又一道接一道地催，急得他只恨自己没有分身或者钻地之术。

幸好，李鸿章再次出来替他解了围。

李鸿章听到消息后，先派出五千军队乘船到天津，堵住了捻军的进京之路，这才让曾国藩有了一些准备时间。

一场战争的打响，首先自然是根据战况进行有效的战略部署。

捻军作战的特点，曾国藩早有研究。他深知对付捻军既不同于以往对付太平军，又不同于对付一般的流寇，捻军有着深厚的群众基础。这是最让曾国藩头疼的地方。

因皖北、豫西一带民圩经常受官兵的骚扰侵害，以至于有“贼过如篦，兵过如洗”之语。民众对官兵可谓深恶痛绝，对捻军却分外友好。捻军过境时，常有人送物送粮给予支持。

所以，除了军事上的围剿之外，切断捻军的外援也极为重要。

为此，曾国藩决定采取军事进攻与政治清查相结合的办法，双管齐下。

军事上，曾国藩汲取了僧格林沁的教训，不再一味跟追，而是采取跟追和拦截相结合的办法对付捻军，从而“以静制动”，变被动为主动。

政治上，曾国藩派出大量人员到各圩去进行登记清查，严令不许留粮供贼或开门迎接，若有违者，严惩不贷。

考虑到捻军足迹遍及鄂、豫、皖、苏、鲁五省，战线拉得太长，恐无力应对，曾国藩又上奏朝廷，为自己划定作战区域。他提出以黄河以南，沙河、淮河以北，贾鲁河以东，运河以西为他的作战区域，其间共包括豫、皖、苏、鲁四省十三府、州。除此以外的地区，由各省巡抚负责。

对剿捻的具体军事部署，曾国藩也列出了较为清晰的计划：以水师封锁黄河，防止捻军渡河北上威胁北京；于临淮、周口、徐州、济宁四镇驻防重兵，以作为剿捻的主力部队与根据地；另筹备两支精锐部队作为游击力量，跟追捻军；他自己则以徐州为老营，临淮、济宁、周口为行营，视军情变化随时移动驻扎，以便就近指挥。

这是一份看起来极为周详且稳妥的作战计划。按照这样的计划，捻军无论是走还是停，无论走到哪里，都会受到堵截围追，最后渐无立足之地。可这份周详的计划要实施起来却困难重重，最大的困扰就是兵力问题。

针对上述计划，除需调动水师和训练马队之外，还需数万人的步兵。而几经裁撤之后的湘军，数量已不及两万，且士气低落，已远没有当初的战斗力可言。

以刘松山统率的老湘营为例——这曾是曾国藩极为倚重的一支部队，士兵们听说要前往山东剿捻，都以路远天寒、不习惯北方的生活为由，强烈要求遣散回籍。一时间，整个军营上下人心浮动，军心大乱。

刘松山只好以军法处置了几个带头鼓动的人，这才把这场骚动镇压下去，勉强带着队伍出发。可才走到半道，又有人带头出来索要兵饷，也有人趁机请假，逃跑的也大有人在。无奈之下，刘松山只得放走了一部分人，这才带兵继续过了黄河故道。

这样一支军心涣散的军队，日后打起仗来的情形可想而知。

江宁的湘军也好不到哪儿去。彼时，在江宁的湘军还有十六个营，其中有十二个营已决定裁撤，另四个营是准备留下驻防江宁的。可北上剿捻的消息传出后，十六个营竟然没有一个营愿意留下来，都纷纷要求遣散回籍。

曾国藩软硬兼施，从十六个营中勉强选出了两千人四个营，又临时从湖南新招募了两个营，这才算凑足了自己的六千亲兵。

至于其他的作战部队就更加难以招募，最后只勉强凑了九千人——离要求相差甚远。

曾国藩这才又想起当初九弟曾国荃朝他发的那些牢骚，他裁撤湘军的力度也许真的过大了。兵到用时方恨少，悔已无用了。

湘军如此不争气，曾国藩只能把剿捻的希望全部寄托在淮军身上。

淮军多来自皖北一带，与山东等地的生活习性差不多，没有人以此为借口纷纷要求退伍。但淮军却是由李鸿章训练带出来的，只听命于李鸿章。尽管曾国藩安排了李鸿章的人来管营务与军务，还是不能很好地与淮军将士们和谐相处，指挥每每都不得力。这也为日后的剿捻失败埋下了隐患。

但不管有多少问题，清廷的谕旨一道连一道地催，曾国藩还是在仓促准备了二十余天后，于这年五月二十五日，带着东拼西凑的两万两千人马从江宁出发了。

两万两千人，主要包括刘铭传、张树声、周盛波三支部队和提前乘轮船赴天津的潘鼎新一支。

大部队浩浩荡荡向徐州方向进发，准备前往徐州驻扎。

可战场上形势瞬息万变，曾国藩的大军才行至清江浦，就听到捻军已由山东南下皖北并将安徽布政使包围在雉河集的新消息。曾国藩一边急调刘松山、刘铭传、周盛波等军前往救援，一边决定改道前赴临雉关，以便就近指挥。

雉河集，便成了曾国藩剿捻战场上的第一战。

3. 剿捻部队内部矛盾重重

曾国藩调遣湘、淮军大批开向雉河集，捻军闻讯后主动撤围，分两路向西移：一支以张宗禹为首，进入豫西，往返于南阳、襄阳一带进行流动作战；一支由赖文光带领，转入鄂东地区，进行休整。

捻军渡河北上进逼北京的危险局势算是缓解了。

雉河集一战就这样不战而胜。

曾国藩并未稍许轻松，他又根据形势的发展进行了重新部署：奏请让潘鼎新代替驻扎在济宁的陈国瑞，而将陈国瑞调往清江浦。

令刘铭传驻周口，刘松山驻临淮，张树声、周盛波两军合驻徐州。又令人重组马队，交由李鸿章的弟弟李昭庆训练，充任游击之师，以配合上述四镇的军事行动。

曾国藩的这番部署，依旧按照最初设想的作战方案而行，应该也算切合当时的实际。

可曾国藩即便把行动方案制订得滴水不漏，却唯独忽略了一点——他现在率领的这两万多人，已非往日对他唯命是从的湘军了。这是一支标准的杂牌军，队伍中有他从江宁带出来的湘军旧部，有李鸿章的淮军，也有僧格林沁的残余旧部。三支军队，出自三个将领的手下，各认其主，各守各规，硬生生组合到一起，就像油和水、水和火，彼此不相容。

其中，最让曾国藩头疼的有两个人：一个是僧格林沁的旧部陈国瑞，一个是李鸿章的部下刘铭传。这两个人在各自主帅眼里都是骄子，到了曾国藩手下，仍然不改往日的傲气，谁也不服气谁，频频纷争，给曾国藩带来了很大的麻烦。

僧格林沁在山东曹州高楼寨被捻军围歼，当时他所率领的将士几乎无一生还，唯有一个人逃出捻军重重包围圈，死里逃生。这个人就是陈国瑞。

僧格林沁的死惹恼了清廷，此后不久，很多人因为救援不力而获罪，遭发遣、革职、降调，罪名不等，连山东巡抚阎敬铭、布政使丁宝桢等也受牵连，被议处。

可战场上脱逃的陈国瑞却只受革去提督衔的轻微惩处，仍以总兵帮办军务，授命率领僧格林沁的残部，护理钦差大臣关防，驻扎在济宁。陈国瑞罪本不在轻，却几乎没受什么惩罚，就在于他以往立了太多的战功，将功折罪，免于议处。

陈国瑞，湖北应城人，少时就是地方上一小混混似的无业游民，打架斗殴，顽劣异常。十几岁时参加了太平军，后投降清军，被总兵黄开榜收为义子。几经辗转，最后归于僧格林沁部下。陈国瑞悍勇善战，在僧格林沁部很快就得到重用。又因他在镇压皖北太平军和平定苗沛霖之乱时出了大力，积功保至浙江处州镇总兵。

依仗自己的战功与僧格林沁的庇护，陈国瑞一向为人骄傲粗暴，对军中诸将极尽盛气凌人之势，诸将对他是敢怒而不敢言。僧格林沁一死，陈国瑞更是在军中称雄称霸，他我行我素，对曾国藩让他去清江浦的命令置若罔闻。

再来说这个刘铭传。刘铭传，安徽合肥人，著名的淮军将领。十一岁丧父，少年生活极为艰苦。十八岁时放弃读书，落入江湖，曾一度上山，从事绿林劫盗。后来，他的母亲因为受其牵连自杀。刘铭传悲哀不已，决定洗心革面正当做人。他还乡做团练，恰好彼时李鸿章正在招募淮军，遂投靠李鸿章手下，开始加入对太平天国的战争。

从刘铭传少年时期的经历即可看出，他也不是个善茬。进入军中后，以作战勇猛而著称，是淮军中李鸿章极为倚重的将领，由此也养成了刘铭传目空一切、不甘居于人下的倔强性格。

济宁是当时离捻军最近的一座城市，彼时正因僧格林沁部的全军覆灭而闹得人心惶惶。曾国藩信不过陈国瑞部，担心捻军再次前来袭击，遂派刘铭传赶赴驻守。刘铭传部就依令驻扎在济宁城北的长沟集。

陈国瑞受僧格林沁的影响，原本就对湘军、淮军有成见，如今又见淮军公然进驻济宁来抢夺他的战功，心中更生憎恶。

当时的淮军，因在上海与洋人打得火热，近水楼台先得月，淮军的武器装备在当时清军诸军中也是最为先进精良的。对刘铭传部的洋枪，陈国瑞耳闻已久，早已垂涎三尺。他索性趁这次刘铭传驻扎济宁的机会，公然抢了再说。

那天，陈国瑞亲自率五百亲兵，气势汹汹地闯进了长沟集刘铭传大营，见人就砍，竟连杀数十人。刘铭传哪里忍得下这口恶气，闻讯后迅速带兵将陈国瑞及五百亲兵团团围住。

五百亲兵全部被打死，陈国瑞被活捉。

直到这时，陈国瑞才意识到自己祸了大闯，可为时已晚。

刘铭传将陈国瑞关在一栋空楼里，连续饿了陈国瑞三天。三天后，陈国瑞彻底服软了。

刘铭传这才下令把他放走。

暂时保得一命，那口恶气还堵在胸口。回去后，陈国瑞立即向曾国藩控告刘铭传，刘铭传也来找曾国藩告状。一场新的火拼又在曾国藩面前展开了。

平心而论，对陈国瑞此番举动，曾国藩可谓是深恶痛绝。可陈国瑞毕竟是僧格林沁的旧部，也正为清廷所倚重。他不想再因此事让自己和满人将领产生矛盾，只得装模作样地把刘铭传说了一通，给陈国瑞找了个台阶下。

当然，也不能就此了之。如不对陈国瑞的做法严加管束批评，日后他会更加目无王法。在批评刘铭传的同时，曾国藩也在陈国瑞告状的帖子上洋洋洒洒批了数千语。曾国藩可谓苦口婆心，他历数陈国瑞半生功与过，半是赞誉半是指责，劝其改过自新，并与陈国瑞约法三章，令其日后务必遵守。

陈国瑞原本是来告状的，倒被曾国藩一通训教，心里自然很不舒服，他极力与曾国藩狡辩。

这次他真的惹怒了曾国藩。曾国藩上奏弹劾，还加了一条带兵抢劫刘铭传部的新罪，陈国瑞帮办军务的名号立马被撤，御赐的黄马褂被褫夺，暂留处州镇总兵实缺，责其戴罪立功。

面对这样的处置，陈国瑞傻眼了，身上的那股子嚣张气焰立马熄灭，彻底在曾国藩面前矮下来，乖乖地跑来认错，并立即由济宁移驻清江浦，再不敢不从命了。

曾国藩对陈国瑞的参劾果真起到杀一儆百的效果。陈国瑞尚且如此，原属僧格林沁的旧部，哪个还敢不服曾国藩的管束？可曾国藩哪里知道，真正的大麻烦并不是陈国瑞之流，而是来自李鸿章的淮军。

曾国藩讲究治军从严，李鸿章则相对宽松。到了曾国藩手下的淮军，多不能忍受曾国藩的严苛，或消极怠战，或阳奉阴违，不肯从命。

更让曾国藩气恼的是，李鸿章虽把淮军交由他带领，却事事都要插手。曾国藩这边下令，那边李鸿章很快就知道了。心中不服管束的淮军将领，写信向李鸿章诉苦告状，对安排给他们的差事挑三拣四，让李鸿章求情的，请李鸿章出面重新安排任务的……

无奈之下，他每每下令给淮军诸将前，要先写信给李鸿章，再由李鸿章发号施令。这样一来一回，多少天就过去了，很多战机也就这样白白错过。

这其中，李鸿章的爱将刘铭传与弟弟李昭庆做得最为出格。

在当时部署的四镇当中，周口是一战略要冲，为兵家必争之地。彼时，周口正四面受敌，形势相当危急，必须派驻一支兵力强大的部队驻守。曾国藩想让刘铭传前往，因为相较于其他各部，刘铭传部人数最多、装备最好、战斗力也最强，且他本人也有出色的军事才华，要强于其他各将领。

谁料刘铭传接令后，立即致信李鸿章，表示不愿驻守周口。李鸿章其实也不愿自己的爱将前往凶险之处，便又给曾国藩写信，让其换人前往。曾国藩不允，刘铭传索性在李鸿章的授意下装病不起。

曾国藩认为，同擅长骑战的捻军作战，马队的作用不容忽视。他把这个重要的任务交给了李鸿章的弟弟李昭庆，由他组织训练马队，训成后直接由他指挥。李昭庆也给李鸿章去信——他不愿从事这么危险的行动，李鸿章也怕弟弟日后遭遇僧格林沁那样的情形，又抓紧致函曾国藩代弟求情，求他换将。

李鸿章的种种举动，让曾国藩越来越无法挥动手中的指挥棒，他只得与李鸿章交涉。

曾国藩既以师生父子之情来感化对方，又以军事首领的身份来压制对方。果然，接到这封信后，李鸿章收敛了许多。刘铭传不再装病，李昭庆统带马队出任游军，曾国藩的处境才稍有好转。

然而，这仅是一个开始，更让曾国藩头疼的事还在后头。

4. 捻军来去如风，湘军疲于奔命

按照剿捻之初曾国藩制定的政治与军事部署，一份看似周密的计划，实际上不过是一份书生气的纸上谈兵，真要拿到现实中来，其操作的难度让人根本无法想象。

同治四年（1865）八月初四，曾国藩从安徽临淮关自陆路启程，移驻徐州。准备按照他制订的分区战守计划和四镇布防之策，在那里居中调度。

彼时，捻军仍分两支进行活动——张宗禹一支留屯豫西南阳境内，赖文光一支离开鄂东进入山东。

见捻军势力再次北移，清廷又着了慌，急令曾国藩节制豫、鄂、皖三省军务，并让他移驻河南许州。这对曾国藩原来的战略部署十分不利。曾国藩没有接受清廷的命令，仍坚持移驻徐州。

但他还是不得不在原来的计划上做了调整，将原驻扎徐州的张树声部调往山东，同驻守济宁的潘鼎新联合进攻捻军。徐州驻防则由原驻防临淮的刘松山部负责，原驻徐州的周盛波部则调往河南归德（今河南商丘）。

原来的四镇布防，现在成了五镇布防，对兵力的要求更加紧迫。曾国藩接下来要做的就是抓紧时间派人到口外购置战马，让李昭庆加紧训练马队。除了准备这支新的马队外，曾国藩还对僧格林沁的残存骑兵进行了整编。一番整编之后，曾国藩手下的骑兵总数也不过两千七百余名。最后，他从中挑选出一千八百余名，编成三支马队，剿捻部队算是有了自己的马队。

这区区三支马队一千八百余人，莫说作战能力，单从数量上就处于极度的劣势，根本无法与捻军相提并论。

当时捻军有步兵六七万人，骑兵近万人。即使分开活动，每支部队也有步兵、骑兵三四万人。何况，曾国藩的马队，要么是战场上走下来的残兵败将，要么是临时招募的新勇，作战经验根本无法与身经百战、转战南北的捻军骑兵相比。

如此力量悬殊，注定了曾国藩剿捻将会是一场劳而无功、出力不讨好的差事。

徐州、临淮、周口、归德、济宁，五镇布防，五镇跨越苏、豫、鲁三省，每个重镇之间都相距数百里不等。这其间漫长的空隙，曾国藩根本没有兵力处处防守追剿，这就给捻军提供了巨大的行动空间。他们在这中间来回穿梭，行动自如。他们有精良的马队，可以日行千里，让清军追无可追，停下来又能凶狠作战，常常杀回头来将追击他们的湘军、淮军杀得措手不及。

在河淮之间的千里平原上，捻军纵横驰骋，来去如风。曾国藩的湘军、淮军则疲于奔命，东追西讨，最终却毫无战果。偶尔报上来的一份捷报，也不过侥幸伤一点捻军的皮毛而已，根本打不到捻军的筋骨。

曾国藩这才意识到，自己先前小看了捻军。

这支脱胎于太平军的新生力量，很显然已经完全不同于以往的太平军。他们从太平军的失败中总结教训，又继承了太平军的长处，在战略战术及战斗作风方面都做了重大的改变与调整。捻军在数量上虽然比不上太平军，但他们比太平军更加灵敏剽悍，既善于打游击战、运动战，又能与湘军、淮军短兵相接打交手战。

尤其是面对面的拼杀，这原本就是湘军、淮军的弱项。以往的作战中，只有两军突然相遇时才偶尔打一次。与能吃苦能打仗的捻军相比，湘军、淮军从将领到兵勇都缺乏吃苦耐劳的精神。

捻军吃透了湘军、淮军的这一弱点，除非不战，要战就是面对面的交手战，常常把湘军、淮军杀得败退连连，拥有着精良武器的湘军、淮军竟然还不如僧格林沁那些从战场上败退下来的旧部能战。这实在大大出乎曾国藩的意料。

鲍超、刘铭传为湘军、淮军中最骁勇能战的将领，可他们也往往与捻军战不了几个回合就败下阵来。很显然，现在的捻军已与昔日那些只知躲避不打硬仗的旧捻军全然不同。

经过多方调募，湘军、淮军步兵兵力已达近五万，加上李昭庆的马队近一万人，总兵力已达六万之多，可这六万人的队伍与捻军交手一年多，竟未取得有效战果。这除了湘军、淮军战斗力差之外，曾国藩这个最高军事统领者肯定负有极大的责任——他的作战方针出了问题。

在制订那份作战方针计划时，曾国藩把现实想得太过于理想化。而战场上军情万变，如不能随时根据形势的发展调整战略战术，定会慢慢陷入被动挨打的境地。带兵剿捻一年多以来，曾国藩几乎日夜都在为这场战争操心劳累，可最终的结果却让他如此无奈和绝望。

更让曾国藩难堪的是，出师一年，劳而无功，耗费了大量的兵饷粮饷，朝野内外种种非议又起。他几次上奏的保举单都被清廷驳回，这在以往是绝没有过的事，朝廷对他的不满已日益明显。政敌们又活跃起来，各种参劾、各种嘲讽责备不断。曾国藩又陷入当年的政治窘迫之中。

除此之外，鲁、豫两地的地方官吏、乡绅也开始对曾国藩牢骚满腹，粮草供应也不再及时。

正是应了那句话，墙倒众人推。

好在这时一道曾国荃出任湖北巡抚的朝廷谕旨，让曾国藩的脸上有了稍许喜色。同治五年（1866）三月，一直在湖南老家养病的曾国荃再度出山，他率领新招募的湘军一万二千人，赴武昌湖北巡抚任。这支湘军已全非以前的湘军旧部，史称新湘军。

同年三月，曾国藩奏请鲍超霆字营营饷的解决办法，请派鲍超赴豫南、鄂北一带帮助剿捻。

曾国荃的出山和鲍超的支援，让曾国藩剿捻多了几分底气。

曾国藩不擅带兵，却还是硬着头皮带兵出征。他不擅用兵，战场上碰得头破血流。五镇重点布防和马队游军追击都已宣告失败，曾国藩终于开始考虑转变战略。

他想起还在剿捻之初，刘铭传曾提出过防守沙河之策，就是利用当地的天然河道来设置防线，限制捻军的活动区域，进而达到聚而歼之的目的。根据河南当时的地形，刘铭传曾设想把捻军赶到沙河之南加以消灭。当时因兵力过少，曾国藩无力顾及沙河以南，又因为当时一心想着他的重点布防、马队追击，也就没把刘铭传的建议放在心上。后来，随着剿捻战场上的不断失败，曾国藩开始刻意留意那些天然的河道，考虑河防之策。

同治五年（1866）二月，曾国藩由徐州移驻济宁，沿途仔细考察了运河与黄河，并将两条大河依据自然地形划分成若干区段，由直隶、河南、山东各省的部队和淮军分段设防。

关于运河防守，水浅的地段要开壕筑墙，无法挖壕修墙的地方要设置上木栅栏，各处关隘分派防兵把守。

关于黄河防守，以山东范县豆腐店为界，将黄河分为两段，上段由直隶总督刘长佑设防，下段由山东巡抚阎敬铭设防。

这样，捻军的活动范围就被限制在黄河以南、运河以西，这应该是他的河防之策的正式启用。

事实证明，曾国藩的这个河防之策还是起了作用的。曾国藩在运河、黄河上分别分段设防之后，捻军很长一段时间都被困在山东单县一带，几次想强行东渡运河都未能如愿。

在山东渡河频频受挫之后，捻军遂生南渡淮河之意。曾国藩这一次采纳了刘铭传的建议，决定用同样的方式防守沙河、贾鲁河，力图将捻军赶至豫西、鄂东一带山区，一举歼灭。

虽有之前的河防成功先例，但同时在几条大河上布控，还是让人无法预料其结局。对曾国藩来说，这也是一种无奈之举，一种冒险性的尝试。

同治五年（1866）七月底，赖文光率军渡贾鲁河西去。曾国藩深恐其与张宗禹部会合，或将更加难以对付，遂急调刘铭传、潘鼎新等人赶赴沙河一线，在沙河修筑河防工程，布兵防守，拉起一道严密的防线。又与皖、豫两省商定，分别明确了各自的防守区域与防守任务。

为了更好地居中调度，曾国藩又由济宁移驻周口。他一面排兵布阵，一面与皖、豫两省的地方官员紧急磋商。

应该说，这一次，曾国藩为剿灭捻军是做了有效部署的。如果不是驻防的部队出问题，将捻军阻挡在贾鲁河以西、沙河以南加以歼灭的战略目的也许就能实现了。

可就在曾国藩层层布控、周密部署，眼看着就要迎来剿捻胜利的曙光时，却从河南前线传来一个让他几乎崩溃的消息……

5. 河防被捻军一夜之间突破

同治五年（1866）七月，捻军张宗禹一部在河南西华、上蔡境内与湘军刘松山、张诗日部遭遇，七日之内连开六仗。彼时，赖文光一部还在贾鲁河以东，另一支捻军虽已渡过贾鲁河，但还未与张宗禹部会合。孤军作战的张宗禹部受到严重的损失，七日之内损耗了五六千人。

这是曾国藩带湘军、淮军剿捻以来所取得的最大一次胜利。

消息传到在周口的曾国藩时，已是一个多月之后的八月初。彼时，曾国藩正因病在营中休假，也正为剿捻无功而倍感沮丧。“余此次行役，始为酷热所困，中为风波所惊，旋为疾病所苦。”同治五年(1866)八月初三日，曾国藩在给儿子曾纪鸿的信中如此写道。酷热、风波、疾病，一波接一波席卷而来，曾国藩纵有钢铁般意志，也扛不住了。

刘松山等部大败张宗禹的消息好似给他打了一剂强心针，一扫他心中阴霾，让他几日里都兴奋不已。他一度乐观地以为，照这样的态势发展下去，离剿灭捻军的日子真的不远了。

可战场上，军情的逆转往往来得让人措手不及。曾国藩还沉浸在胜利的喜悦中，张宗禹、赖文光等数支捻军已经在河南的许州、禹州一带会合，迅速集结北上。

八月十六日夜间，趁月黑风高、守军不备，张宗禹等人率军突破河南抚标营防区，由开封城南十余里处越壕东去。这就好比是让猛虎归山、蛟龙入海，曾国藩苦心布置的河防之策，在一夜之间彻底失去了作用。

同治五年(1866)八月十九日早晨，曾国藩依旧像往常一样早起，吃罢早饭开始坐下来给沅弟曾国荃写信。多年的军旅行役生涯，并没有改变曾国藩早年定下的课程规矩。每天早上天不亮他就起床，早早用过早饭之后即开始一天的忙碌。

这一天，他提笔落字，却是如此艰难。

曾国藩越来越感到那种老之将至的衰弱与无奈之感，目力昏花，气喘发汗。尤其是听到捻军在开封南突破河防东去的消息以来，他几乎日夜都处在一种极度的惊慌之中。人老了，经历的世事风雨多了，遇事更应该宠辱不惊，可曾国藩却做不到，因为他现在的处境无法让他安宁。现在的他犹如处在危险的悬崖边上，稍有不慎即可能给自己甚至自己的整个家族招来灾祸。

曾国藩有一个习惯，这么多年来，每遇困境时，他都爱焚香静处一室，让自己一个人静静地待着，冷静地分析一下眼下的困境，也为下一步的出路做好打算。

祖父星冈公在世时，常常教育曾国藩他们说："晓得下塘，须要晓得上岸。"又说："怕临老打扫脚棍。"祖父的这两句话，成为曾国藩日后在官场上的护身符，他时刻牢记，处处谨慎。

现在，也许就到了祖父所说的该上岸的时候了。

这些年来，从在京为官到创办湘军带兵打仗，虽一路走得曲折磕绊，可对他这样一个湘乡农家子弟来说，也算是名高望重了。如今他已年老体衰，如果这时有人给他来一个"扫脚棍"——给他出一狠招，他怕是再也没有翻身的机会了。尤其是金陵攻克之后，他更是成了众目所瞩的焦点，他经常在想如何隐藏自己的缺点，不要过分暴露在众目关注之下。但时势紧迫，实在是身不由己。

他已厌倦了宦海浮沉风扬浪卷，但也须为曾氏家族的未来着想。他和九弟必须留有一人在朝，方不负家人期待。如今曾国荃再次被朝廷委以重任，原本是曾家喜事。可楼高易倒，树高易折。兄弟二人同时在朝，对他们曾家来说并非好事。

那天早晨，坐在书案前的曾国藩把自己数年来走过的路前后思量了一遍，他觉得该是自己上岸的时候了。可举笔欲落之际，他还是犹豫了。功成身退，算是明智选择。可他现在剿捻无功，此时转身与临阵脱逃无异。再者，数年来的奋斗，一朝全部抛下，也着实令人不甘。

曾国藩在那天的家书中跟九弟大倒了一通苦水，之后又悄然把那份归隐的念头收了起来。他还想再观望一下，再试探一下清廷对他的态度。

八月，曾国藩请病假一月，在营调养。清廷准奏。

九月，捻军在河南陈留、杞县一带分为两支：一支由赖文光、任化邦率领，仍在豫、鲁、苏、鄂、皖一带活动，史称东捻军；一支由张宗禹率领，转战进入陕西，史称西捻军。

东西捻军的形成，标志着突破河防线的捻军力量迅速蔓延壮大，更宣告了曾国藩河防之策的彻底失败。

这年九月，曾国藩续假一月，观望形势，以便决定去留。

根据以往的经验，曾国藩提出自责引退或者要求朝廷降罪的奏折时，清廷往往都会温旨相慰。九月续假一月很快期满。十月，曾国藩上交了开缺的奏折后，从内心里还在盼望着朝廷的抚慰或者挽留——尽管他对眼下的这个位置已无太多留恋。

在这份奏折中，曾国藩提出请开钦差大臣与两江总督之缺，另派钦差大臣接办军务，自己则以散员身份留营效力。这份奏折里的意图其实很明显，既然留营，清廷怎会让他以散员身份留营。

可这一次，曾国藩着实把清廷或者说是把那拉氏的心思猜错了。

同治五年 (1866) 十月二十一日，在忐忑中等了多日之后，清廷的谕旨终于下来。没有曾国藩所盼的温旨相慰，却是满篇严厉的苛责，责怪曾国藩耗时耗力，却在剿捻战场上劳而无功。

一年的时间里，这已是曾国藩接到的第七次廷寄责备，另外还有御史的五次参劾。

曾国藩的心彻底寒了，他原本以为朝廷还会婉言相留，或者温言相慰。如果那样，他会三请四请，直到朝廷允奏。可现在看来，根本用不着那样大费周折。他接连上了几道奏折，用词婉转却意志坚决。

清廷对曾国藩的态度阴晴不定，自然与时局有着密不可分的关系。时局紧迫，清廷急需曾国藩保家护院时，对他就温煦有加；时局稍松，或者有了更好的替代者时，清廷马上就表现出其无情冰冷的一面。

对清廷的这两手，曾国藩早已深谙在心。

此时的剿捻战场上，有两股力量正在崛起，大有取而代之之意。首先是李鸿章。这年八月，曾国藩的河防之策受创之后，曾国藩一边急调湘军、淮军赴山东追击，一边急奏令李鸿章出驻徐州，与山东巡抚会办东路捻军，令曾国荃移驻南阳，与河南巡抚会办西路捻军，他则仍驻周口，居中调度。

时不凑巧，也是这年八月，陕甘总督杨岳斌（即杨载福）、陕西巡抚刘蓉同时因病免职，时任闽浙总督的左宗棠奉命调任陕甘总督。左宗棠此次出任陕甘总督，其主要任务就是剿平西捻军和平定甘肃的回民造反。

不可否认，左宗棠的军事才华远在曾国藩之上。朝廷见曾国藩剿捻久而无果，连岁用兵却不能定，曾下诏向左宗棠询问方略。左宗棠积数十年的治军作战经验，意识到西北用兵绝不同于东南沿海。东南利舟楫，战事转机在炮船练成之后；西北利戎马，战事转机必等车营马队练成才可。

左宗棠的看法其实与曾国藩大同小异，只不过当时的形势没有给曾国藩更多的时间，清廷根本没有耐心来让曾国藩做好这一切。

不管怎样，曾国藩料定自己这次是再无回转的余地了。在一道接一道的奏折上，他已把话说绝。但形势的发展却再次来了一个大逆转，就在曾国藩最后一封请求开缺的信发出两天之后，十月二十五日，他就接到了清廷的新廷寄：不允许他开缺，而是令他在营调理一月，病愈后立即进京陛见。钦差大臣关防暂时由李鸿章署理。

这封廷寄让曾国藩既惊喜又忧惧，他再次陷入纠结之中。

现在，他已完全摸不透清廷的态度。此番谕旨于他来说到底是福还是祸？他之前的行为是不是错怪了朝廷？接下来的进京陛见，等待他的又会是什么？

6. 无功而返，回任两江总督

曾国藩陈请开缺，原本为一种试探之意。事实上，他只是想卸去剿捻重任，并无真心要交出两江总督的大印。可他以病体难支为由，既然不能担承剿捻之任，再留任两江总督也说不过去，只好两者一并交卸。

关于开缺之后的去向，他并没有考虑清楚。不论回籍休养还是到京城养病，于他来说都不是好的选择。回家调养他不甘心，去京城又怕对手们不会放过他。如此纠结反复，竟然找不到一条万全之策。

清廷的一纸严责却将他推向断崖，伤心绝望之下，他坚决要求开缺回籍。朝廷的脸却转得比风都快。前一会儿才说不许他开缺，赐假一月养病，病好后去京陛见。隔了不过十天，十一月初六日，又一道新谕旨来了——曾国藩回两江总督本任，暂缓来京陛见。江苏巡抚李鸿章授为钦差大臣，专办剿捻事宜。

李鸿章不愧为曾国藩最为得意的门生弟子，曾国藩为人可谓老谋深算，李鸿章却能对老师的心事一眼洞穿。他看出老师的去留为难之意，就主动上奏朝廷，要求让曾国藩务必回任两江总督，并称若非如此，在前线剿捻的湘、淮两军的军饷和粮草供应就难以得到保障。

由于目前剿捻还要着力依靠湘军、淮军，清廷遂听取了李鸿章的建议。这才有了让曾国藩回任两江总督的新谕旨。

清廷的这一道新谕旨，让曾国藩内心五味杂陈。他欣慰于门生李鸿章对自己的理解，相较于前面让他把钦差大臣与两江总督之职一并交出，这应该算是不错的结局了。这当然要归功于李鸿章的上奏，可曾国藩心里却仍旧堵得厉害。

曾国藩知道，清廷虽然表面上暂时缓和了对他的态度，可也不过是一种表象而已，危机远没有过去。清廷在奏折上严厉斥责他，原因也绝不仅是他在剿捻战场上的劳而无功那么简单。

到底是怎么回事？这还得从曾国荃重任湖北巡抚一职说起。

所谓“江山易改，禀性难移”，回籍调养那段时间，曾国荃的粗野与火暴脾气并没有收敛半点，倒有愈发加剧之势。重新出任湖北巡抚后，他与湖广总督官文的关系弄得极僵，对官文的诸多做法很是看不惯。

官文是谁？这个来自京城的满族官员，此时正好比一棵根深叶茂的大树，深得清廷信任。在京城官场上，他张开错综复杂的关系网，几乎将京中权贵上层一网打尽。当年的胡林翼也曾试图参劾他，后来发现根本无法撼动这棵大树，遂急急转变策略极力笼络，才得以在湖北巡抚任上干出一番业绩。

曾国荃想在湖北立住脚，没有官文的支持，根本不可能。公然跟他作对，纯是自找麻烦。对这一点，曾国藩不止一次劝诫过弟弟。

这年九月，曾国荃不顾曾国藩的一再劝告，瞒着曾国藩上奏参劾了官文，疏中历数官文贪庸骄蹇、欺罔徇私、宠任家丁、贻误军机等罪名。曾国荃的文才与谋略都与曾国藩相差甚远，其营中也无得力的文员，又不敢让曾国藩知晓，奏折写完就匆匆让人递上去。据说那封奏折写得语言冗长，且言辞也不够中肯，文中很多地方都不能自圆其说。

曾国荃捅了个大马蜂窝，官文的处理决定还没有下来，他们兄弟二人已先行倒霉。在那段时间里，御史参劾、廷寄斥责，一道接着一道，冰雹似的向曾国藩头上砸了下来，砸得他头昏眼花。

曾国潘很清楚，九弟曾国荃的那道参奏其实也不过是条导火索而已。清廷并非真的是为官文一事而恼火，那条狠抽下来的鞭子，实际上是冲着曾家两兄弟眼下的高位来的。

曾国藩所料不差。

曾国荃再度出山，又新募湘军一万余人，集军政地方大权于一身。曾国藩虽剿捻无功，但仍身居两江总督之位。兄弟二人同居朝中，且身居高位，这让清廷一些旧有的官绅贵族再度不满。

他们先是刁难曾国荃，让这个新任湖北巡抚觉得极是窝囊。曾国荃上任后，军机处就处处与他为难，凡朝廷有寄谕，从不直接交给他，而每每都是由官文处转递，他也就是个有名无实的巡抚。

官文更是处处给曾国荃难堪。曾国荃上任不久，他就奏请让曾国荃帮办军务。曾国荃不明就里，以为给了他一个肥差。遂去信询问曾国藩，是否要向官文致谢。曾国藩一番解释，他才大梦方醒：所谓军务帮办，不过一个极不足道的小差事，官文只是想借故把他从武昌撵走。也许，正因为这件事，才让曾国荃一气之下交了那道参劾书。

朝廷对官文的态度，更加证实了曾国藩的猜测。曾国荃递交奏折上去，被派去专查此案的钦差回奏时处处为官文开脱，将曾国荃所列罪状全部驳回。

但那拉氏毕竟是个精明的女人，她一眼即看出，曾国荃参劾官文一案，牵涉的绝不是两个人的个人恩怨，而事关湘军、淮军汉族官员与满洲贵族的权力之争。从她个人的情感上，她当然不愿处置官文。但从眼下的大局看，剿捻还要靠湘军、淮军，与曾家兄弟彻底闹翻对清廷不利。

最终，那拉氏再次选择了让步，令官文开湖广总督缺，留大学士衔，回京掌管刑部。这对官文仕途来说并无影响，不过是换了个位置而已。此谕旨与曾国藩回任两江总督任的谕旨一起到达，说来也颇有深意，算是朝廷给曾家两兄弟的面子吧。

曾国藩并没有因为朝廷的这份赏光而开心，相反，却有一层更深的担忧袭上曾国藩的心头。因为，他极不愿意看到的一幕，正在悄然发生……

面对正日益崛起的淮军和根深蒂固的湘军，那拉氏集团其实是又疑又怕。可眼下清廷的安稳，又非靠这两支力量不成。聪明的那拉氏便想起了抬淮抑湘之举，互相抵制彼此的壮大。

对曾国藩兄弟大加斥责打压之时，那拉氏又开始了对淮军及李鸿章的大力提拔与重用。由一省巡抚直接代替曾国藩之位，让李鸿章对清廷充满感激之情，他对曾国藩与曾国荃的一些做法也就开始不满。话说当曾国荃要上疏参劾官文时，李鸿章就曾站出来极力反对。这正中清廷下怀，却是曾国藩最不愿意看到的结局。

当年曾国藩大刀阔斧裁撤湘军，一个很大的原因就在于，李鸿章的淮军已经成长起来。在当时的他看来，淮军虽姓李，其实也姓曾，只要有需要，他随时可以调用。事实却证明，鹰就是鹰，生来就抱有冲天飞去的梦想。李鸿章所怀的雄心大志，决不会让他心甘情愿永远匍匐在老师的翅膀之下。待他羽翼丰满，他也会向往有一片属于自己的天空。

这时候，曾国藩也只能眼睁睁地看着他振翅高飞远去。

那段时间，曾国藩无法抑制自己的坏脾气。夜里睡不着，偶尔睡一会儿，也会被一些稀奇古怪的梦惊醒。有一天晚上，他做了一个梦，竟然梦见自己乘舟登山。醒来后，思前想后，觉得那梦中情形实在正是自己眼下的处境。

彼时，曾国藩忧虑的不仅仅是自己进退维谷的艰难处境，也在为曾国荃和湘军，还有湘军的其他将领们担心。曾国荃参劾官文之后，不光曾国藩受到牵连，其他很多湘军将领也被清廷趁机拿了下来。曾国荃也连遭参劾，政治上极不得意。

战场上新湘军又败退连连。十二月初六，新湘军郭松林部在湖北安陆府被东捻军击溃，郭松林重伤被俘，差点丧命，后被人救走。二十一日，淮军张树珊部在湖北德安府被歼，张树珊战死。

战场上，捻军在张宗禹和赖文光等人的领导之下，越战越勇。而湘军、淮军却连连暴露出种种缺点来——两部不和，且各军内部上下级之间也时有矛盾，使得指挥与行动不能统一。

剿捻战场上频频失利，除却军队内部不和等原因外，还有极为重要的一个原因，就是曾国藩查圩政策的失败。这一举措不但没有遏制住民众对捻军的支持，因为查得过严过紧，让一些无辜民众受到伤害，倒把湘军、淮军推到了民众的对立面。很多民众不惜冒着被砍头株连的危险也要支持捻军。这是曾国藩原先没有料到的。

曾国藩剿捻一年多，不知不觉就走入这样的险境，前面有捻军越战越勇，后有清廷的步步紧逼。曾国藩现在是进退不得。

对于捻军，清廷内部无人真正了解它与太平军的不同，更没有意识到它是一支比太平军更擅长流动作战的军队。他们的足迹蔓延几个省，在广袤的中原大地上来来往往，谁接下剿捻这个任务都不会轻松。当初的僧格林沁就在这种高压之下猛追紧赶，最终毙命。可僧格林沁的失败与死亡，并没有让清廷从中做出任何反思。让曾国藩出来剿捻，清廷更加没有耐心。稍有失利即严加斥责，最终还未等到见成效，就急急地换上了李鸿章。

这是曾国藩剿捻失败的最根本原因，但他却是有苦难言。

曾国藩此时对李鸿章的感情是极为复杂的。他一方面对李鸿章取代他而觉得心里酸楚，一方面又在隐隐地替李鸿章担忧。剿捻任务的复杂艰巨，他太清楚了。李鸿章到底能不能应付得了如此凶顽的敌人，曾国藩心中也无底。他甚至担心，李鸿章最终也会同他或者同僧格林沁一样，那样的结果于他来说是无法接受的。

正如曾国藩所担心的，李鸿章初接剿捻任务，也进行得非常不顺利，战场上连吃败仗。同治六年（1867）正月，刘铭传与鲍超在湖北尹隆河约期进攻捻军，刘铭传为先邀首功，不遵守事先规定，先期赴敌，几乎被捻军歼灭。鲍超率军赶到将其救出，刘铭传非但不感谢，还怪鲍超延误约期。李鸿章偏袒刘铭传，亦怪罪鲍超来迟。鲍超一气之下离营，回籍养病去了。鲍超的霆字营就此解散，给了正需要兵力的湘军、淮军一记重击。

曾国荃的新湘军形势也不乐观。同治六年（1867）二月十八日，新湘军彭毓橘部在湖北黄州被东捻军歼灭，彭毓橘与多数营官毙命。曾国荃的新湘军破产。

眼看自己的爱将弟子一个个在剿捻战场上毙命，又眼睁睁看着弟子李鸿章和九弟连吃败仗，曾国藩的痛心可想而知。他深恐他们二人重蹈自己的覆辙，劳而无功受到朝廷苛责，又担心他们两个脾性太烈做出过激之事。有次跟赵烈文说起这些，曾国藩甚至极悲怆地说："自顾精力颓唐，亦非了此一局之人，唯祈速死为愈耳。"

面对曾国藩的这番感慨，连赵烈文也无语黯然。

同治六年（1867）二月十六日，曾国藩黯然由徐州启程，于三月初六抵达江宁，仍驻两江总督衙门。就这样结束了他一年多的剿捻行动。

这一次行动也彻底以失败告终，曾国藩可以说是无功而返。但他并没有因为离开剿捻战场而放下对剿捻行动的关注。他人在江宁，心却仍在剿捻战场上。

李鸿章却没有老师想象的那么脆弱。左宗棠任陕甘总督之后，他们二人兵分两路，一人负责对东捻军作战，一人负责对西捻军作战，对捻军发起猛烈攻击。李鸿章坚持曾国藩的河防之策，集数省之力兴办胶莱河防，与东捻军辗转于鲁南、苏北一带作战。

同治六年（1867）十月，东捻军将领任化邦被淮军奸细刺杀，东捻军开始走向衰败。

这年十二月，东捻军另一将领赖文光在扬州被捕就义，东捻军宣告失败。

同治七年（1868）六月，西捻军被困于黄河、运河、徒骇河间，全军覆没，张宗禹不知所终。

困扰了清廷十几年，波及皖、鲁、豫、苏、陕、甘等十省的捻军起义，被彻底剿灭了，李鸿章终未负老师所望，也没负朝廷重托。因其剿捻有功，同治七年（1868）七月初十，李鸿章以湖广总督授协办大学士，刘铭传因首倡河防之策封一等男爵。曾国藩此时虽已离开剿捻战场，但念其决策之功及转战一年多的功劳，加恩加赏云骑尉世职，调任武英殿大学士。清廷这次算是给了曾国藩一个比较公正的交代。

自与太平天国作战，至捻军被剿平，历时十八年，主要战区从南到北波及十七个省。其间，战争给人民带来的创伤及对大清经济国力的破坏，是无法用语言来形容的。

曾国藩早就深深地意识到了这一点。

他曾在那拉氏上台时兴奋地说国家中兴有望，如今战乱已平，接下来要做的就是努力整饬两江，以实现自己的中兴之梦。可正如胡适所说：“清朝的命运到了太平天国之乱，一切症状一切弱点都现出来了，曾国藩一班人居然能打平太平天国，平定各处匪乱，做到他们的中兴事业。但曾、左的中兴事业，虽然延长了五十六年的清朝国运，究竟救不了清朝帝国的腐败，究竟救不了清朝帝室的灭亡。”

第八章
津门遗恨

1. 兴办洋务

曾国藩三十岁那年曾立下宏志：有民胞物与之量，有内圣外王之业，要做一个天地之完人。他的宗旨：治世，是救人。而治世之道，当以致贤养民为本，以自己的一举一动、一语一默来涵养民风、感染他人，继而改良社会风气。这样的宏大志向，让他的目光所及，比当时的清朝统治者还要深远。

轰轰烈烈的太平天国已经被镇压下去了，曾让曾国藩无功而返的捻军也已被剿杀。曾国藩保住了晚清的江山，也为自己留下毁誉不一的千古议论。放眼大清国内，搅扰朝廷不安的内部矛盾正日渐得到缓解。但那些具有深谋远虑的人，决不会为眼前暂时的歌舞升平而稍松一口气。因为他们知道，大清最大的敌人，正由国内转向国外。

第一次鸦片战争，第二次鸦片战争，割地、赔款、开放通商口岸，西方列强从大清占尽了便宜，他们贪婪的野心却也因此越发膨胀，清廷的软弱与落后只能换来更多的外夷欺凌。

“以夷制夷，强我中华”，还在镇压太平天国期间，曾国藩就已经认识到了这一点。就是要向西方学习兴办洋务，借助西方的力量来增强大清国力，进而抵制西方列强对大清的欺凌。只是，那时候，他把更多的精力用在了对付太平军上，那颗兴办洋务的种子也就生长孕育得极为缓慢。

其实，曾国藩倡导兴办洋务，非他首创。他也是受一个人的影响，这个人就是魏源。

魏源（1794—1857），湖南邵阳人，清代著名启蒙思想家、政治家、文学家。魏源比曾国藩大十七岁，他俩算是同代人，又是老乡。还在魏源出任东台、兴化知县期间，他依据林则徐所辑录的西方史地资料《四洲志》，参以历代史志和明代以来的《岛志》及当时的夷图夷语，编成了《海国图志》五十卷，后经一遍遍修订、增补，到咸丰二年（1852）扩充为百卷本。

《海国图志》囊括了世界地理、历史、政治、经济、宗教、历法、文化等多方面的知识。在其中，魏源还对强国御侮、匡正时弊、振兴国脉之路做了种种探索，提出“以夷攻夷”“以夷款夷”以及“师夷长技以制夷”的观点，主张学习西方制造战舰、火械等先进科学技术。对选兵、练兵、养兵之法及如何改革加强大清的军队，也提出自己的建议。那时候，魏源已经意识到西方列强的虎狼之心。他提倡创办民用工业，允许私人设立厂局，以努力使国家富强。

《海国图志》成书后，魏源曾送了一套给正在家乡的曾国藩。曾国藩一拿到书就被深深地吸引了，他尤其赞成魏源提出的“师夷长技以制夷”的观点。因为当时正是太平天国战争期间，使得他无暇他顾，也就暂时把那些想法搁置了起来。

咸丰十一年（1861）八月，被太平军占据达九年之久的重镇安庆被曾国荃率军收复。曾国藩进驻安庆之后，就曾试图努力恢复被战争破坏的封建文化。为安抚安徽士子，曾国藩修葺书院，每月按期课试，校阅典籍，对其中的优秀者，他甚至拿出自己的养廉银来奖励他们。一时间，皖中人士对曾国藩莫不感恩。

其实，那时曾国藩在安庆所做的得人心之事还远不止这些。他还在安庆成立了安庆内军械所，小心翼翼地迈出兴办洋务的第一步。

彼时，与太平军的战事虽取得了很大进展，围攻天京的关键之战还在紧张策划筹备中。但曾国藩还是于百忙之中抽出时间与心思，来关注办理洋务事宜。他调来在广东办理洋务的丁日昌负责此事，又与当时的江苏巡抚薛焕、浙江巡抚左宗棠、江西巡抚沈葆桢等写信联络，招贤纳士，广招军事制造方面的技术人员。

富国强兵，抵御外侮，这是支撑曾国藩兴办洋务的主要动力。但也不能否认，曾国藩精心研制的那些枪炮，要对准的不仅仅是域外夷人，也包括活跃在前线的太平军、捻军。

安庆内军械所是中国第一家军工企业，主要制造战争所需要的子弹、火药、炸药包等，同时也负责对损坏枪械、大炮等武器的修理。

因为是前无仿者的第一家，曾国藩等人无疑是摸着石头过河。

在军械所创立之初，要财力没财力，要技术没技术，要人才没人才……可说是一穷二白，一无所有。厂房倒是定下来了，但因为连一张像样的图纸都没有，却迟迟开不了工。就像当初创建水师时一样，这一次又是白手起家。

很多亲信朋友都觉得此事不靠谱，纷纷进言相劝，让他罢手。这其中，冷嘲热讽者也大有其人。曾国藩却不为所动，每天都要到军械所大院内走几趟。偌大的院子，空空荡荡，冷冷清清，只有曾国藩寂寞的足音敲打着大院的沙石路面。一个又一个计划在他时紧时舒的眉宇间诞生，又被他犹豫着否定。

那时候，常州有一对姓徐的父子——徐寿、徐建寅，还有一个叫华衡芳的，算是这方面的专业人才。曾国藩几经打听后找到这三人，将他们接到安庆。曾国藩以极高的礼遇招待，给他们开出的薪水竟然比他自己每月的俸银还要高。

知识分子最怕这样的尊重，三人一商量，又把龚芸棠、张斯桂、李善兰等人请来。这便是安庆内军械所的第一批骨干精英。

按照徐寿等人的要求，丁日昌又依照相关的标准，招募了五十名工人。

安庆内军械所终于开工了。

到同治元年（1862），安庆内军械所不仅能够批量生产普通的枪械、子弹和开花炮，还制造出了我国第一台蒸汽机。同年底，试制成一艘小火轮，成为日后“黄鹄号”的雏形。到同治二年（1863）初，安庆内军械所工人已达到近两百名，并开始生产各种劈山炮。至此，军械所已初具规模。

“全用汉人，不雇洋匠。”这是曾国藩在建立安庆内军械所之初就立下的规矩。在整个过程中，他真的没有聘请一个洋人参与，全靠着数位中国技术人员摸索筹建起来，是中国人完全依靠自己的力量建立起来的第一家近代军事工业企业，因为有安庆内军械所的技术探索与经验积累，才有了后来李鸿章创办的金陵机器制造总局和江南机器制造总局。后来左宗棠在福州创建船政局，其实也是受曾国藩的启发与鼓舞。

安庆内军械所的创立，拉开了晚清洋务运动的序幕。大清中兴第一人，名副其实当属曾国藩。

安庆内军械所筹建开工，曾国藩日夜都在关注着它的生产进度和产品。但他很快就发现，尽管现在已经解决了制造难题，但那些产品的试用结果却让人极为沮丧。无论是开花炮、劈山炮还是小火轮、蒸汽机，其性能都远不如外国的好。

为了庆祝第一艘小火轮研制成功，曾国藩在首航日冒着酷暑亲自登上小火轮，结果差点没被闷死。

曾国藩终于明白，以这样的技术与发展速度，莫说强国强军，连国内的农民起义军可能都对付不了，更不用说抵御外侮了。看来还是要像魏源所说的那样，要“师夷长技以制夷”，找真正懂得西方技术的人来督导才行。

那时，在上海有一位叫张斯桂的人，很早就随族人到南洋闯荡，后来在英国一家煤矿厂学习管理和开矿。回国后，在上海一家洋行做买办，与江苏巡抚薛焕经常打交道。

曾国藩听薛焕讲起张斯桂在海外的经历后，便迫不及待地把张斯桂请到自己的签押房，亲自向他询问请教，并问他是否有好的精通西方文化与技术的人才推荐给他。

张斯桂几乎想也没想就说出“容闳”两个字来。

容闳，中国近代著名的教育家、外交家和社会活动家，也是第一个毕业于美国耶鲁大学的中国研究生。他自幼就去美国学习，对西方各国可谓了如指掌。

张斯桂对曾国藩说，若是想把安庆内军械所发展壮大，非此人不可。

曾国藩眼前一亮，他现在急需的就是这样一个人。刻不容缓，曾国藩让张斯桂赶紧给容闳修书一封，就说两江总督曾大人想请他到安庆一叙。

说起来，这张斯桂与容闳也不过是泛泛之交。忽然收到张斯桂热情洋溢的邀请信，容闳倒被吓着了。彼时，容闳在九江经营着一家茶行，在接到此信之前不久，他才去天京，与洪仁玕有过一次短暂的交谈。现在忽闻两江总督大人有请，想必与此事有关，容闳哪里还敢前去。

再说曾国藩自从听张斯桂说信已发出，就日盼夜盼，等着容闳来。等来等去，却连容闳的影子也见不到。某日与李善兰聊起来，想不到李善兰竟然也认识容闳，而且二人关系还颇不错。他对曾国藩讲，以他对容闳的了解，这其中一定发生了什么误会，他可以再写信去试探一下。

据曾国藩的意思，张斯桂又修书一封，李善兰则连发两封，众人齐力，终于把容闳请到了安庆。

容闳是冲着与李善兰的老交情来的，也冲着曾国藩的求贤若渴而来。但他来时可能不会想到，他的到来，不仅改变了自己的命运，也改变了整个大清王朝的命运。

曾国藩自身才华中等，却靠着出色的识人相人之术笼络了几乎晚清的所有名流名士，左宗棠、胡林翼、江忠源、李鸿章、郭嵩焘、丁日昌、杨岳斌、彭玉麟、容闳……这些在晚清历史上的风云人物，是各个领域里的人中龙凤，个个身怀绝技，都曾为曾国藩提拔或重用。曾国藩的伟业，也正是在这些人的支撑帮助下，一步步走向辉煌的。仅从曾国藩幕府走出来的巡抚、总督就达三十余人，这在中国历史上是极为罕见的。

据说，晚年的曾国藩每见一个生人，都有一个特殊习惯：见到客人先不说话，而是盯着客人，从头到脚打量一番。这在中国古代被称为“望气”。是说尊长在面见晚辈或下属时，首先要通过静静地观望来确定对方的为人品行，实为相人术的一种。在曾国藩的日记里，每见一个重要客人，他都会如实记下自己的感受，走进他幕府的每个人都经历过这道考核。

彼时，为筹办安庆内军械所，曾国藩大营中聚集了不下两百名各方面的高端人才，他的幕府里也是人才济济。但曾国藩一见容闳，还是被他不凡的见识所吸引。

同治二年（1863）九月，容闳第一次在安庆见到曾国藩，商讨洋务事宜。这个场景同样给他留下极具深刻的印象。

长达几分钟的默默打量与对视，曾国藩从容闳的眼睛里看到了勇敢和坚毅，认定他可以做一名优秀的军人。他对容闳说："从你的相貌可判断出，你能成为一名优秀的军人，因为我从你的眼睛可以看出你是一个勇敢且具有指挥才能的人。"但容闳却并不想在战场上出生入死，他对曾国藩婉言谢绝："我也许有军人所需要的勇敢，却缺乏相应的军事训练。"这让曾国藩不禁有些失望。但容闳接下来的回答，又让曾国藩的脸色舒展开来。

欲为中国谋最有益、最重要的事业当从何处着手？这是曾国藩最迫切想要知道的。容闳却似乎对曾国藩的这一问题早有预料，他不慌不忙地建议道："应先立一母厂，再由母厂造出其他各种机器厂。"

在接下来长达几十分钟的对话中，容闳就建立何种机器分厂侃侃而谈，提出了一份详细的建议。

曾国藩拈须聆听，时而拧眉沉思，时而微笑颔首，却并没有当即表态，弄得容闳心里倒没了底。

一周后，容闳却意外地接到曾国藩让他赴美购办机器的通知。曾国藩从上海道衙门和广东藩库拨了八万八千两白银由容闳支配。

为了让容闳办事方便，曾国藩还特意上了一个密保，赏赐容闳五品军功，赏戴蓝翎。圣谕下来时，容闳正在安庆紧张筹备。他既惊喜又感动，决定跟着曾国藩好好大干一场。

同治四年（1865）八月，曾国藩正星夜兼程奔赴剿捻战场，但他还是没有放下对机器厂的关注。他和李鸿章用容闳从美国买回的机器，于这年九月二十日在上海成立了江南机器制造总局。由丁日昌总办一切，徐寿出任襄办，容闳则以候补同知入局办事。

后来的事实证明，江南机器制造总局的成立，对清朝的军事力量和重工业生产都有着重要的提升作用。按照曾国藩的指示，不久之后，署理两江总督的李鸿章又把安庆内军械所迁到金陵，成立了金陵机器制造总局。

这样，曾国藩从此向“师夷长技以制夷”的强国之路迈出了扎实的一步。

2. 接赴任直隶总督之旨

同治七年（1868）闰四月，江南已是一片郁郁葱葱的初夏光景，时任两江总督的曾国藩从江宁出发了。他此行的目的很明确：沿途视察江南水陆各营，然后到上海视察江南制造总局的各项工程。事毕之后，再乘轮船返回江宁的两江总督衙门。

这一趟出行，让曾国藩感慨良多。

江南制造总局，正在朝着预定的目标大步前进，这是值得欣喜的地方，可让人忧虑的地方却更多。

“科学技术是第一生产力”“科技创新要从娃娃抓起”这些流行于

二十、二十一世纪的新口号，离曾国藩的年代还很久远，但曾国藩却已在那个时代超前地意识到了这一点。

随着江南机器制造总局和金陵机器制造总局的相继创立，曾国藩很快意识到，人才短缺是眼下最需要解决的问题。机器再好，无人会用也是徒劳。为此，他听从了容闳的建议，在江南机器制造总局附设了一个兵工学校，从各地挑选了一大批有志于机器制造者入学学习，为江南机器制造总局和金陵机器制造局培养技术人才。

另外，因为很多机器都是从西方购入，操作人员需要有良好的英语基础才行。曾国藩又设立了一个翻译馆，由徐寿负责。除了招聘包括傅雅兰、伟烈亚力等几个西方学者外，还召集了华蘅芳、季凤苍、王德钧、赵元益等略懂西学的人。

翻译馆内，这些人常常通宵达旦地工作。他们克服了重重语言障碍，终于翻译出数百种西方科技书籍。这些书籍介绍了西方科学技术的基本知识，反映了当时西方科学技术的基本发展水平及发展动向，对于近代科学技术在中国的传播起到了很大作用。

通过这些翻译书籍，世界在曾国藩面前豁然开朗。他才知道，彼时的欧洲原来早已进入工业时代，而大清却仍在闭关锁国的安魂曲中沉睡不醒。曾国藩开始了更为冷静深远的思索：强国之路到底要靠什么？靠这些冷冰冰的机器吗？可这一堆机器如果没有懂得操作使用的人才，又有何用？接下来，曾国藩该着手考虑的是如何培养一批既懂得西方语言又懂得科学技术的可用之人。

曾国藩与他手下所笼络的精英们边摸索边实践，终于在这年八月成功研制出江南造船厂的第一艘轮船。

八月十三日这一天，容闳亲自驾船由上海赶往江宁，让曾国藩登船试航。

这艘被取名为“恬吉号”的新船，比先前的“黄鹄号”要大得多，船上各种设备也要先进得多。曾国藩兴致勃勃地登船，里里外外都检阅了一番，然后让容闳开足马力，向江宁上游的采石矶开去。

那天天气极好，晴空万里，江风习习。“恬吉号”乘风破浪，如一只锋利的犁铧，犁破平静的长江水面，一直向采石矶开去。

曾国藩坐在船舱靠窗的地方，一任江风吹拂。雄浑的长江，在“恬吉号”身下飞快地后退。与先前坐“黄鹄号”时那种又慢又闷的感觉已完全不同，一股雄壮之情再次由曾国藩的心中升腾而起。他所渴望的中兴之路，已越来越清晰可触。如这艘在长江江面上破浪前进的“恬吉号”一样，他希望能载着大清驶向希望的彼岸。

现在，形势的发展都在朝着曾国藩预定的目标有条不紊地前进。两江总督之任，可以让他放手大胆地去兴办洋务，他在努力恢复着因战乱而惨遭破坏的战后经济和文化，同时也在密切关注着西北的左宗棠。

因天京攻陷后左宗棠对他的参劾，二人生怨，已许久不通音信。但对于左宗棠的事业，曾国藩一如既往地支持。他给左宗棠推荐了最得力的干将刘松山。初任陕甘总督的左宗棠缺饷严重，曾国藩则不遗余力地给予大力支持，在两江财政也极为紧张的情况下，尽力为左宗棠供饷。国家长远利益面前，个人的恩怨得失又算得了什么。曾国藩和左宗棠其实都有这样的胸怀。

可曾国藩终究还是没能继续将这个强国之梦做下去。他的中兴梦想，被清廷一道新的谕旨中断。

同治七年（1868）六月二十八日，在东捻军宣告失败半年之后，西捻军被困于黄河、运河、徒骇河间，全军覆没，曾国藩一直悬于心头的一块大石终于落了下来。随之而来的，是清廷的大力赏封，他和弟子李鸿章都在被重赏之列，算是彻底抚去了他出师剿捻劳而无功的郁闷。

此时，让曾国藩暗中欣喜的还有另外一件事，就是官文的职务被免。因为在平定西捻过程中作战不利而受到清廷严责，官文被免去直隶总督一职。多年的死对头也有这天，曾国藩虽不能说幸灾乐祸，但至少心里的恶气稍得平展。可他哪里想到，官文的被免职，给他带来的却是一场灾难。

官文被罢免直隶总督职，由曾国藩顶上。清廷的上谕很快就下来了，让曾国藩赴直隶总督任。

直隶——直属京师者，天子脚下最近的一个省，其位置之重当然不言而喻。全国各地总督中，直隶总督位列大臣之首。

面对这样的一个肥差，曾国藩却是既惊且惧。

他根本没有想到，这个位置会落到自己头上。

彼时，国内外形势凶险复杂，直隶直接担任着护卫京师的重任，与清廷和洋人打交道自然最多。像官文那样老奸巨猾的满洲官员，最终都难免落得一个被清廷嫌弃怪罪的下场，何况他一个汉人官员？恐怕他在直隶总督任上也未必能待得久。与其如此，倒不如直接辞谢。

其幕僚赵烈文也认为，清廷如此动作，违反一般常理，但其中深意却实在让人难以捉摸。

可上谕下来，不得不从。曾国藩匆匆安排了一番，于同治七年(1868)十一月初四，由江宁登舟启程，赶赴直隶总督任。

依照老规矩，在赴任前曾国藩须先进京面圣。

从江宁到京师，漫漫两千多里路，曾国藩一行走了一个多月，直到十二月十三日才抵达京师。

此时，北京已是风沙漫漫的严冬了。

自咸丰二年（1852）离开京城，到现在已经过去了十七年。当曾国藩乘坐的绿呢轿进入彰义门，穿过广安门，在狭长的街道上缓缓行进时，他竟然忍不住双眼发热。轻轻掀起轿帘，帘外的景物似是而非，好像比十七年前还要萧瑟破旧了。

十七年的风霜雨雪，把曾国藩记忆中的繁华京城吹打荡涤得越发破败了。再低头看看自己，这十七年的光阴，比自然界的风沙还要厉害。那些来自战场上的纠结与失意，来自官场同僚的讽刺挖苦与打击，来自朝廷的疑忌与压力……这一层层、一重重的风刀霜剑，已然把当年那个意气风发的官场宠儿完全变成了一位老态龙钟之人。

他头发胡须灰白，视力模糊，记忆力也越来越差。而他不知道，他十七年来所做的一切，到底是为了什么？为了保卫眼前这座天子之城吗？可这座城却好像比十七年前还要破败。为了拯救天下苍生吗？可天下多少苍生却是死在了他的手上。还是为了流芳千古？可他在某些人的眼里却已是遗臭万年。曾经那做千古完人的理想，早已被这十七年的岁月涤荡得面目模糊。

如此思前想后，曾国藩来时仅有的那一丝激动之情也渐渐消退而去，取而代之的是一种无法言说的沮丧与落寞。

无可否认，大清的光景一年不如一年，大有江河日下之势，他所谓的中兴梦想也许真的就只是黄粱一梦。

到达京师的当天，曾国藩先在东安门外金鱼胡同的贤良寺住下来。那天傍晚，吏部侍郎亲自来贤良寺传旨：赏曾国藩紫禁城骑马，明日养心殿两位皇太后及皇帝召见。

曾国藩跪地接旨，一颗心狂跳得像要冲出胸膛。他终于等来了这一天。

那一夜的贤良寺内，尽管长途跋涉风尘仆仆，曾国藩已经疲惫不堪，但他躺在床上，仍然翻来覆去无法入眠。对于明天的召见，他是又惧又怕，但也有隐隐的期待。

尤其是那个女人——那拉氏慈禧太后，更是让他无法揣测。

她曾在执政之初大放军政大权给曾国藩这样的汉人官员，使得大清的东南半壁江山尽落汉人之手，这让曾国藩等人感恩戴德拼尽老命也要为清廷效劳。可以说，没有那拉氏，就没有曾国藩后半生的声高望隆。她理应是曾国藩应感激之人。

可她的政治手段之高之阴，又让曾国藩胆战心寒，连奕䜣都不是她的对手，何况他区区一个总督。此次赴任直隶总督之任，不用说也是她的主意。可她此举是何用意？

曾国藩想得头昏脑涨，却理不出半点头绪。时间一分一秒嘀嗒嘀嗒地溜走了，天快亮了。

3. 京城之行

当一个女人缓慢而又充满威严的声音，从一层薄薄的黄色幔帐后缓缓地传过来，当听到“曾国藩”三个字从那个女人的嘴里徐徐道出，低头跪在殿前的曾国藩，额头上已经沁出细密的汗，尽管那时室外天寒地冻。

不用抬头，虽是初次谋面，但从声音里，曾国藩就知道问话的是慈禧太后。

那天是同治七年（1868）十二月十四日，曾国藩在紫禁城养心殿内第一次拜见两位太后和同治小皇帝。

在被问话的间隙，曾国藩抬眼飞速地打量了一下龙座上的小皇帝。只那一眼，曾国藩就不由得在心里深深叹了一口气。他一直期待见到的同治皇帝，竟是这样一副弱不禁风的样子，如何能带领大清走上中兴之路。

那是一位看上去身材瘦弱、面色苍白的少年，还未脱去满脸的稚气。对于当天的会见，对于跪在他脚下的曾国藩，这位小皇帝似乎并不太在意，他的眼光始终落在门口处的帘子上。

第一次会见，基本都是两个太后在问，同治皇帝很少发话。而两个太后的问话内容又有天壤之别。慈安太后就像一位温和的居家妇人，问的不过是一些家长里短的家常话：路上走了几天，途中可顺遂。如此而已。慈禧太后语速极缓，话语也不长，却句句都问得曾国藩胆战心惊。

慈禧最关心的只有三件事：一是关于江南撤勇，她希望把江南的勇都撤了；二是关于湘军将领，她希望把能打仗的湘军将领都带到直隶来；三是关于直隶的练兵，她希望曾国藩到直隶后抓紧训练出一支精锐部队来保卫京师。

在剿捻最需要兵力、最困难的时候，曾国藩曾为自己裁撤湘军而后悔不已，以为那是“聚九州之铁也难铸其大错”。可现在看来，他当时的裁军之举终究还是明智的，慈禧太后最关心的就是裁军这件事。在她看来，曾国藩的裁撤力度还不够大。

曾国藩来时准备的一肚子汇报，全然没有机会说。譬如，关于战后江南经济、文化的恢复，江南的吏治、盐政如何整顿，关于江南机器制造总局的未来设想，剿捻之后北方广大地区的长治久安……

这些曾国藩在来前都曾细细梳理过，想着见到皇帝和皇太后之后与他们商讨。可眼下的情形却极具讽刺：年少的小皇帝对政事一副漠不关心的样子，他的母后则纯是一种妇人之见，眼睛只盯着眼皮子底下皇家那点利益——皇城的安全，她和儿子的安危才是她最为关心的。

不得不说，与那拉氏和小皇帝的初次会面就让曾国藩陷入沮丧之中。

那些天，除陛见两宫太后和小皇帝之外，曾国藩还会见了军机大臣及内阁、翰林院各官。曾国藩离开京城十七年，原来的故交有很多已经零落，觥筹交错间，都是一些陌生的新面孔。与十七年前的京城官场相比，虚文应酬似是更甚，彼此之间客套寒暄，已全无真意流露。每天的活动却安排得极满，上午是各种宴请，下午安排到戏园子看戏。

热闹与忙碌的应酬中，曾国藩的心情并不好。他想起了那些昔日的故交，有些已经谢世多年了，不知道他们的后人如何。

十二月十九日，繁忙的应酬稍稍消停了一点，曾国藩瞅个空，脱下官服，换上布衣青衫，雇了一辆骡车就往丝线胡同的塔齐布家而去。

塔齐布原有兄弟三人，其三弟先他于咸丰四年(1854)去世，塔齐布于咸丰五年(1855)七月十八日在九江城外军营中病死，家中唯一的一个弟弟也于这年八月病逝了。

塔齐布三兄弟皆无子，塔家如今只有弱女老母几个女人守着繁华已逝的家。当年战场上叱咤风云的都骑尉塔齐布，生前对曾国藩一直忠心耿耿，在湘军初建阶段给予了曾国藩巨大的支持，而今看她们光景竟是如此凄惨，曾国藩忍不住心中阵阵酸楚。可他除了给她们一点银票，也给不了其他任何照顾了。

那天，离开塔齐布家时，曾国藩硬是将一千两银票交到塔齐布八十多岁的老母亲手上。

在京城，还有一家人一直是曾国藩所牵挂的，就是他的恩师穆彰阿。穆彰阿自咸丰登基不久之后就遭到罢相，此后便一直郁郁不得志，竟然一病不起，到咸丰六年（1856）就去世了。随着穆彰阿的失势去世，昔日烜赫一时的穆氏相府也日渐败落下去。穆彰阿儿子倒有不少，却是将门出犬子，无一个能撑起父亲的大业。

十二月二十八日，离旧历的新年仅有两天了。曾国藩来到穆宅，穆家竟全无一点辞旧迎新的气氛，昔日的高房大屋都已破旧不堪，院子里杂草丛生，冷冷清清。

偌大的院子里，现在住着穆彰阿的七子、九子。兄弟两人以前对曾国藩也算熟悉，见到他就如同见到亲人。握着曾国藩的手，两兄弟的眼泪就落了下来。曾国藩心里也极不是滋味，他不曾想到昔日的恩师后人现在的境况竟如此惨淡。

曾国藩询问两兄弟二人，家中生活用度可有困难，可有需要帮助的地方。两兄弟倒也真诚，只说这些年靠着父亲留下的微薄家产，生活尚可应对，只是已经完稿的先父年谱，却无资付梓。

曾国藩把恩师的年谱带走了，他答应穆家两兄弟，会把年谱带到他在保定的直隶任所，想办法刊印五百本。曾国藩此举，让穆家两兄弟感激涕零。

这年大年，曾国藩自是在京城度过。

临近年关，慈禧太后派内廷太监给曾国藩送来亲自写的“福”字十张，连同各式的绢笺四十张及湖笔三十支。这让曾国藩倍感荣幸。

同治八年（1869）正月初一一大早，曾国藩就同文武百官早早进了紫禁城，与百官一起参加新年朝贺。接下来又是各种的宴请与应酬，从正月初一到正月十六日，几乎天天不得空闲。

尤其是正月十六日这天，乾清宫的廷臣宴，成了曾国藩终生荣耀达到极点的一天。

每逢元旦、元宵、重阳、冬至、除夕、万寿等重大节日，清朝历代皇帝在乾清宫大宴群臣，与臣民同乐，几乎成为一种惯例。尤其是康熙六十一年（1722），康熙皇帝在乾清宫举办千叟宴，大宴六十岁以上的老人一千多位，让乾清宫的千叟宴天下闻名。乾隆也不甘示弱，乾隆五十年（1785），他举办的千叟宴所请的老人竟然达三千余位。那样的宴会虽然耗资巨大，却给两位皇帝赢得尊老爱民的美名。

眼下的同治朝，国力已远不能与康乾盛世时相比，但也不至于寒酸。这一天的乾清宫，里里外外都被布置一新。午正二刻，宴会正式开始。伴随着高高奏起的韶乐，皇上在大群艳丽宫娥的簇拥之下出场，升上宝座。接下来由执事太监出来引导百官，满人官员以满大学士倭仁为首，从左门进；汉人官员以曾国藩为首，从右门进。左门进的满人官员坐在东边面向西，右门进的汉人官员坐在西边面向东。曾国藩和倭仁东西对坐于同治皇帝面前，这几乎是曾国藩以前想都不敢想的。

曾国藩曾一再教育后人，不希望他们做官发财，唯愿他们读书明理。可在这份巨大的荣耀面前，曾国藩又如何压抑得住内心的那份激动之情。想想自己先前所受的所有的委屈与压抑，有了这一天，都是值得的。

那样的荣耀时刻太过短暂了，在曾国藩的生命里，那不过像流星划过夜空似的倏忽一瞬。事实上，在那天宴会进行到一半时，曾国藩脸上的喜悦荣光就已经隐退而去。

那天，他比哪一次离皇上都近，也比哪一次都更仔细地把这位大清皇帝“相”了个够。这位年仅十几岁的少年，看上去那么苍白羸弱，一副弱不禁风的样子。在他身上，几乎找不到半点天子的威仪。

有些人，天生就是做皇上的料，比如同治的先人康熙大帝，十四岁亲政即显示出其政治铁腕来。如果眼前的小皇帝有康熙帝那样的铁血手腕，抑或能力挽狂澜，拯救大清这艘已是千疮百孔的破旧航船。可惜他不是，他懦弱无能，那拉氏只手遮天，注定大清王朝只能走向黄昏没落。

元宵节后不久，正月二十二日，曾国藩结束了在京师的朝拜活动，要真正走马上任，到保定任所去了。

在离开京城动身前往保定的这一天，曾国藩给儿子曾纪泽写了一封家书，信中除向儿子讲述了自己来京师之后的主要活动之外，还对安排家眷的事向儿子做了交代。

曾国藩并不打算让家人北上，而是有意让儿子先安排他们回湖南老家。因为他自己也并未打算在保定待太久：“然余生平最怕以势利相接，以机心相贸，决计不做京官，亦不愿久做直督。约计履任一年即当引疾悬车，若到官有掣肘之处，并不待一年期满矣。”

也许，在赴任之前那段短暂的京城之行，更加坚定了曾国藩向后转的决心。可他哪里想得到，人在江湖，又哪由得了他自己？他更不会想到，此后不久一场震惊中外的天津教案，将会把他拖入万劫不复的地狱。

4. 天津教案爆发

多年以来，困扰曾国藩的除了身上的皮肤顽疾之外，还有他的肝病以及由此引起的一系列并发症，他视力越来越模糊，经常头晕目眩。尤其是剿捻失败被劾，回两江担任总督以来，更是闷闷不乐。

诸事多有不顺，身体也每况愈下。自同治八年（1869）冬以来，他的视力急剧下降，看字如隔云雾。到同治九年（1870）三月，曾国藩的肝病越发严重，左目视线模糊，右目已完全失明。

同治九年（1870）春天，直隶遭大旱之灾，连续几十天不见滴雨，麦田焦枯一片，眼看着夏收无望。民以食为天，那场大旱不但让老百姓人心惶惶，也让全省的官员如履薄冰。曾国藩原本想请假休养，看到这种情形，也只得咬牙坚持。

可他的身体实在已近崩溃的边缘，四月间的一天，曾国藩像往常一样坐在书案前办公，一阵猛烈的晕眩突然袭来，曾国藩竟瘫在椅子上再不能起身。他这才具疏请假，在家调养。

久病成医，对于自己的病，曾国藩甚至比医生还清楚。常年的思虑纠结、操劳过度，导致肝病越来越严重，继而引起右目失明和眩晕之症。最好的调养之法，除了用一些滋补肝肾的药物之外，就是息心静养。

曾国藩再不敢视自己的身体健康为儿戏，他谨遵医嘱，每日里按时服药，读一点闲书，练一点闲字，尽力不去想那些让人烦心的事。如此坚持一个月下来，晕眩之症竟大有好转，十分病去了八九分。

只是这晕眩之病才见好转，曾国藩又添胃寒症。脾胃不和，食欲不振，人也萎靡困倦，整日里神思昏昏，全然不能做事。

曾国藩只得再续假一月，继续在家调养。

不求有功，但求无过。此时的曾国藩，已是泥菩萨过江——自身难保。他只求平平稳稳度过自己在直隶的任期，然后告老还乡。

曾国藩做梦都没有想到，他的续假奏疏递交上去两天之后，也就是同治九年(1870)五月二十三日，震惊中外的天津教案爆发了。

五月二十六日，曾国藩接到上谕，让他火速赴天津查办教案。

第一次鸦片战争，西方资本主义列强用坚船炮舰和鸦片打开了中国大门。第二次鸦片战争后，西方列强在对中国进行大肆的经济侵略之时，又开始了对中国的文化侵略，大批的传教士涌入中国。利用《天津条约》《北京条约》中规定的特权，他们把侵略势力由沿江、沿海扩张到边疆、内地，甚至是穷乡僻壤，在那里开办教会、医院、学校、仁慈堂、育婴堂等，打着慈善的幌子向中国人民灌输奴化思想。

不但如此，洋教士所到之处，还常常挟制当地长官包揽词讼，使教民成为编外之民，变教堂为国中之国，怂恿教民欺凌平民、侵夺田产、欺男霸女。这些行径严重破坏了中国主权，也引起中国士绅与民众的强烈不满。

自19世纪60年代起，各地中国民众反抗教士教会的活动就层出不穷，也就是所谓的教案。进入70年代后，群众反洋教斗争的规模越来越大，先后发生了贵州教案、四川教案、江西教案和扬州教案。

但那些教案的影响都远没有这次天津教案的影响大。

第二次鸦片战争后，天津被划为对外通商口岸。作为清朝的京师门户，这里随即成为西方列强在中国北方的侵略基地。他们在此划定租界，建立领事馆、教会等，利用这些机构实行对中国人民的压迫与统治，犯下重重罪行，早已让中国民众忍无可忍。

同治九年（1870）五月二十一日，一件偶然的事件就成了这次教案的导火索，迅速燃爆了中国民众积蓄心中已久的怒火。

原来，自这年五月以来，法国天主教育婴堂的婴儿开始不明原因死亡，竟达三四十人。与此同时，天津附近州县也不断发生迷拐幼儿案件。人们将这些可疑的事件联系在一起，怀疑教堂是在有意虐杀中国婴儿。更有甚者，民间开始流传着一种可怕的传言，说法国天主教堂迷拐中国婴儿后，将他们挖眼剖心用以化银子，烹制长生不老药。

中国民众遂对天主教堂产生严重不满。

五月二十一日，天津桃花口的居民抓住一个名为武兰珍的拐犯，将其送到天津县衙。经知县刘杰审问，武兰珍供称，他确系受教堂中一个叫王三的教民所指使，迷药亦为王三所赐。又说教堂内有席棚，他白天睡在那里，晚上出来诱拐儿童，诱拐一人得洋银五元。

犹如一滴冷水掉进热油锅，此事一传开，瞬间引得群情愤起。

这王三为何人？他原是一开药铺的中国商人，加入教会后，依仗教会势力，在当地恃强凌弱，无法无天。民众对他怀恨在心，却又敢怒不敢言。其实，对王三这些狂妄的中国教民，不光中国民众，就连当地的中国政府官员也奈何不了他们。因教会在中国享有特权，教民受教士包庇，凡牵扯到教堂、教民的诉讼，中国官员一律不敢过问。

但这次接手此案的天津知县刘杰不敢草率，他认为事关重大，遂与天津知府张光藻一起，请示驻天津的三口通商大臣崇厚。

崇厚是个长了一身媚骨的人，贪图享乐，圆滑庸碌，平日里又多受洋人的小恩小惠。接到刘杰和张光藻的请示后，他又惊又惧，急派天津道周家勋与法国驻天津领事丰大业及教士谢福音商议，要他们交出教民王三，并约定五月二十三日带武兰珍到教堂对质。不想却遭到拒绝，教堂坚决不肯将王三交出。

同治九年（1870）五月的天津，正遭受着一场多年未遇的大旱。开春以来，就不曾落过雨雪，大地干裂，禾死苗枯，夏收基本无望。这对原本就生活凄苦的民众来说，无疑是雪上加霜。为讨生活，天津周边的民众大批涌进了天津城，从而导致天津城内物价飞涨，米粮奇缺。

俗话说："人为财死，鸟为食亡。"在饥饿面前，人性中最基本的是非善恶之底线常常不攻自破。坑蒙拐骗，烧杀掠夺，这样的事在当时的天津城内时有发生。

法国天主教堂名为望海楼，就矗立在海河北岸的狮子林桥旁边。这是一座于同治八年（1869）才兴建起来的华丽建筑，共有三层，青砖木结构，拱形窗上嵌着五彩玻璃，瓷花砖铺地，前面配有三座塔楼。整座教堂望去呈笔架形，流光溢彩，是海河沿岸所有外国教堂中最为华丽的一栋。法国人称这座教堂为圣母得胜堂，中国民众则称之为望海楼。

在望海楼的旁边就是教堂办的育婴堂，再不远处就是法国领事馆。

平日里，教堂和育婴堂的大门都是紧紧关闭的，很少有人出入。除礼拜天从那里传出的唱诗声和祈祷声外，也很少再听到其他声音。

在中国民众的心里，这座华丽的建筑就是一座阴森恐怖的城堡。

五月二十三日，天津道、府、县官周家勋、张光藻、刘杰等人带拐犯武兰珍到望海楼教堂查验门径。彼时的望海楼，早已为前来看热闹的民众里三层外三层地团团围住。见天津地方官员携带拐犯前来，人们的怒气瞬间爆发，他们七嘴八舌地向几位地方官围拢过来。有诉怨的，有要求严查到底严惩凶手的。几位地方官员也不敢多做停留，草草查验之后就带着拐犯离开了。回望海楼教堂门前场面却已失控，教堂内的人与围观的民众发生口角，纷纷扭打在一起。

望海楼教堂这边的吵嚷嘈杂声，很快就传到不远处的法国领事馆。

法国领事丰大业气得暴跳如雷，这个自以为是上帝的高等子民的法国外交官，依仗着背后本国强大的军事力量，在中国一向目空一切，无法无天。对于各地民众的反教会斗争，他只有一个主张——血腥镇压。见望海楼教堂前人群越聚越多，打倒教会教堂的呼声越来越高，丰大业简直要气疯了，他咆哮着前往三口通商大臣崇厚的衙门，令其派兵镇压。

崇厚平日里虽生就一身媚骨，但他毕竟在官场上摸爬滚打多年，知道众怒难犯这个道理。面对丰大业的一命再命，他都找借口推脱，先说是张光藻、刘杰他们已派人去，事情很快就会平息，又讲用洋枪队对付老百姓骚乱怕不合适。崇厚只派了两个兵弁前往，就再不肯派兵前去。

丰大业被彻底激怒，他当即就从腰间拔出一支乌亮的手枪，对着崇厚的胸口就是两枪，崇厚已瘫倒在地，他身后一只一人多高的红花瓷瓶已被打得粉碎。崇厚当然没死，丰大业扣动扳机时又把枪口稍挪了几寸。他也只是想借此恐吓一下崇厚而已。此时的崇厚早已面无人色浑身筛糠，从地上爬起来，连滚带爬地躲进内室，丰大业带着手下扬长而去。

彼时，天津县知县刘杰正带着几十号兵弁在望海楼教堂周围维持秩序。他极力劝说那些围观起哄的闹事百姓赶紧散开。作为大清的地方官员，刘杰也曾耳闻过一些类似的教案，最终的结果无不是以牺牲中国民众的利益为结局，他不想自己的同胞再受到更多无谓的伤害。

可他站在愤怒的人群中，就像一只小蚂蚁被淹没在汪洋怒涛中。那一浪高过一浪的呵斥与痛骂让他胆战心惊，他真怕民众冲动之下会冲上来把他和十几个兵勇撕成碎片。

他知道，凭自己和十几号人的力量，已经无法平息此时的怒涛狂潮，遂决定先回县衙再另做打算。却不料，在狮子林浮桥上，刘杰等人与丰大业等人碰了个正着。得知刘杰欲撇下望海楼前的乱局回县衙，又加之先前在崇厚处惹的一肚子气，丰大业怒不可遏，气不打一处来，竟然抬枪就向刘杰开枪。好在刘杰躲得及时，可那一枪还是打伤了他身边的跟丁。

彼时的中国民众一点就燃，如今见自己的父母官和跟丁受伤，早已被愤怒烧红了眼的中国民众再也压不住心中怒火，他们从四面八方涌过来，拳打脚踢，横行一世的法国领事丰大业和他的助手很快就被打成了烂泥。

打死了丰大业的民众们还不解气，他们又潮水一样冲向不远处的法国教堂、育婴堂和外国人在天津设立的其他机构。他们把王三揪出来，把被拐的中国儿童放出来，并先后打死外国人二十多名，将望海楼天主教堂、法国领事馆仁慈堂、英国讲书堂、美国讲书堂等外国机构放火焚尽。

这就是震惊中外的天津教案。

5. 一封遗书

那一夜，望海楼的大火一直烧到深夜方灭。

天津为京师门户，天津教案的消息很快就传到京师。总理各国事务衙门闻讯震惊万分，尤其是主管大臣奕䜣更是惊惧不已。

自从被慈禧太后夺去“议政王”的封号，奕䜣处事更是如履薄冰，处处小心，在与洋人打交道的过程中也是如此。他深知洋人来中国的根本目的不在于夺取江山，而在于攫取最大利益。既然如此，以“利”安抚也就成了他与洋人打交道的最基本的一条原则。面对洋人的无理要求，他代表清政府频频让步，牺牲中国民众的利益，以换得暂时的相安无事。

近年来，各地教案频发，已让奕䜣头疼不已，但这次天津教案的情形极其恶劣严重。天津教案发生后，法、英、美、俄等西方七国立即联名提出“抗议”，他们向天津海面调集军舰，扬言要炸平天津城。

彼时的天津城，就像一个即将被点燃的炸药桶，一边是一触即发的愤怒民众，一边是气势汹汹的西方列强，两方都不能轻易触及。清廷一面发布谕旨，令各省地方官员弹压群众，保护好各地的教堂和通商口岸，防止类似事件再次发生；一面急急商定，派人前往天津处理教案。

慈禧询问奕䜣可派何人前往天津时，奕䜣心中其实早已有了一个不二的人选，这个人就是曾国藩。面对如此国难危局，奕䜣觉得，唯有曾国藩能担此大任。清廷便顾不得曾国藩病体缠绵，一道谕旨传下。

过去发生过的扬州教案、贵州教案、四川教案，仅伤了几个洋教士，洋人就气势汹汹地出动兵舰，这次不但殴毙了他们的领事，还焚毁了他们的教堂、讲习堂等场所，他们怎肯善罢甘休？

这道谕旨对于曾国藩来说，如同一张生死宣判书。曾国藩非常清楚自己所面临的两难处境：若依清廷的旨意满足西方列强的要求，他将从此背上卖国的千古骂名，永世不得翻身；若违背朝廷意愿，倾向于民众，也只有死路一条。况且，洋人性情凶悍，天津民众习气浮躁且又嚣张。曾国藩料定双方很难彼此妥协，若处理稍有不慎，引发战火，他也许就会葬身其中，再无回还之日。

进亦难，退亦难。那天，曾国藩不言不语、不吃不喝，在书房里入定一样枯坐至深夜。

如同老友们劝他的那样，这样的难题，他本可不接，他有足够的理由——他那几乎不能自支的病体就是最好的托词与借口。家国有难，匹夫有责。他不允许自己在此危难之秋当逃兵。他宁愿把这一把老骨头扔到津门，也不愿在此紧要关口袖手旁观。

那些天里，曾国藩前前后后把自己的人生之路梳理了一遍：回想自己在官场、战场上纵横驰骋多年，风里穿过浪里行过，虽涉惊险无数，但终归还是修得一番正果。如今，他已年过花甲，且百病缠身，几乎生无可恋；官居一品，封侯拜相，位极人臣，也无甚遗憾。从他自己本身来说，他已看淡了生死前程。

但他却不能不为曾氏家族的前途考虑，想到自己的两个儿子，他们尚且年轻，前方的路才刚刚开始。生死离别之际，有太多的话想要说给他们听。

离别前夜，曾国藩强打精神，铺纸研磨，给儿子纪泽和纪鸿留下一封长信，确切地说，是留给儿子的遗嘱。

信中，曾国藩几乎面面俱到，从眼前事到身后事，都一一对儿子们做了交代。

欧阳夫人一次次悄悄捧了汤茶进来，轻声劝慰，让他保重身体，因为还有更大的担子需要他去挑起。可当她看到曾国藩满脸的凄怆之色时，到嘴边的很多话又悄然咽了回去。这个时刻，也许只能交给他自己。

事实上，曾国藩此行前不但给两个儿子拟好了遗书，他连自己的棺木、后事也都准备好了。棺木是他从两江任上来直隶时带过来的，却未想到这么快就要用上了。青山处处埋忠骨，可那颗飘荡太久的游子魂，越老越依恋他的故乡白杨坪。此生若不能亲自踏上故乡的土地，也要后人把自己的魂魄带回故乡。

一切准备就绪，同治九年（1870）六月初六，曾国藩由保定直督任所启程，前往天津，接手处理天津教案。

6. 抱病赴津，忍辱求和

六月骄阳，火球一般炙烤着京津大地。数月干旱已将那片广袤无垠的京津平原折磨得几无生命绿意。路边田里，稀稀拉拉地种了些高粱、玉米、大豆等农作物，也都蔫头耷脑毫无生机。

从保定通往天津卫的官道上，一顶绿呢大轿，后随几顶小轿，缓缓前行。没有大部随从，更无全副武装的兵弁。漫长的官道上，那一行人的身影显得如此落寞而孤寂。

此次前往天津，曾国藩只随身带着赵烈文等几个幕僚和贴身随从。他拒绝以兵马壮声威，尽管他明知前方的局势有多么凶险。

清廷上谕中明确要求，要他持平办理，以顺舆情而维大局。短短的两句话，曾国藩翻来覆去地掂量了多少遍。持平办理，何谓持平？对谁持平？以顺舆情而维大局，又是一个何等矛盾的命题。但他很清楚清廷的意图，要维护安定，不要战争。所以他也坚持不带一兵一卒，不给洋人任何动武的借口。

曾国藩坐在他的那顶绿呢大轿里，缓缓向天津而行。长长的官道上，除了他们一行人，极少有人走过。偶尔走过三两个，也是衣衫褴褛满脸菜色的逃难之人。

再向前走，离天津越来越近，路上的行人也渐渐多了起来。当曾国藩的视线落到那些行人的身上时，他的心情也越发沉重起来。都是一些拖儿带女的人，个个蓬头乱发，面黄肌瘦，想必他们也是去逃难的。

这年夏天，直隶大地干旱之后又遇水患，河道官吏私吞治河款，永定河决口，冲毁田舍无数，让多少百姓一夜之间失去家园。作为堂堂的大清一品大员，他是这些人的父母官，可他却无能为力。他只有满心的沉重与无奈。

曾经的中兴梦想，似乎也越来越遥远了。

同治九年(1870)六月初十，曾国藩一行抵达天津城。在天津城门口，天津道员周家勋、天津知府张光藻、天津知县刘杰早已等候在那里。

当曾国藩从他的绿呢大轿里缓缓走出来时，三个人齐刷刷就在他面前跪下了。他们连声呼着“请曾中堂为卑职做主”，长跪不起。曾国藩让他们起身说话，才看到三个人的脸上竟然都挂满了泪水。

据刘杰说，那个为他挡了丰大业一枪的随从，抬回去就不治身亡了，他自己也差点丧生在丰大业的枪下。周家勋和张光藻也急着向曾国藩汇报。

在大清地盘上，地方官员尚且受到如此伤害侮辱，是可忍，孰不可忍。看到三人满脸的泪水与满含期待的眼神，曾国藩心里狠狠地被刺痛了。平心而论，他如何不理解他们所受的那份委屈？但他怕自己终会让他们失望。

这次同曾国藩一起办理天津教案的是三口通商大臣崇厚。

因听到由崇厚来办理此案，天津士绅都极为担心也极力反对。在平时处理一些民、教诉讼案件的过程中，崇厚都是极力偏袒教民，屈抑平民。但听闻曾国藩前来处理此事时，人们顿时又都充满了期望。

在咸丰四年（1854）写下的一封《讨粤匪檄》中，曾国藩曾发出令人振聋发聩的呼声，让他在儒家士子们的心中成为一面旗帜。他们将曾国藩视为反对洋教、维护儒学的忠实卫道者。再加上曾国藩这些年来在官场上的威望，对他的到来，天津的士绅民众充满了期待。期待他能秉公处理，给民众一个公平的交代。

他们哪里会想到，还在前来的路上，曾国藩已经把处理此次教案的大政方针基本确定。他是朝廷命官，食朝廷俸禄，一切都将以朝廷的旨意来办理。

崇厚更是如此。丰大业的一枪没把他打死，却把他身上仅有的一点骨气扫得荡然无存。在处理此次事件的过程中，他对洋人几乎到了卑躬屈节的地步，恨不得一切都以取悦洋人为宗旨，主动为他们抹杀侵略罪行不说，甚至还大肆为他们涂脂抹粉、歌功颂德。

对中国民众，他则完全是另一副凶恶嘴脸，昧着良心说假话，搜罗网织民众的种种罪名，以便讨好取悦洋人。

对于崇厚的这些做法，曾国藩不赞成但也不曾反对。他睁一只眼闭一只眼，由了他去。按照崇厚的意旨，曾国藩一到天津就把拐犯武兰珍和犯罪教民王三开释。

六月十六日，曾国藩到达天津六天之后，天津道员周家勋、知府张光藻、知县刘杰三人被革职。可怜三个天津地方官，眼巴巴地盼来的曾青天竟是这般为他们主持公道。

曾国藩的此番举动，不但让外人觉得不能忍受，就连他身边的亲朋好友也觉得不解，频频对他进行劝阻。

大失民心，为清议所讥，为千夫所指，这一切可怕的后果，曾国藩都已料想到了。可他还是迎风顶浪，一意孤行。他把自己坚守了大半生的谨、敬、慎全部抛诸脑后，向着那个万劫不复的地狱一步步行去。

六月十九日，法国公使罗淑亚从北京赶到天津，曾国藩立即会见了他。

与丰大业的蛮横傲慢相比，罗淑亚显然是一位训练有素的职业外交官，举止文雅，谈吐不疾不徐，待人彬彬有礼。

而曾国藩给他的印象也非同寻常。这个身着大清朝服，生了一对三角眼的小老头，虽然看上去既不魁梧也不高大，容貌也很平常，但他坐在那里，以手抚须，面色安详，不卑不亢，其凝重的器宇也让罗淑亚不得不叹服。他任法国驻中国的全权公使多年，见过太多在他面前卑躬屈膝的大清官员了，像曾国藩这样的还是第一次遇到。心里除了生出一份佩服之意外，也不由得提高了警惕——这样的人，不易对付。

最初的谈判还算愉快，罗淑亚的态度也算温和。他只提出要清廷惩办天津府县官员、捉拿凶手、赔偿损失等要求。这些要求曾国藩都很容易办到，也让他稍稍松了口气。但这毕竟只是谈判桌上的商谈，还不是最终的结果。最后的谈判结果，罗淑亚推辞说要等法国海军头目到达天津后才能最终敲定。

夜长梦多，罗淑亚的那番决定又把曾国藩的一颗心提起来了。

果然，罗淑亚变卦了。两天之后，六月二十一日，罗淑亚和曾国藩再次坐下来磋商时，竟一反先前的温和态度，他蛮横地提出要中方“三员论抵”：即要求天津知府张光藻、知县刘杰和陈国瑞三人为丰大业抵命。

此时的法国海军头目也疯狂叫嚣，若十几天内不能照办，定要让天津化为焦土。

曾国藩无论如何也没有想到，形势忽然来了这样一个惊天大逆转。但对法国的要求，他却是万不敢答应。天津府、县官员，不过在行使他们的地方职权，欲惩治一犯法教民而已，本无大罪，更不应以死谢罪洋人。何况张光藻在天津还颇有威望，素得人心。如若治他们死罪，大清的颜面何存？至于那个陈国瑞，不过在焚烧教堂那天曾立马桥头为群众助威，并未参与行动，更不该牵连至死。

可若不答应，果真如法国海军头目叫嚣的那样，把军舰开进来，把大炮对准天津城，让天津城化成一片火海焦土，让天津民众生灵涂炭，他又如何担得起这份深重的罪孽？

曾国藩再次被推向人生的绝境。这一次，却不仅仅关乎他自己的生死安危，而是事关他背后的千百万民众还有大清王朝的江山社稷。

与他一同参与谈判的崇厚却没有任何犹豫，对法国提出的种种要求言听计从。不就是区区三个中国官员吗，砍了自有后来人可以补上官缺。可这一次，他却被曾国藩拒绝了。曾国藩不同意“三员论抵”的无理要求，可一时又想不出更好的办法。无限纠结愁苦之中，曾国藩竟与崇厚相对而泣。

好男儿流血不流泪。曾国藩此时流出的泪比血还浓，比流血更痛。

原本就是抱病而来，现在更是内外交困。巨大的压力之下，曾国藩的健康状况更加糟糕。他的晕眩病越发厉害，几乎不能正常起坐。二十四日给儿子写下那封家书后，又添泄泻之症。二十六日又开始呕吐不止。胃口极不好，每顿饭只勉强吃一碗开水泡饭。左眼已经越来越看不清东西了。

在此期间，罗淑亚又一次与曾国藩照会，仍要求府、县官员抵命。曾国藩再次据理力争，驳回了法国这一无理要求。

想来，当时的曾国藩是在拼着那条老命跟法国人谈判。连跟他一起办理此案的崇厚也看不下去了，建议他上奏，另派简臣来接手此案。

六月二十六日，曾国藩以身体不支为由，奏请另简大臣来天津协助查办教案。他实在支撑不住了。

七月初五，工部尚书毛昶熙奉命至天津，协助曾国藩办理教案。

七月二十五日，江苏巡抚丁日昌也奉命来到天津，协助办理教案。

丁日昌一到天津就开始悬赏缉拿“凶犯”。他的态度比曾国藩还要鲜明，手段也来得更加残暴。自然，他也落得骂声一片。

其实，天津教案就是一个大火坑，任凭谁来处理都必将引火烧身。不幸，曾国藩第一个纵身跳进了这个大坑里。

7. 沦为举国欲杀的“卖国贼”

罗淑亚来天津谈判，两天之内，态度来了一个大翻转，由温文尔雅态度温和一下子变得蛮不讲理，曾让曾国藩百思不得其解，他以为是法国从海上开来的军舰给这位法国公使打了强心针。

直到七月六日，普法战争已打响的消息传来——同治九年(1870) 六月二十一日，也就是法国公使突然变脸向清政府提出要“三员论抵”的那一天，普法战争爆发。曾国藩这才大梦方醒，而这个消息也让他坠入深深的痛悔与自责之中去。

蛮横强硬的西方列强其实也不过是一只纸老虎，可曾国藩及清廷却被这只外表看似凶猛强大的纸老虎给彻底镇住了。普法战争爆发，法国根本无力顾及天津教案这等小事，他们只想以强硬的姿态威慑住清政府，从这里攫取最大利益，速速了结此案，以便从这个泥潭里抽身远去。

曾国藩确信法国再无力向中国开战了，才算稍稍松了口气。让人无法理解的是，得知事实真相的曾国藩，并没有改变自己一味求和的外交方针。他虽然一直坚持没有同意法国公使提出的“三员论抵”的要求，但在其他方面却是一退再退、一让再让。

最后还是由崇厚另支新招。他见曾国藩不同意“三员论抵”，遂提出将张光藻等人交刑部治罪。不得不说，崇厚的劝说还是相当有诱惑力的。他讲，将张光藻他们送交刑部后，量刑轻重还是由中国政府说了算，关些天，最后放了了事，也算来是一个缓冲。

这举措听起来倒是不错，其实还是等于定了几位官员的罪。

曾国藩心里不甘，却也无良策可用。他只得再次顶着很多人的反对，连夜上奏清廷，将天津知府张光藻和知县刘杰交刑部治罪。

罗淑亚对这样的处理结果似乎仍不满意，他继续叫嚣着“三员论抵”。曾国藩再也没有退让——将二人交刑部治罪，已是他的底线。

曾国藩原本想着，名义上将张光藻和刘杰交刑部治罪，将洋人搪塞过去，然后以养病为由，将张光藻和刘杰二人放回原籍放风，等待观望，再图将二人的处分变轻。谁料罗淑亚却将曾国藩的奏折当成给清政府施压的一个有力工具，他从天津返回京师，一味向清政府施压，让他们迅速处理张光藻、刘杰二人。

总理衙门便一日一催，让曾国藩速速把二人押解京城。

为二人减罪的希望化为泡影，曾国藩只得满怀愧疚地将二人召回，录下口供，押解刑部。

为给洋人一个满意的交代，除将张、刘二人押解刑部之外，曾国藩还在天津大肆展开“缉拿凶手”的活动，搜捕五月二十三日那天参加反洋教斗争的爱国群众。

这些人都是天津人民心目中的英雄，在曾国藩对他们展开搜捕前，天津民众早已将他们掩护逃离。最后，曾国藩还是加大搜捕力度，想办法凑足了二十人之数，为丰大业抵命。

天津府、县官员发黑龙江赎罪、判死刑二十人、流放二十五人，并赔偿各国白银四十九万两，派崇厚为中国特使赴法赔礼道歉。这便是曾国藩最后敲定的天津教案的解决方案。也正是这一决定，将他永远地钉在了卖国贼的耻辱柱上。他没等到最后定案，就背负着滚滚骂名黯然离开了天津。

这年八月初二，两江总督马新贻遇刺身亡，曾国藩调任两江总督。李鸿章调补直隶总督，赶赴天津，直接接手已接近尾声的天津教案。

天津教案的解决办法，此时已经基本敲定，李鸿章并未做出大的改变。他要做的不过是在细节上与洋人讨价还价。无可置疑，在外交斡旋方面，身为弟子的李鸿章确实比曾国藩更为圆滑，手段亦更高明一些。他知道，一定要利用好普法战争这个大好时机，尽快把教案结案。

在李鸿章的外交斡旋之下，俄国首先松口，不再要求抵偿人命，只要经济赔偿。这样，被判死刑的二十人就少了四名，成为十六名。及至行刑时，李鸿章又悄悄偷梁换柱，用十六名原来关押狱中的死刑犯顶替了那十六名被判死刑的人。反正那时西方列强已根本不在乎刑场上砍的人是谁了，他们捞足了赔偿金，也捞回了面子。足矣！

这些小动作，却为李鸿章赢得了极好的口碑，朝廷欣赏，百姓满意。

作为处理这次教案的主要经办人，曾国藩却彻底触犯了众怒。人们心目中的大清勋高柱石轰然倒塌，曾国藩在一夜之间沦为一个举国欲杀的卖国贼。京师及通都大邑一片哗然，人们纷纷大骂曾国藩是卖国贼，恨不得人人得而诛之。

多少年来，曾国藩都是年轻士子心中的大儒圣贤，是他们人生的标杆榜样。当年曾国藩在京城为官，各处会馆还曾专门请他题字挂在会馆门口。如今，听说曾国藩竟做出如此伤害同胞的卖国之举，国子监的一批热血青年被彻底激怒了，他们潮水一样涌向虎坊桥的长郡会馆。

会馆楹柱上那两行曾国藩的亲笔联语——“同科十进士，庆榜三名元”，还清晰如昨，那是道光二十五年（1846）曾国藩为庆祝那年乡试中高中的湖南同乡而专门题写的。风风雨雨多少载，那两行联语一直在激励着湖南士子。

可今天，在他们看来，那一个个字都像火炭毒剑，刺得人眼痛心痛。

他们找来刀子，把那两行联语狠狠地刮掉了。

之后，他们又奔向湖南会馆，会馆上方那块蓝地金字的大匾，也是当年曾国藩所题，他们把它砸烂踩烂。在这群被愤怒烧红了眼睛的年轻士子心中，那被烂泥一样踩在地上的哪里是一块匾额，那分明就是他们曾经景仰万分的曾国藩。

那些天里，曾国藩不敢出门，他怕自己被那股怒潮吞没。可即便如此，他也无法得到片刻平静，一支支利箭正从更远的四面八方向他无情地射过来。就连他的得意门生李鸿章和最亲爱的儿子曾纪泽，也不能理解他的做法，在来信中纷纷指责他。

这其中，有一个人的信几乎让曾国藩无地自容。是老友左宗棠从遥远的西北通过总理衙门转达的："津郡事变由迷拐激起，义愤所形，非乱民可比。索赔似可通融，索命则不能轻允，惩办地方官员亦非明智之举，正宜养民锋锐，修我戈矛，示以凛然不可侵犯之态，方可挫夷人凶焰而长我中华之志气！"

左宗棠之言，字字如钉，直击曾国藩心脏。

曾国藩与左宗棠，自同治三年（1864）攻陷天京城时闹得不欢而散，多年来私下里一直不通音信，但二人却不计小节，在大事上向来不徇私情。在很多场合，曾国藩也毫不掩饰自己对左宗棠的欣赏，他甚至以为左乃"当今天下第一人"。现在，这个"当今天下第一人"却再次成了伤他最深的人。

曾国藩赴天津办理教案前，已拟好遗嘱、备好棺木，早将生死置之度外，但形势的发展还是远远超出了他的预期。

人死其实容易，最难的是活着。

那些天里，曾国藩再次体味到生不如死的滋味。他后悔自己不该轻易听信崇厚的话，将张光藻和刘杰交刑部议罪，更痛悔自己不该滥捕无辜群众。可再多的后悔又有何用？

大错已经犯下，唯有努力弥补。可欠债还钱、杀人偿命，他又该如何来弥补？

原本是官望平平的张光藻、刘杰等人，因为那件事件一下子变得举世瞩目，他们成了受害者，更成了民众眼里的英雄。那些天里，到他们府上看望慰问的人络绎不绝。

曾国藩这才知道，人心才是这世界上最强有力的藩篱屏障。失了这道屏障，任你是皇亲国戚还是圣贤大儒，一样免不了被世人唾骂遗弃。

为了挽回人心，也略平复一下心中的愧疚，他决定倾己所能，筹备一些银两，给这几家人的家属以补偿。可这些年来，他一直恪守祖父的训诫，除了存下的两万两养廉银以备将来养老用，再无其他财产。堂堂一个一品大员，嫁了几个女儿，他也仅仅给每个女儿二百两银子作为陪嫁。

但曾国藩还是决定从这两万两养老银中拿出七千两，慰问张、刘两家。

后来，此事被赵烈文知道，他悄悄回到直隶总督衙门，暗中发动幕僚们又筹集了一些银两，总共凑了一万四五千两白银，帮曾国藩完成了这一心愿，曾国藩的心里才稍得安宁。

天津教案结案了，那份愧疚与痛悔却至死都不曾离开曾国藩。

对于曾国藩在处理天津教案中的表现，理解的人认为：天津教案最后的处置结果，显然不是曾国藩一个人能做得了主的，他不过是替清廷背了黑锅。也有对他持完全否定态度者认为，不管当时的情形如何，他如何替自己辩白是“误听人言”，是为维持大局和平，都无法改变他投降的事实。

对于此次事件的处理方针，曾国藩在给清廷的奏折中说：“臣查此次天津之案事端宏大，未能轻易消弭。中国目前之力，断难遽启兵端，唯有委曲求全之一法。”所谓“弱国无外交”，不能否认，曾国藩的这番分析还是切合实际的。

天津教案的处理结果，确实是在中国人的心中烙下了一道深深的伤痕。但也正如某些学者和评论家所言，这个罪名完全由曾国藩一人来承担也有失公平。他仅是大清的一名办事官员，不得不依从朝廷的旨意来办理。

也许正是因为这样沉痛的经历，曾国藩才越发渴望实现中兴强国之梦。在天津办理教案期间，他也不曾放下对兴办洋务的关注。丁日昌奉命赴天津协助办理教案之后，容闳、李鸿章也先后抵达天津。几人常齐聚，商讨办洋务之事，打算选派聪颖的幼童到西方各国学习军政、船舶、数学、机械制造等专业，学成归国，为我所用。

曾国藩认为，如果凡是西方人擅长的技术，中国人都能精通，那么就可以逐渐图谋自强了。曾国藩却注定是无法等到那一天了，他甚至连第一批幼童踏上远行的航船也没有机会看到。

彼时的曾国藩和他所忠诚服务的大清朝一样，都已日薄西山。纵他再有满腔中兴之志，也难以让这个庞大而腐朽的机器回光返照。就在天津教案接近尾声时，从江宁传来又一个令人震惊的消息——两江总督马新贻光天化日之下被人刺杀了。

两江多事之秋，曾国藩再次被委以两江总督之任，回江宁查办此案。

曾国藩的得意门生李鸿章，由湖广总督上调任直隶总督，负责天津教案的善后工作。

曾国藩再次拖着病弱之躯上路了。

第九章
长逝金陵

1. 张文祥刺马案

清末同治、光绪年间，那拉氏慈禧太后垂帘听政，朝政黑暗，曾发生数不清的冤假错案，其中以杨乃武与小白菜案、名伶杨月楼冤案、太原奇案、张文祥刺马案最为引人注目，被称为晚清四大奇案。曾国藩人到晚年，又亲历了四大奇案中的刺马案。

同治九年（1870）八月初二，天津教案尚未终结，两江总督马新贻竟在光天化日之下被人刺杀身亡。这个消息传到天津，让曾国藩不由深深倒吸了一口凉气。他有一种隐隐的不良预感——也许他将再次被推到一个难堪的境地。很显然，这不是一般的刺杀案。

曾国藩所料没错，清廷谕旨很快就下来了，令曾国藩重任两江总督，回江宁查办马新贻被刺案，直隶总督一职由李鸿章接替，未结案的天津教案也由李鸿章和丁日昌等人接手办理。

那拉氏的意图非常明显，将曾国藩调离，回任两江总督调查马新贻被刺案不过是一个借口。区区一个文官的死，那拉氏并未放在心上，刺马案又哪里比得上天津教案这样震惊中外的大案来得重要，但她还是让曾国藩离开了。她用这样的方式向世人宣布：在天津教案处理过程中，曾国藩办事不力，所以清廷只得另择贤人。

这其实是那拉氏再次对湘军的出手，曾国藩内心很清楚。

曾国藩再一次体味到打落牙齿和血吞之苦。毫无疑问，在处理教案的过程中，他完全是依照朝廷的旨意来办的。为此，他曾拼尽所有的力气，抱病与洋人外交官在谈判桌上周旋交涉，他甚至不惜背负上投降卖国的千古骂名，把自己置于众叛亲离的孤绝之境。他背弃了自己的仁心与良知，把自己永远地钉在了历史的耻辱柱上。他所做的这一切，无非就因为他是臣子，是大清的臣子，他信守的君臣之道让他没有其他选择。可他替清廷背了这样一个大黑锅，却并没有得到清廷的丝毫抚慰，最后还是被清廷一脚踢开。

同治九年（1870）八月二十五日，李鸿章抵达天津，开始接手天津教案。他远比老师幸运得多，他顺着老师开辟出来的路向前走，很顺利地就收官结案。骂名老师替他顶了，最后圆满的结局却是他带来的。

可想而知，彼时的曾国藩心中有多么抑郁，有多少无法说出口的悔与痛。

他来直隶任职之时，就没想过在这里久待，但他却万没有想到自己会如此狼狈地离开。他舍去身家性命来努力办理的一件事，最后却以这样的方式收场——他成了举世公认的卖国贼、人民的公敌，他尽心竭力要忠于他所服务的大清朝廷，大清却一翻脸把所有的过错都压到了他的头上。

萃六州之铁，不能铸此一错！曾国藩昏花浑浊的双眼已经干涩，再也流不出一滴泪来，只能用一声长长的叹息来表达内心滚滚的痛与悔。

同治九年（1870）九月初六，曾国藩将关防印信亲自交到前来办理交接手续的李鸿章手上，他将要离开这片留给他无尽伤痛的土地，启程南行了。

南行前，照惯例，要先行到京城陛见。九月二十三日，曾国藩由天津启程入京。十月十五日，自京启程南行。一个多月后，也就是这年闰十月二十日，曾国藩抵达江宁，暂住在江宁盐巡道衙门，开始着手梳理马新贻被刺案。

马新贻（1821—1870），字谷山，回族，山东菏泽人。道光二十七年（1847）进士，历任安徽建平知县、合肥知县、安徽按察使和布政使、浙江巡抚、两江总督兼通商事务大臣等职。他在任期间，曾花大力气处理漕运、盐政和河工之弊政，力争减轻农民负担，为老百姓解决了很多民生问题，在民众中颇受爱戴，应该算得是一位有品有德的好官。可就是这样一位深受百姓爱戴的官员，却因为一桩从天而降的刺杀案，而在身后留下疑云重重，酿就又一千古奇冤。

同治九年（1870）七月二十六日，雨后初晴，新任两江总督不久的马新贻决定在这天进行秋操。一大早，他就来到江宁总督府西边的演武厅，准备在校场对军队进行检阅。这场检阅原本是定在前一天即七月二十五日这天的，可这天却突降大雨，只得延期。

依照大清的惯例，总督大人检阅军队，老百姓可以观看。这次秋操对江宁人来说是一次久违的盛典。因为自从太平天国占领天京城，一直到天京城被攻陷，太平天国被剿灭，江宁都未举行过如此盛大的阅兵仪式了。

那天一大早，通往校场的路两边及校场周边就被前来看热闹的百姓挤得水泄不通。马新贻并不知道，在那一群人中间，有一双仇恨的目光正穿过层层人群向他无情地投射过来。他毫无警觉地穿过演武厅到校场的通道，走向高高的检阅台。

也许，他原本是应该死在通向检阅台的去路上的，却因人太多杀手始终没有找到机会下手。他顺利地完成了那天的检阅任务，又在巡抚、潘司、臬司、知府等人的陪同下大步向总督府走去。

就在马新贻一行行至总督府后院门口时，意外发生了。这时候，突然冲出一个人来。来人扑通一声跪在马新贻面前，嘴里高声喊“冤枉”。马新贻定睛细看，原来是一个熟人，他的山东老乡，一个叫王咸镇的武生，是来向马新贻鸣冤求助的。不管是否熟人，那种场合以那样的方式出现都不妥当，王咸镇很快就被巡捕带走了。

事情却并没有结束，王咸镇刚被带走，前面又有一人拦道下跪鸣冤。马新贻不得不站下身来，欲问个究竟。说时迟，那时快，就在此时，从喊冤的人旁边又冒出一个人来。此人生得五大三粗，手持一把匕首，但见他两步就跨到马新贻身边，举刀就朝马新贻猛刺下去。马新贻毫无防备，右肋下结结实实地中了一刀。

旁边的差弁们见总督大人被刺，蜂拥而上，将刺客团团围住。那位刺客也并不逃跑，他将沾满鲜血的匕首轻轻地扔到地上，毫无惧色地束手就擒。

马新贻虽然只中了刺客一刀，但那一刀刺中了他的肝脏，足以致命。那天，马新贻被人抬回总督府。因失血过多，第二天下午二时许便不治身亡。

刺杀马新贻的凶手对自己的犯罪行为供认不讳，他是抱着与马新贻同归于尽之心来的。此人叫张文祥，曾是太平天国侍王李世贤手下一员战将，也曾与清军在安徽、江西等地作战。马新贻办团练剿捻时与张文祥交过手，被张文祥俘获。但张文祥有意归顺朝廷，与马新贻竟结为金兰之好，后归马新贻节制。

却不知一对义结金兰的兄弟，为何有一日竟反目成仇，张文祥对他的兄弟如此痛下杀手。

关于这个“刺马案”，清朝正史野史中均有记载。正史《清史稿·马新贻传》中有记载，但仅有寥寥数语且语焉不详。各种野史传闻中却将此描绘得有声有色，但小说家演绎的成分太多，根本不足为凭。

综合正史与野史的种种说法，此案大体有如下几种比较流行的说法：一、马新贻为湘军所杀，是湘军策划的一场政治谋杀；二、马新贻为仇家所杀，常在官场走，难免会得罪一些仇人；三、马新贻死于情杀，据说马新贻是一个“渔色负友”之徒，霸占强奸朋友之妻才导致如此下场。

很显然，从马新贻为人为官的做派来讲，后面两种说法都不能站住脚。倒是第一种，细细推敲之下，颇耐人寻味。

太平天国陷落后，江宁及中国的东南半壁江山几乎都落在湘军手里，曾国荃等人更是依仗着攻陷天京的头功，不把任何人放在眼里。彼时的马新贻，不过一个资历甚浅无多少威望的小小文官，朝廷却把他放在两江总督这样一个重要位置上，这让湘军的很多将领很是不满。

据说，曾国荃、丁日昌等对马新贻极为仇恨，一直在想办法除掉他。

这些，都让“刺马案”更接近于第一种说法。但凡事要有理有据，没有确凿的证据，一切就只能是猜测，历史便无法为此定论。

刺马案发生后，清廷三番五次派出大员前往查案，查来查去却是越查越糊涂，不能结案。也许，对这桩案子的内幕，慈禧太后和曾国藩都是心知肚明的。所以，慈禧太后才会让曾国藩亲自来审理此案。

同治九年 (1870) 十一月十七日，曾国藩奉命充任通商事务大臣。

二十九日，刑部尚书郑敦谨抵江宁，同曾国藩共同审理此案。

经过一个多月的审理，二人也没审出一个所以然来。最后只得以张文祥“听受海盗指使并挟私怨行刺，实无另有主使及知情同谋之人”为定论而草草结案。清廷对这件案子的结局原本也没有太过关心，顺水推舟也就承认了。最后，张文祥被凌迟处死，马案奏结。

刺杀马新贻的凶手死了，他至死都未供认出他的幕后主谋。

马新贻被刺案也就成了一个永远无法解开的谜团。

但历史总还是还了马新贻一个公道。马新贻死后，为示抚慰之意，皇上亲赐祭文、碑文，特赠太子太保，予骑都尉兼云骑尉世袭，谥端敏，入祀贤良祠。江宁、安庆、杭州、海塘以及菏泽等地的民众都为他建有专祠。

“刺马案”是曾国藩重任两江总督之后接手的第一个重要案件，最后的处理结果也还算圆满——事情并没有如他想象的那样糟糕。但在处理这个案件的过程中，他难免触及很多湘军的内幕。他伤心地发现，他苦心筹建经营建起来的湘军，内部已是矛盾重重，腐朽不堪。就如同他的孱弱病躯一样，湘军也正在走向穷途末路。

2. 三番五次奏请派遣留学生

还在赴任直隶总督之前，曾国藩就与容闳、李鸿章等人大力兴办洋务，以期实现强国的中兴梦想。他先后兴建起安庆内军械所、金陵机器制造局和江南制造总局，设立翻译馆翻译推荐西方的先进科学技术，向“师夷长技以制夷”迈出了强有力的一步。

但曾国藩也很快就意识到，光成立机器制造局、军械所是远远不够的，解决人才短缺的问题才是眼下最为要紧的。中国眼下需要一批懂得西方语言和西方科学技术的人，只有如此，那堆冷冰冰的机器才会正常运转起来。

这也正是容闳要向曾国藩建议的。为了解决人才问题，尽快实现中国的强国之梦，容闳曾自拟条陈四则，分别寄给丁日昌和曾国藩。彼时，丁日昌任江苏巡抚，曾国藩已升任直隶总督。

条陈中的其他几条还好说，唯其中提出的选派聪颖俊秀的青年送到国外留学这一条，容闳心里极没有底。在儒学盛行的古老中华大地上，在那些封建守旧的大臣眼中，这种行为无疑是有违祖制、大逆不道的行为。曾国藩是传统的儒家士子，向来以维护传统儒家之道为己任。容闳不知道，那样的要求，曾国藩是否能接受。

收到容闳的条陈时，曾国藩已在天津，正被天津教案搅得焦头烂额。可他还是于百忙中约了当时齐聚天津的丁日昌、李鸿章、容闳几位，一起商讨向美国派遣幼童留学之事。他对此事的积极态度完全超出了容闳的想象。

为了早日促成此事，曾国藩两次向清廷上奏，遗憾的是，当时的总理衙门根本无心关注这些，对曾国藩的上奏均未回复。

后来李鸿章接任直隶总督，在二人办理交接时，曾国藩特意和李鸿章谈起此事。此时的曾国藩越发清晰地意识到，西方国家的测绘、数学、天文、海事、船舶、机械制造等，无一不和用兵打仗联系在一起。如果能将游学那些国家并取得了一技之长的人请到学校里，让他们分科传授，将会对大清的中兴起到不容低估的作用。曾国藩更愿意效法这些人的想法，在风气日渐开化的时候，尽快地挑选聪颖子弟派到国外去学习实践。

谁料天有不测风云，就在曾国藩欲极力促成此事之时，他却接到了让他回任两江总督的谕旨。同治九年（1870）九月十六日，在曾国藩交了关防印信，准备由天津启程入京之前，他再次上书清廷，论证了派留学生出国留学的必要性。

在奏书中，他指出："外国技术之精，为中国所未逮，如舆图、算法、步天、测海、制造机器等事，无一不与造船练兵相为表里，其则广立书院，分科肄业，凡民无不有学，其学皆专门……"

在这封奏折中，曾国藩赞成丁日昌的建议，主张派留学生赴泰西肄业，为三年蓄艾之计。因为当时他已由直隶总督调任两江总督，为了便于开展派遣留学生的准备工作，他奏调原在直隶"襄助一切"的四品衔刑部主事陈兰彬随他到江南，暂操练轮船，将来实力讲求悉心规划肄业西洋各事。可见，曾国藩此时已开始为派遣留学生做舆论和组织准备了。

同治十年（1871）正月，在着手查办马新贻被刺一案期间，曾国藩也不曾放下对派遣留学生一事的关注，再次向清廷上奏。这年五月初九，身为两江总督的曾国藩和直隶总督李鸿章再次联名致书总理衙门，向朝廷详细论述派幼童出洋留学的种种益处。

当时，清廷中存在着以曾国藩等人为首的洋务派和一些顽固的封建地主阶级为首的顽固派两大派别。对派留学生出国留学之事，顽固派提出强烈的质疑与反对。他们认为，当时的天津、上海、福州等处已设局仿造轮船、枪炮、军火，京师设了同文馆选满汉子弟延西人教授，上海设方言馆选文童肄业，再远涉重洋送幼童出国留学似是大可不必。

对于种种的质疑与反对声，曾国藩和李鸿章一一进行了辩驳与分析。曾、李指出："设局制造开馆教习，所以图振兴之基也；远适肄业，集思广益，所以收远大之效也。"曾国藩还指出，西人学求实济，新理新器日新月异而岁不同，中国欲师其长技，非遍览久习则本原无由洞彻。"诚得其法，归而触类引伸，视今日所为孜孜以求者，不更可扩充于无穷耶！"

在当时的条件下，要派遣留学生，无论是在选拔人才还是筹费方面，都面临着很大的困难。为得到总理衙门的支持，曾国藩等人还特意用很大篇幅分析了派送留学生的外交条件以及对维护大局的利益。他提请总理衙门主持大计，并制定相关的详细章程十二条，附呈总理衙门审核。

这篇奏折，高瞻远瞩，叙事有据，说理周详，几至无懈可击。总理衙门终被说服，很快给以"以为可行"的函复。这将派遣留学生出洋留学的进程又大大向前推进了一步，也给曾国藩和李鸿章等人带来了更大的希望与信心。

同治十年（1871）七月初三，曾国藩与李鸿章再次会衔具奏，说明派遣聪颖子弟出洋留学的缘由，强调其重大意义，并附章程十二条。章程中明确规定：中国每年将选派三十名年龄在十三至二十岁之间的青少年前往美国留学，费用由中国自备。四年选派一百二十名，留学期限为十五年，回国以后以其所长听候派用，不准在国外入籍谋职。并详细规定了对出洋留学幼童的各种管理条例和办法，及留学费用的出处来源。此后，李鸿章就首批幼童赴美留学事宜与美国驻华公使进行了函商，双方达成一致意见。至此，中国第一批留学生赴美国的道路便彻底畅通无阻了。

同治十一年（1872）七月初九，中国首批幼童三十人在陈兰彬等人的带领下，乘坐开往美国的邮轮，乘风破浪向那片神秘的新大陆进发。容闳先期赴美迎接，从而揭开了中国近代教育史、中美文化交流史的新的一页。

因为曾国藩、李鸿章、丁日昌、容闳等人一手促成了派送幼童赴美留学，这几人在中国近代留学教育史上都留下了光彩的一笔。容闳甚至被称为“中国留学生之父”，因为是他率先向曾国藩提出了选派幼童留学的建议。在后来的执行过程中，丁日昌是最早提议者，李鸿章是主持最久者，曾国藩却是初始阶段主持最有力的。

从同治九年(1870)五月开始将此事提上议程，一直到曾国藩病逝，他曾先后五次向清廷上奏，为此可谓是呕心沥血。他曾不止一次地对身边人讲，等此事谋划成功，他一定亲自登船，为那些远赴重洋的留学幼童送行。然而，他的病体残躯却无法再让他等到那一天了。

3. 溘然长逝

世界上有两种让人无可奈何的悲哀，一为英雄末路，一为美人迟暮。步入暮年的曾国藩，越来越深切地体会到这种悲凉，他还有很多事没有去做，还有很多计划有待实施。他才六十岁出头，原本应该还有一段很长的路可走，可衰弱的病躯却将他慢慢带上最后的归途。

肝病益重，头晕目花，浑身浮肿，胃寒腹泻……曾国藩一生特别注重养生。养生的最高境界是心宽心静，这是他一生都无法抵达的境界。

他所处的位置，无法让他超然度外。

同治十年（1871）八月十二日，曾国藩再次拖着病体上路，检阅江宁督标及练军、湘军各营。八月十二日检阅完江宁各营，八月十三日自江宁登舟启程，曾国藩先后到扬州、清江浦、徐州、丹阳、常州、常熟、苏州、松江等地检阅军营。

这是剿灭太平天国后，曾国藩第一次如此大规模地检阅。当然，也是最后一次。

数次裁军之后，各营中那些曾跟随他南征北战的老面孔已然不多。出现在各营将士们面前的那个人，也不再是当年那个充满威仪的曾中堂。这位步履沉重的迟暮老人，佝偻的背，浑浊不清的眸，走两步喘三喘的样子，让人完全无法把眼前的这个人与曾经那个叱咤风云的湘军统帅联系到一起。

这一次检阅之旅似是曾国藩与他的部队的一次告别仪式，让他心中充满了无限的依恋和哀伤。从对各地军营检阅的结果来看，眼下的湘军发展情况不容乐观，无论是将领还是兵勇，都暴露出重重问题，但曾国藩也已无力再对其进行整顿了。

江南制造总局，已在上海建立了几个分厂，各厂的发展一直是曾国藩心头的牵挂。十月初七，检阅完各处军营部队之后，曾国藩又从松江起身抵达上海，开始查阅江南制造总局所属各厂。

上海的同僚旧部原本就多，又加上此时恰逢曾国藩六十一岁生日之际，各级官僚都准备了音乐酒宴为曾国藩祝寿。曾国藩刚到上海，便被繁忙的应酬所缠。盛情难却，为了答谢众官员好友，十月十一日这天上午，曾国藩亲自备下酒饭，设筵款待。虽然他为此颇费了些银两钱财，但到底还是求了个心安。

那天上午十点多散席，曾国藩没做停留，马上上船出发，傍晚就到达吴淞口，十二日检阅水陆军的操练，十三日又检阅半天，后乘船西还，十四日结束了长达两个多月的行程，抵达江宁。

自曾国藩重任两江总督以来，大事、要事一桩接着一桩，到现在都没有一个像样的办公场所，还暂住在江宁盐巡道衙门。结束了对军营和上海各厂的检阅考察之后，曾国藩终于可以暂时喘息一下了。

十一月二十二日，曾国藩差人将原两江总督衙门（即太平天国天王府）翻修一新，并于当天就移入新署。

昔日繁华一时的天王府，假山池阁遍布，雕梁画栋俨然，曾国藩漫步在翠竹摇曳的小径上，心中自是感慨万千。昔日的一对老对头，今天竟在这里，以这样的方式相遇。孰胜孰败，谁是谁非，功过是非，何是定论，那个自封天王的人，早已在数年前魂归天外。他称王称霸在中国活跃十四年，曾触及过常人无法抵达的辉煌，也体味过常人无法体味的悲凉。他亲手缔造了一个天国的神话，又眼睁睁地看着它在自己的手上走向没落与毁灭。

而曾国藩呢，他胜了吗？回望自己几十年的宦海浮沉，竟是得意时少失意时多。他的大半生都是在挣扎与纠结中度过的。封官拜相，位极人臣，可谁知道那一切荣光的背后，他曾多少次“打落牙齿和血吞”？

曾国藩累了，他被一种前所未有的疲倦与劳累紧紧攫住。他隐隐有一种预感，自己时日不多了。

同治十年（1871）十月二十三日，在翻修一新的两江总督衙署，曾国藩给家中诸弟写了一封情深意长的家信。信中，曾国藩再次向家中弟弟及子侄们重新强调“养生与为学，二者兼营并进”“志强而身亦不弱，或是家中振兴之象”。关于养生，关于读书之法，他都了然于心，可现实却没有给他实践的机会。

此后，曾国藩的健康每况愈下，再也没有像这般思路清晰地叮嘱过家人，留下的只言片语，说的也不过是病痛与家中琐事。

转眼就是新年了。

这年的新年，曾国藩及家人都在江宁两江总督衙署内度过。辞旧迎新，爆竹声声，两江总督衙内也装扮一新，红灯高挂。然而，此时曾国藩及其家人的心头并无多少新年的喜悦。大家沉默不语，心里都明白，刚刚过完六十一岁生日的曾国藩，此时已如风中那飘忽不定的烛火，随时都有可能被一阵急风熄灭。

同治十一年（1872）正月初二，曾国藩到旧友吴廷栋府上拜访，与老友谈起当年，穆彰阿、江忠源、胡林翼、塔齐布、李续宾，还有他殒命战场上的两个弟弟，这些曾在他的人生路上给过他鼓励与扶持、曾伴他风雨同舟的人，都已零落殆尽。唯有他，还在苟延残喘。

那天，曾国藩与吴廷栋相对而坐，唏嘘不已，最后黯然道别。

正月十四日，是道光皇帝的忌辰。每年这个日子，不论曾国藩身在何方，他都要早早起来，修须刮面，整装净手，在道光帝的神主面前插上几炷香，再行三叩九拜的大礼，以示悼念缅怀之意。如果说曾国藩这一生还曾有过顺遂风光的日子，那一段日子便是道光帝给他的。若没有道光帝的赏识提拔，他也许终其一生都不过是一个默默无闻的小穷京官。

这一天，面对道光帝的神主，曾国藩又忍不住把自己走过的路细细回望了一遍，真是酸甜苦辣，滋味万千。曾国藩跪在道光帝的神主前，潸然泪下。

从同治十一年（1872）正月二十三日起，曾国藩便发脚麻之症，舌蹇，不能言语。同治十一年（1872）二月初四（1872年3月12日），一场春雨绵绵地洗涤着那座饱经沧桑的古城，曾国藩就这样永远从人生的舞台上谢幕了。这一天，被御赐为“勋高柱石”的曾国藩发脚麻、舌蹇之症，在两江总督衙门溘然长逝。

如同他生时带着那个巨蟒天降的神话一样，这个浑身被神秘光环笼罩的人，起身离开时也注定不会太平淡。据传，曾国藩去世时，金陵城正下着一场绵绵小雨，天色阴沉凄惨。忽然，一道火光照彻金陵天空。金陵的江宁、上元两县县令以为城中失火，急带人出来灭火，又找不到火源来自何处。抬头望天空，却见阴沉沉的天空中有一处红光圆如镜面，那团红光在天空徘徊良久，遂向西南方向缓行而去，良久方隐没。

曾国藩去世的消息传到京城，恭亲王大惊，急忙入奏两宫太后。两宫太后亦叹息不止，命同治皇帝辍朝三日，以示哀悼。下谕追赠太傅，照大学士例赐恤，予谥文正，入祀京师昭忠祠、贤良祠，并在湖南和江宁两地建立专祠，生平政绩，宣付史馆。一等侯爵，着其子曾纪泽承袭，次子附贡生曾纪鸿，长孙曾广钧赏给举人，其他孙子亦赏给员外郎主事等职。

曾国藩的葬礼是前所未有的隆重，祭奠活动竟长达百天。朝廷派人，接连往祭。曾国藩的故旧也纷纷寄来挽联、挽诗。

左宗棠此时还在西北军中，听到曾国藩去世的消息，强硬的汉子也忍不住悲声吞泪，整整一天茶米未进。其实，曾、左二人并非如外界所论属个人意气之争，只是在军国大计方面持不同意见而已。同时，左宗棠也高度评价曾国藩有“知人之明，谋国之忠”，并坦言在这方面自己远不如他。

曾国藩对左宗棠的评价其实也相当高，他曾对左宗棠说：“有君国有屏障，无君断无新疆。论兵战，吾不如左宗棠；为国尽忠，亦以季高为冠。国幸有左宗棠也。”

曾国藩在世时，虽一度数年不与左宗棠通音信，却让自己的大儿子曾纪泽拜左宗棠为师，并不许子女参与他与左宗棠之间的恩恩怨怨。曾国藩去世后，左宗棠对他的子女后人也极尽照顾。这些自然还是后话。

李鸿章是曾国藩一生最为得意的门生，尽管在后来的官场上，师生二人也曾明争暗斗，但没有曾国藩的提携就没有李鸿章日后的发达，这是不争的事实。李鸿章终生都以自己是曾国藩的学生为荣。他的挽联如此写道：

> 师事近三十年，薪尽火传，筑室忝为门生长；
> 威名震九万里，内安外攘，旷代难逢天下才。

曾国藩也算没有错看这位弟子，他生前没能完成的心愿，后来都由这位弟子替他一一完成。

在李鸿章等人的努力下，同治十一年（1872）七月初九，三十名赴美留学的幼童自上海起航。这是近代中国派出的第一批留学生，堪称“中华创始之举，抑亦古来未有之事”，可惜此时曾国藩早已长眠地下，他终是没能等到这一天。

曾国藩的遗体被运回湖南，葬于长沙南门外金盆岭南坡。

次年，其妻欧阳夫人也与世长辞，长子曾纪泽将父亲与母亲合葬于长沙平塘伏龙山南坡。这一对终生相随的人间夫妻又在地下长眠相伴。

“二四秋举二七进，八六升迁六一人，三生有幸壮门庭。”当年，曾国藩刚刚降生人世，曾家喜添男丁大宴宾朋之际，一位和尚没头没脑的谶语，曾让曾家亲朋充满疑惑。直到曾国藩长辞人世之后，才让人恍然大悟。

二十四岁中举，二十七岁中进士，在京做官八年，连升六级，寿命止于六十一岁，一生中有三次自杀经历都被救起，终成一代名相，显壮门庭。

这段谶语是后来人穿凿附会还是确有其事，似乎很难考证，但这短短的三句却简要概括了曾国藩六十一年风云跌宕的一生。

他死于两江总督府，是洪秀全八年前病逝的地方。这两个曾在大清王朝掀起滔天波澜的卓越人物，生前是死对手，最后竟在同一个地方去世。

命也？运也？天意也？

附录

曾国藩年表

嘉庆十六年（1811）

十月十一日　　出生于湖南省湘乡县白杨坪村（今属双峰县）。

嘉庆二十一年（1816）

开始在家塾读书。

道光十年（1830）

九月　　肄业于衡阳唐氏家塾。

道光十一年（1831）

十一月　　肄业于湘乡涟滨书院。

道光十三年（1833）

考取秀才，入县学。

道光十四年（1834）

秋　　肄业于长沙岳麓书院，考取湖南乡试举人。

十一月　　自家启程赴京师会试。

道光十五年（1835）

会试落第，留京师读书。

道光十六年(1836)

恩科会试再次名落孙山，返回湖南。

道光十八年(1838)

会试取中第三十八名贡士，与穆彰阿结师生之谊。

殿试取三甲第四十二名，赐同进士出身。

朝考一等二名，改庶吉士，入翰林院庶常馆深造。

道光二十年(1840)

四月	庶吉士散馆，取二等十九名，授翰林院检讨。

道光二十三年(1843)

三月	翰詹官大考，取二等第一名，以翰林院侍讲升用。
六月	奉命充任四川乡试正考官。
七月	补授翰林院侍讲。
十一月	充任文渊阁校理。

道光二十四年(1844)

八月	郭嵩焘引江忠源与曾国藩相见，二人结为师生。
十二月	转补翰林院侍读。

道光二十五年(1845)

五月初二	升授右春坊右庶子。
六月	转补左庶子。
九月	升授翰林院侍讲学士。李鸿章以年家子投其门下受业。

道光二十七年(1847)

六月	升授内阁学士兼礼部侍郎衔。

道光二十九年(1849)

正月	升授礼部右侍郎。
八月	兼署兵部右侍郎。

道光三十年（1850）

六月	兼署工部左侍郎。
十月	兼署兵部左侍郎。

咸丰元年（1851）

五月	兼署刑部左侍郎。

咸丰二年（1852）

正月	兼署吏部左侍郎。
四月	江忠源在广西全州蓑衣渡袭击太平军。
六月	奉命充任江西乡试正考官，获准事毕回家探亲。
七月	行至安徽太湖境内接母丧讣闻，由九江登舟回籍奔丧。
十一月二十九日	奉命帮办湖南团练事务。
十二月二十二日	奏请在省城立一大团，以防守长沙及镇压本省农民反抗活动。

咸丰三年（1853）

五月	曾国葆募湘勇一营，驻扎长沙南门外。
八月	为避提标兵（又称永顺兵）之祸，由长沙驻衡州。
十月	在衡州设立船厂，并派人赴广东购买洋炮，筹建湘军水师。
十二月初二	在湘潭设立分厂，加快造船速度。

咸丰四年（1854）

正月二十六日	衡州船厂完工，共造成拖罟、快蟹、长龙、舢板等大小船只二百四十余条，用钓钩船改造而成的战船一百二十条。
正月二十八日	从衡州出发，开始东征。
三月初二	率水陆各营占领岳州。
四月初二	率水陆各营进攻靖港，大败，投水自杀未遂。
七月初六	率第三批水师从长沙启程，前往岳州。
九月初五	咸丰皇帝阅曾国藩奏报，赏给二品顶戴，令其署理湖北巡抚。
九月十二日	咸丰皇帝收回署理湖北巡抚的成命，赏给兵部侍郎衔，催令迅速东下，攻取赣、皖。
十二月二十五日	太平军夜袭湘军水师，曾国藩的座船被俘，再次投水自尽，被救起。

咸丰五年（1855）

三月　调内湖水师驻扎南康府，与李元度新募平江勇相依护。

九月初四　补授兵部右侍郎。

咸丰六年（1856）

二月二十日　赴南昌收集溃勇防守省城，奏调罗泽南回援江西。

十二月　李续宾、杨载福率军进抵九江城外，曾国藩由南昌前往劳军。

咸丰七年（1857）

二月十一日　在瑞州大营接其父曾麟书讣闻，后回籍奔丧。

二月二十九日　回湖南老家。咸丰皇帝赏假三月，令其在家治丧。

五月　因假期将满，上奏陈请在家终制，咸丰帝不允。

六月　曾国藩复奏，咸丰帝准其在籍终制，解兵部右侍郎任。

咸丰八年（1858）

五月二十一日　奉命驰援浙江。于次月初七从家乡启程。

七月二十一日　抵南昌，拜会江西巡抚耆龄。

九月初五　抵建昌府，扎营城外。

十二月十一日　李鸿章至建昌府，遂入曾国藩幕府，充任幕僚。

咸丰九年（1859）

二月十二至十六　由建昌府移驻抚州。

六月初三　奉命赴四川办理军事，预为设防，阻截石达开入川。

七月初七　由抚州起身，准备赴川。

八月十一日　抵黄州会见胡林翼，共商进攻安徽诸事宜。留七日始行。

八月二十三日　至武昌同湖广总督官文会商军事。

九月初三至初四　由武昌返抵黄州，与胡林翼共定四路进攻安徽之策。

九月初五　抵巴河，登岸驻陆营。

十月二十四日　曾国藩各军从巴河拔营，前往进攻安徽，曾国荃请假归湘。

十一月初三　驻军黄梅。

十一月十三日　由黄梅进驻宿松。

咸丰十年（1860）

闰三月二十六日　左宗棠自英山来见。

四月二十一日　奉命赏加兵部尚书衔，署理两江总督。

五月十五日　自宿松启程赴祁门，带鲍超、张运兰等军万人随行，留曾国荃继续围攻安庆。

五月二十六日　奉旨兼顾皖南军务。

六月初一　抵祁门驻扎。

六月二十四日　奉旨实授两江总督，并授为钦差大臣，督办江南军务。

十月十九日　李秀成大军由养栈岭进山，攻克黟县，距祁门六十里，曾国藩写下遗书，准备一死。

咸丰十一年（1861）

二月三十日　李世贤大军攻克景德镇。

祁门大营粮运中断、文报不通，曾国藩陷于困境。

三月初二　由祁门赴休宁，调各军进攻徽州，以打开通往浙江之路。

三月二十六日　率领大营人员出岭赴东流。

四月初一　抵东流，立刻下令催鲍超驰援安庆。

八月初一　湘军攻陷安庆，太平军将士一万六千将士阵亡。

八月初七　自东流抵安庆城外巡视军营。

十月十八日　奉旨督办江、皖、赣、浙四省军事，巡抚、提、镇以下文武官员皆归其节制。

同治元年（1862）

正月初一　奉旨以两江总督兼协办大学士。

三月初八　李鸿章率湘、淮军八千人乘轮船由安庆出发赴援上海。

是日，奏请派大员赴广东抽厘助饷，专供江、浙、皖各军。

五月初三　曾国荃率军进驻雨花台，开始对天京的围攻。

七月初六　李续宜丁忧回籍，曾国藩兼署安徽巡抚。

同治二年（1863）

正月二十八日　从安庆出发赴天京城外，巡察各处湘军营盘。

九月　湘军陆续攻陷城外要隘，天京被逐渐合围。

同治三年（1864）

六月二十四日　由安庆动身赴江宁视察。

七月初六　李秀成被曾国藩部下杀害于江宁。

七月十三日	下令裁撤江宁城内外湘军两万五千名。
九月初一	由安庆启程移驻江宁。
九月初八	行抵江宁，两江总督衙门暂设于原英王府内。
十月十三日	接奉驰赴鄂、皖一带，督军进剿捻军和太平军之命。
十一月初五	接奉上谕，撤销前令，毋庸赴皖。是月，补行江南乡试，会考江南优贡。

同治四年（1865）

四月二十日	接奉廷寄，加称一等侯爵为毅勇侯。
五月初三	接奉上谕，督率各军赴山东剿捻，两江总督暂由李鸿章署理。
五月初五至初七	连接三道谕旨，令统带各军星夜出省，赶赴山东督剿。
五月二十五日	由江宁登舟启程，北上剿捻，准备赴徐州驻扎。
八月初四	抵徐州驻扎。

同治五年（1866）

二月初九	由徐州启程赴济宁。于十九日抵达。
三月初五	奏请霆字营饷需解决办法，请派鲍超赴豫南、鄂北一带剿捻。是月，曾国荃率新募湘军万余人赴湖北任巡抚，史称新湘军。
四月初七	奏定分段防守运河、黄河之策。
四月初七至初九	同阎敬铭、刘长佑乘舟查勘黄河、运河，商定各军分防地段。
六月十五日	采纳刘铭传的建议，奏定防守贾鲁河、沙河之策。
七月二十八日	由济宁登舟前往周口，沿途察看运河堤墙。
八月初九	抵周口驻扎。
八月十二日	因病请假一月，在营调养。
八月二十三日	奏请速令李鸿章出驻徐州，与山东巡抚会办东路。 曾国荃移驻南阳，与河南巡抚会办西路。 曾国藩仍驻周口，居中调度。
九月十三日	奏请续假一月，观望形势，以定去留。
十月十三日	奏请开协办大学士、两江总督缺，请另遣钦差大臣接办军务，并附片陈请暂将封爵注销，以示自贬。
十月二十五日	接奉上谕，赏假一月，在营调理，钦差大臣暂由李鸿章署理。
十一月初六	接奉上谕，回两江总督本任，暂缓回京陛见。
十一月十九日	派员赴徐州，将钦差大臣关防送交李鸿章。

同治六年（1867）

正月初六	由周口启程赴徐州，于十五抵达。
正月十九日	接两江总督、通商事务大臣关防及两淮盐政印信。
二月十六日	自徐州启程返江宁。
二月十八日	新湘军彭毓橘部在湖北黄州被东捻军歼灭，新湘军破产。
三月初六	抵江宁，还驻两江总督衙门。
五月初九	补授体仁阁大学士，仍留两江总督任。
十二月二十二日	因追剿捻军有功，赏云骑尉世职。

同治七年（1868）

正月初二	接见美国公使，召见即将率中国使团出访美、英、法、普、俄国家办理中外交涉事务的大臣蒲安臣。
四月二十四日	改授武英殿大学士。
闰四月	从江宁出发，沿途视察江南水陆各营，至上海查阅江南机器制造总局各项工程。事毕，乘轮船返回江宁衙署。
七月二十日	奉命调任直隶总督。
八月十三日	江南造船所制成的第一艘轮船驶至江宁，曾国藩登船试航行，取名“恬吉”。
十一月初四	由江宁登舟启程，赴直隶总督任。
十二月十三日	抵京师，寓贤良寺。
十二月二十日	移居法源寺。

同治八年（1869）

二月初二	接直隶总督关防长芦盐政印信。
二月十六日	检阅直隶六镇练军。
五月二十一日	奏请以湘军军制改造直隶练军。
八月	奏请调湘、淮军将领训练直隶六镇新兵。
九月	核定直隶练军章程，以湘军军制全面取代绿营军制。
十月	自保定出发，沿途查勘河工，在天津检阅洋枪队后返回保定。

同治九年（1870）

三月	肝病渐重，左目视线模糊，右目完全失明。
四月二十一日	奏请病假一月。
五月二十二日	续假一月。

五月二十三日	天津教案发生。后接奉赴天津查办。
六月初三	预写遗嘱数条给二子，以防不测。
六月初六	由保定启程赴天津，于初十抵达。
六月十九日	会见法国公使罗淑亚，放走拐犯武兰珍、犯罪教民王三。
六月二十二日	法国公使罗淑亚来见曾国藩，蛮横要求张光藻、刘杰、陈国瑞三人为丰大业抵命，遭曾国藩拒绝。
六月二十三日	上奏粉饰洋人侵华罪行，请求将张光藻、刘杰送刑部治罪。
六月二十六日	以身体不支，奏请另遣大臣来津协助查办教案。
八月初二日	两江总督马新贻遇刺身亡，曾国藩调任两江总督，李鸿章补任直隶总督。
九月初六	交卸关防印信。
九月二十三日	由天津启程入都。
十月十五日	自京启程南返。
闰十月二十日	抵江宁，暂住江宁盐巡道衙门。
十一月十七日	奉命充任通商事务大臣。

同治十年（1871）

二月	同郑敦谨奏结马新贻被刺案。
八月十二日	检阅江宁督标及练军、湘军各营。
八月十三日至十月初六日	自江宁登舟启程，先后到扬州、清江浦、徐州、丹阳、常州、常熟、苏州、松江等地检阅军营。
十月初七	抵上海，查阅江南制造总局所属各厂。
十月十一日	设席庆祝六十一岁生日。
十月十三日	由上海启程，乘轮船返江宁。
十一月二十二日	原两江总督衙门（即太平天国天王府）翻修，即日移入新署。

同治十一年（1872）

正月二十三日	自即日起，时发脚麻之症，舌蹇，不能语。
二月初四	发脚麻、舌蹇之症，死于两江总督衙门。

图书在版编目（CIP）数据

曾国藩传 / 梅寒著. -- 南京 : 江苏凤凰文艺出版社, 2018. 8（2025. 11重印）

ISBN 978-7-5594-2362-7

I. ①曾… II. ①梅… III. ①曾国藩（1811-1872）—传记 IV. ①K827=52

中国版本图书馆CIP数据核字（2018）第128785号

书　　名　曾国藩传
作　　者　梅　寒
选题策划　麦书房文化
责任编辑　姚　丽
责任监制　刘　巍　江伟明
出版发行　江苏凤凰文艺出版社
出版社地址　南京市中央路165号，邮编：210009
出版社网址　http://www.jswenyi.com
印　　刷　北京中科印刷有限公司
开　　本　880毫米×1230毫米　1/32
字　　数　260千字
印　　张　11
版　　次　2018年8月第1版，2025年11月第18次印刷
标准书号　ISBN 978-7-5594-2362-7
定　　价　49.00元